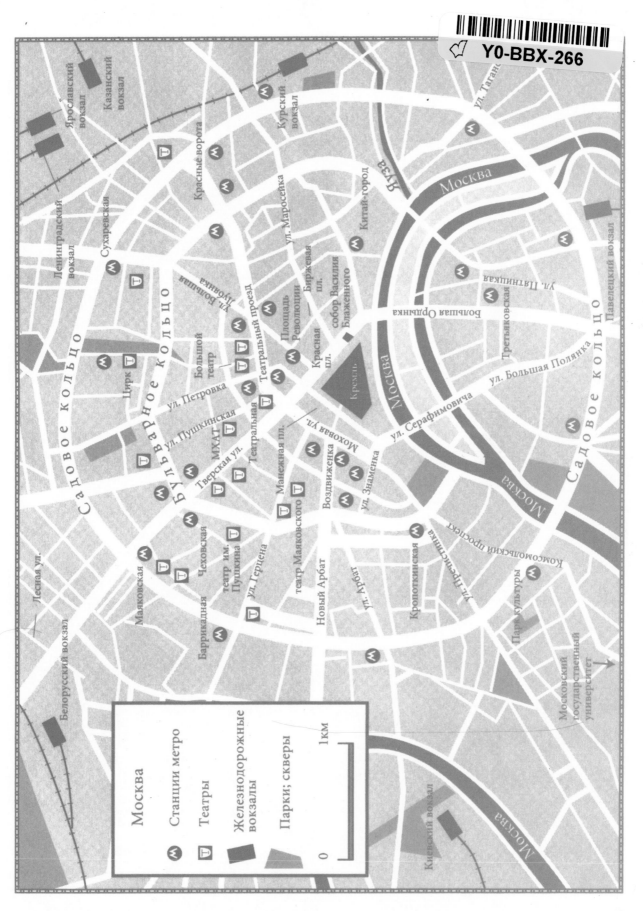

Y0-BBX-266

НАЧАЛО

WHEN IN RUSSIA...

BOOK 1

НАЧАЛО

WHEN IN RUSSIA...

Sophia Lubensky
State University of New York—Albany

Gerard L. Ervin
Ohio State University

Donald K. Jarvis
Brigham Young University

Boston, Massachusetts   Burr Ridge, Illinois   Dubuque, Iowa
Madison, Wisconsin   New York, New York   San Francisco, California   St. Louis, Missouri

This is an  book.

McGraw-Hill

A Division of The McGraw·Hill Companies

НАЧАЛО: When in Russia . . .

This book is printed on acid-free paper.

8 9 0   VNH   VNH   0 0 9 8 7 6 5 4 3 2 1

ISBN 0-07-038917-9 (Student Edition)
ISBN-0-07-039034-7 (Instructor's Edition)

This book was set in Excelsior Cyrillic by GTS Graphics, Inc.
The editors were Thalia Dorwick, Christopher Putney, Larry McLellan, and
   Carol Dondrea.
The designer was Vargas/Williams Design.
The production supervisor was Tanya Nigh.
The cover was designed by Vargas/Williams Design.
Cover photos were done by David Sutherland/Tony Stone Images and Aleksandr
   Zudin.
The photo researcher was Roberta Spieckerman.
Illustrations were done by Yuri Salzman and Rick Hackney;
   maps were done by Joe LeMonnier.
Project supervision was done by Carol Dondrea.

Library of Congress Cataloging-in-Publication Data
Lubensky, Sophia.
    [НАЧАЛО]: When in Russia . . . /Sophia Lubensky, Gerard L. Ervin,
Donald K. Jarvis.
       p. cm.
    English and Russian.
    ISBN 0-07-038917-9
    1. Russian language—Textbooks for foreign speakers—English.
I. Ervin, Gerard L.   II. Jarvis, Donald K., 1939– .   III. Title.
PG2129.E5L8 1995
491.782′421—dc20   95-41041
                                                        CIP

http://www.mhhe.com

CONTENTS

УРОК 1

INTRODUCTION TO RUSSIAN   1

УРОК 2

НОВЫЙ ДОМ 27

УРОК 3

НОВЫЙ МИКРОРАЙОН 55

УРОК 4

ЗОЛОТЫЕ РУКИ   87

УРОК 5

ДЖИМ В МОСКВЕ   116

УРОК 6

ГОВОРИ МНЕ «ТЫ» 152

УРОК 7

ОТЛИЧНАЯ КОМПАНИЯ   186

ГРАММАТИКА	КОММУНИКАТИВНЫЕ ЦЕЛИ
The verbs **учи́ть** and **занима́ться**....190	Talking about studying
Days of the week....190	Saying which day something happens on
Future tense....191	Expressing future actions
Perfective aspect....193	Describing single completed actions
Imperfective aspect....194	Describing ongoing, repeated, habitual or characteristic actions and states
Adverbial time expressions **у́тром, днём, ве́чером, но́чью**....200	Indicating the part of day when something happens
Imperfective and perfective aspect: future tense....202, 203	Describing different types of actions in the future
Reported speech....208	Recounting what someone else has said
Prepositional case of pronouns....210	Talking about someone or something
The verbs **знать** and **уме́ть**....211	Expressing *knowing something* and *knowing how to do something*
B + numeral + **час/часа́/ часо́в** + time-of-day designators....211, 212	Telling time on the hour (a.m. and p.m.)
Past tense of **мочь**....218	Expressing that someone could or was able to do something
Accusative case of adjectives....218	Describing things in more detail
The particle **ли**....220	Asking whether something is true or whether something happened
Past tenses from **-ти** verbs....221	Expressing past actions

УРОК 8

МОСКОВСКАЯ ЖИЗНЬ 227

КОММУНИКАТИВНЫЕ ЦЕЛИ

Making inquiries and requests
Expressing location at someone's home or place of work
Going places
Indicating destinations

Saying which month something happens in
Discussing marriage

Saying that someone is *glad* or *ready*
Expressing departure and arrival

Giving prices and quantities

Giving large prices, quantities, and telephone numbers
Giving prices and quantities
Describing items that are counted

Expressing the recipients of an action
Expressing *one's own*

A New Look at the Teaching of Russian

The events in Russia over the past decade have been nothing short of astounding. The results of the massive political and economic upheavals that ended the 70-year history of communism in that country and saw the crumbling of the Soviet empire have still not been fully realized. Major changes have occurred in the social structure of the country that have affected every facet of Russian life, including Russia's linguistic and cultural norms. It is no exaggeration to say that Russia is, in many respects, a radically different country from the one that many scholars, instructors, and diplomats studied and visited as recently as the late 1980s.

During the same decade, language teaching in the United States has undergone significant reevaluation, refinement, and development. The proficiency movement and increasing calls for accountability in foreign language classes have caused many language instructors to reexamine the purposes and methods of their language teaching.

The traditional goals, scope, and sequencing of first-year Russian courses have not escaped this scrutiny, nor has the manner of presentation of Russian grammar and vocabulary. As a result, there have been changes in the way instructors see their roles, plan their classes, and structure entire courses and curricula.

Accelerating advances in technology have made the centralized language lab, with its reel-to-reel audiotapes and instructor/technician-oriented operation, a thing of the past on most campuses. Instead, multimedia learning centers—where students check out materials and use them on their own, for as long as they want and in the way they want—now predominate. Personal audio (such as cassette tapes and players) allows students to hear and practice the language whenever and wherever they wish, as often as they wish. Weekly or even daily use of video in the classroom is a reasonable possibility, if not a reality, on almost every campus. Computer technology, which began to appear in educational settings in the mid-1980s, has flourished, though effective pedagogical application of this technology still lags well behind the capabilities of the hardware. And the use of at least some authentic materials—target language materials prepared for consumption by native speakers of that language—is now accepted (indeed, expected) by most modern language educators.

These evolutionary developments regarding both what to teach in a first-year Russian course and how to teach it have been fundamental to the conception and writing of *НАЧАЛО: When in Russia* . . . , a two-book series for beginning Russian courses.

Major Features of *НАЧАЛО: When in Russia . . .*

▲ *Balanced Approach:*   Vocabulary is current and useful. Functionally based grammar explanations grow directly from the storyline. Grammar is spiraled; that is, a given feature is treated in a limited way when it first occurs, then reentered as it appears in more advanced form in later readings. Small-group and partner/pair classroom exercises (*divergent* activities) encourage students to use Russian, with the guidance of the instructor, in meaningful, communicative situations. More traditional fill-in, completion, and translation exercises (*convergent* exercises), especially those located in the Workbook/Laboratory Manual, are intended for written homework.

▲ *Storyline/Readings:*   The basis of the text is an engaging storyline that involves readers in the lives of an American student (Jim) in Russia and his Russian friends. This device constantly places the student users in the Russians' and Jim's shoes both linguistically and culturally.

▲ *Video Supplement:*   Approximately one episode per chapter of the storyline has been shot in Moscow using professional Russian actors. This semiauthentic footage allows students to develop a sense of who the characters are and conveys a vivid impression of Russia today. An optional Video Guide accompanies the videotape supplement.

▲ *Annotated Instructor's Edition:*   The Instructor's Edition provides extensive on-page helps and hints. These annotations anticipate students' questions, expand on grammar or vocabulary in the student edition, and suggest modified or additional activities to keep the pace of classroom activities lively.

▲ *Testing Materials:*   For each lesson there are two sample tests in the Instructor's Manual.

Organization of the Student Text

The sixteen lessons in *НАЧАЛО: When in Russia . . .* are divided into Book 1 (Lessons 1–8) and Book 2 (Lessons 1–8). Lesson 1 of Book 1 is an introduction to the Russian language. It uses simple greetings, basic vocabulary, and classroom phrases to present the basic sound and writing systems of the language. The next seven lessons of Book 1 and the first seven lessons of Book 2 follow a consistent format:

Opening Page. This page introduces the lesson through photographs and a general description of what students will be learning to say and do.

Части (Parts).   There are four parts to each lesson, each essentially following this format:

▲ *Чтение (Reading)*. The reading material is presented in the form of a play, an ongoing story that helps tie together the Части within and across the lessons. In Lesson 2 we meet the residents of a new apartment building as they move in and become acquainted with one another. Among them are a professor of history, Илья Ильич Петровский; the four-member Силин family; a retired couple and their grandson, who is a piano student at a conservatory; and a woman who rents out a room to two students, Таня and Света. Additional interest is provided by Виктор, a hustling young businessman of the post-Soviet era, and by Jim, a young American, in Moscow for a year of graduate work in history. Jim is a student of Илья Ильич and thus becomes acquainted with the Russians in the apartment building. Through the daily interaction of these characters, students using *НАЧАЛО: When in Russia* . . . are exposed to contemporary, conversational Russian language and culture in a variety of vivid and realistic settings and situations.

- • *Вопросы и ответы* (*Questions and Answers*). Following each reading are personalized questions, based on the grammar and vocabulary of the reading, for the instructor to ask the students and/or for the students to ask each other.

▲ *Грамматика и практика* (*Grammar and Practice*). Grammar topics are generally introduced with examples from the readings. Additional examples often accompany the explanations, which are deliberately short and nontechnical. Each is followed by at least one exercise suitable for in-class use.

▲ *Диалоги* (*Functional Dialogues*). These dialogues recombine and further illustrate the grammar, vocabulary, and culture of the lesson. It is suggested that students work in pairs to adapt and perform one or more of the Диалоги, making at least one change, however slight, according to their own preferences.

- • *Ваш диалог* (*Your Dialogue*). A situation is described in English, and students are to create a dialogue around it.

- • *Перевод* (*Translation*). English sentences (often dialogues) are given for students, working in pairs or small groups, to translate into Russian. Idiomatic English is used to encourage students to translate not words but rather expressions and ideas.

▲ *Новые слова* (*New Words*). At the end of each lesson is a word list of suggested active vocabulary from that lesson. Students should be encouraged to add to this list related words that are of particular interest to them and that they may want to use in dialogues and conversations about themselves. The Topics lists at the end of Новые слова encourage students to integrate new words with semantically related words they already know.

In addition to these standard sections, the following special sections appear at various places in the lessons:

▲ *О России* (*About Russia*). Explicit cultural observations about contemporary Russian societal and behavioral norms ("small-c culture") and formal elements of Russian culture ("large-C culture") expand on the cultural information in the readings. Some observations are accompanied by cultural exercises in the Workbook/Laboratory Manual.

▲ *The Art of Conversation.*   Presented in these sections are useful, high-frequency conversational gambits and turns of phrase that are occasioned by a reading, dialogue, or exercise: they are neither "grammar" nor "vocabulary" in the strict sense.

▲ *Word Study.*   Productive word formation patterns, as well as other kinds of semantic information, are highlighted in these sections.

▲ *Study Tips.*   Found principally in Book 1, these sections help students structure their language study by offering techniques and principles many language learners have found to be effective.

Lesson 8 of Book 2 summarizes the course. It presents no new grammar; rather, it allows students to use the considerable amount of Russian they have learned to read the conclusion to the storyline they have been following and to engage in communicative activities surrounding the characters in the storyline.

Both books contain grammar tables and charts, a Russian-to-English and English-to-Russian vocabulary list, and an index. The vocabulary lists and index in Book 2 integrate the information from Book 1 with that presented in Book 2. Both books are richly illustrated with recent photographs, culturally authentic drawings, maps, and diagrams.

Annotated Instructor's Edition

The Annotated Instructor's Edition for each book is identical to its respective Student Edition, except it is enriched by the addition of extensive on-page information and resources for the instructor. On-page helps include Discussion Starters, three or four fact-questions in Russian about each reading that students who have done the reading can be realistically expected to answer. These can be used as a whole-class discussion activity to start each new Часть. Also, commentary beyond that in the Student Edition is given on matters of grammar and usage, and ideas are offered for classroom activities that build on or enrich the exercises. In addition, answer keys are provided for some of the convergent activities (especially translation) that are intended to be done in class.

Supplementary Materials

▲ *Student tapes* containing the readings of each lesson are shrink-wrapped with the Student Edition—one C-90 cassette with Book 1 and one with Book 2.

▲ *Laboratory tapes* are provided for use in the language laboratory or media center of adopting institutions. These tapes contain functional dialogues, the Новые слова material for listen-repeat practice, as well as the audio for the listening comprehension activities found in the Workbook/Laboratory Manual. (These tapes are also available for student purchase.)

▲ The *Workbook/Laboratory Manual* presents written exercises—in general, one exercise for each grammar point in the text—intended for use as homework. The Manual also contains the printed part of the listening comprehension and functional dialogue exercises found on the laboratory tapes, as well as optional cultural exercises keyed to the О России sections of the main textbook.

▲ A one-hour VHS *videocassette* is also available. The video program—presenting selected scenes from the story comprising the readings—was professionally filmed on location in Moscow with professional Russian actors; it offers students an engaging way to hear and see the story they are following.

▲ The *Video Guide* provides pre- and postviewing exercises to keep students actively involved as they watch the video dramatization.

▲ A *computer program* (available in Macintosh format only) offers practice with each lesson's active vocabulary.

▲ The *Instructor's Manual/Tapescript* includes the following:

- A *methodological orientation* and *teaching suggestions* beyond those found in the Annotated Instructor's Edition.

- Selected *illustrations,* enlarged from the Student Edition and suitable for making overhead transparencies.

- A *testing program*, consisting of two alternative tests for each lesson. The tests may be photocopied and used directly or may be adapted by the instructor.

- *Tapescripts for the lab tapes*—that is, the printed form of the listening comprehension exercises and answers.

- An *answer key* to the written exercises in the Workbook/Laboratory Manual. (The instructor may, at his or her option, photocopy these answers for distribution to the students for self-checking, either before or after a given written homework assignment has been completed.)

Using *НАЧАЛО: When in Russia . . .* in the Classroom

The writing of this textbook was based on a number of assumptions about foreign language learning and teaching in the classroom setting. These include the following:

- Language learning is a gradual, spiraled process of exposure, practice, learning, integrating, forgetting, more exposure, more practice, deeper learning, further integrating, and so on. Hence, this textbook first treats a given grammar feature, or lexical item to the extent needed to enable students to carry out a linguistic activity (such as comprehending a reading or completing an exercise). Then, as these same topics are encountered again in later readings and exercises, they are enlarged upon and integrated into more sophisticated treatments.

- Language learning in a classroom context involves both skill (rote) and cognitive (intellectual) learning. Hence, we suggest students be asked to memorize and perform dialogues (adapted to their own situations), as well as to read and understand formal grammatical presentations in the text. All the readings are on a student audiocassette, and students should be encouraged to listen to them repeatedly—on a daily basis—until the new grammar, new vocabulary, and correct intonation patterns have become as familiar as the lyrics and melodies of favorite songs. *Повторенье — мать ученья.*

- Formal grammatical knowledge need not be acquired in traditional sequences or paradigms. Because, so far as we know, no optimum sequence for the acquisition of grammar has ever been demonstrated in any language, the ordering and presentation of grammar in this text have been determined by what is used in the readings. Not infrequently a grammar feature is used and glossed in a reading one or two lessons before it is formally introduced—thus mirroring what happens daily to language learners in an immersion setting. Traditional grammatical terminology is used sparingly in early lessons, but by the end of Book 2, students will have a solid, formal grammatical foundation in Russian.

- Grammar and vocabulary are best learned in the context of realistic, life-like settings. If these are settings to which students can relate, so much the better. The characters in the textbook represent a variety of social classes, ages, and interests. The grammar is that which students will find useful in discussing their own lives in Russian. The selection of vocabulary for active mastery was based in part on recent word count research (see, for example, В.В. Морковкин, *Лексические минимумы современного русского языка* [Moscow: Russkii iazyk, 1985]), but was modified by requirements of the storyline, pedagogical needs, and the reality of the surroundings in which students using this textbook will find themselves. Students should be encouraged to build on the active vocabulary lists to reflect their own lives, interests, and surroundings.

- Developing cultural knowledge and sensitivity is no less important than developing formal linguistic sophistication and practical language skill. Hence, much attention is paid—both implicitly in the readings, exercises, and dialogues, as well as explicitly in culture notes and culture exercises—to imparting a sense of contemporary Russian society. Instructors with recent personal experience in Russia are encouraged to expand on or update, via their own observations, the cultural information presented in this book.

- The most effective role of the instructor is that of coach or mentor ("the guide by your side") rather than that of presenter or lecturer ("the sage on the stage"). Thus, the instructor should leave to the materials (printed, audio, and visual) the task of providing basic information and repetitive, structured practice, and should expect students to spend at least as much time preparing, studying, and doing homework outside of class as they spend in class.

- The classroom is the only place for most students to engage in contextualized, personalized, communicative activities in a supervised setting where they can get live feedback from a proficient speaker of Russian.

For this reason, the instructor should use Russian to the maximum extent possible—even when it is likely students will not understand every word—and should encourage students to practice their Russian with the instructor and with other students at every opportunity. Instructors should also help students learn to use context and other linguistic and nonlinguistic clues to guess at words, phrases, and structures they do not know, and should encourage them to rephrase and paraphrase what they want to say so that it falls within the bounds of their evolving linguistic competence. Both abilities are long lasting and of great value.

- Students can learn a great deal by interacting in Russian with one another, as long as appropriately structured learning activities are provided. Hence, a high percentage of the exercises in this textbook are marked with the symbol 🐾 , which indicates that the students should do the activities in pairs or small groups. To get the class started, the instructor should do one or two items with students as a whole-class activity; then, as the class continues the activity in pairs or small groups, the instructor should circulate around the room, answering questions and keeping students on-task. Finally, the instructor brings the class back together so students can share the results of their activity.

Acknowledgments

Many organizations and individuals made significant contributions to the production of *НАЧАЛО: When in Russia . . .* and its ancillary materials. Early funding was received from the Geraldine Dodge Foundation, the National Endowment for the Humanities, the U.S. Department of Education, and the Defense Language Institute. These funds were administered through the Office of the Vice President for Research, University at Albany, State University of New York; we are grateful to Dr. Jeanne Gullahorn for her unwavering support. Within the Office for Research at Albany, Margaret O'Brien and Joanne Casabella were especially attentive in the preparation, processing, and day-to-day monitoring of the grants. The College of Humanities at Brigham Young University and the Department of Slavic and East European Languages and Literatures at the Ohio State University were very generous with research assistance and logistical and communications support. Substantial funding specifically for the video, whose enhancement to this set of materials will immediately be clear to all, was received from the Film Committee of Brigham Young University. All of these contributions are deeply appreciated. We also gratefully acknowledge the particularly important conceptual and administrative roles played by William F. Snyder, Executive Director of the New York Network, and by Henryk Baran, Slavic Department, University of Albany, State University of New York, in the early stages of this project.

Vladimir Savransky provided extensive assistance in developing and writing the storyline. Valuable suggestions that helped shape the writing and the final form of the printed materials also came from Nelly Zhuravlyova, Benjamin Rifkin, and Lena Jacobson. Further substantive suggestions were received from Gary L. Browning, David K. Hart, Janelle J. Jarvis, Michael R. Kelly, Alexander Propp, Yury Tretyakov, and from the instructors and students who field-tested early versions of the manuscript at Ohio State University, Brigham Young University, Utah Valley State College, and Provo (Utah) High School. Olga Belianko of Moscow State University made many insightful suggestions for Book 1.

Invaluable assistance with manuscript preparation and compilation of the glossaries was provided by Marjorie McShane of the University at Albany and Princeton University. Additional assistance with manuscript preparation was provided by Katherine Meech, Adam Perri, James Williams, and Julie Mugavero at the University at Albany and by Elisabeth Browning, Sergei Mariev, Marshall Murray, Mark Perry, and Kurt E. Wood at Brigham Young University. Technical assistance was provided by Melvin Smith and Devin Asay at Brigham Young University. The Workbook/Laboratory Manual was begun by Erin Diehm and Carol Burgess, and was given its final form by Tatiana Smorodinskaya, all of Ohio State University. The Testing Program was developed by Ruth Warner of Ohio State University.

The video program, filmed by Mountain View Productions (Schenectady, New York) reflects the careful work of Jim Tusty, Melissa Gordon, and Martin Bohunicky. Thomas J. Garza, The University of Texas at Austin, offered helpful advice in the early stages. The audiotaping was done at Ohio State University with partial support from University Technology Services, and would not have been possible without the help of Carol Hart, Anelya Rugaleva, and Eric Todd.

In addition, the publishers wish to acknowledge the suggestions received from the following instructors and professional friends across the country, who reviewed parts of the manuscript at an earlier stage:

Thomas R. Beyer, Jr.
Middlebury College
William D. Buffington
Purdue University
Julie Christensen
George Mason University
Catherine V. Chvany
Massachusetts Institute of
Technology
Brett Cooke
Texas A&M University
Gary Cox
Southern Methodist University
George R. Egan
U.S. Air Force Academy
Olga Kagan
University of California, Los
Angeles

H. H. Keller
Indiana University
John Kolsti
The University of Texas at
Austin
Ed Kumferman
Ricks College
Maria Lunk
Emory University
Kevin J. McKenna
The University of Vermont
Slava Paperno
Cornell University
Sandra Rosengrant
Portland State University
Barry Scherr
Dartmouth College
Hanna Stroutinsky

The appearance of their names in this list does not necessarily constitute their endorsement of the text or of its methodology.

It would be impossible for us to overstate the contribution to the project that was provided at McGraw-Hill by Thalia Dorwick, whose patience, encouragement, guidance, and sound advice sustained us throughout our work. As the printed materials entered production, Larry

McLellan, Christopher Putney, and Carol Dondrea put in many hours of careful proofing and editing. All three of them gave us many valuable suggestions, and for the time they spent in the trenches with us we owe them more than we can express. Special thanks are also due to Gregory Trauth, Francis Owens, Richard Mason, Tanya Nigh, and Suzanne Montazer, all at McGraw-Hill, who worked on aspects of the project.

Finally, to family and friends who listened to us, supported us, and tolerated us during the years of planning, writing, and revising, we offer the deepest gratitude of all.

TO THE STUDENT

Welcome to Russian! Although this language has a reputation among some speakers of English as being hard to learn, you are about to discover the truth: Russian is fun, interesting, and very learnable. Moreover, in the past decade Russia has opened up to Westerners to an extent not seen since the early 1900s. As a result, for those who stick with it, learning Russian offers enhanced opportunities for travel and study, and for careers in business, agriculture, finance, teaching, science and engineering, the arts, and virtually every other field.

By investing just an hour or two a day, you will quickly find yourself understanding, speaking, reading, and writing Russian. For example, in Lesson 1 you'll learn the basic skills of meeting and greeting people, as well as the Russian sound and writing systems. So in only a few days you will be able to meet and greet—confidently and in Russian—other students, your instructor, and any Russians you may happen to meet. Then you'll move into Lesson 2, where you'll get to know Russians who are not so very different from you, your friends, and perhaps even your family. For example, you'll meet . . .

Professor Petrovsky and his American graduate student, Jim. Jim already speaks Russian fairly well because this is not his first trip to Russia. But, as you'll see, he still has a lot to learn . . . and is having a good time doing so!

The Silin family, consisting of Mr. and Mrs. Silin, their daughter, Lena, who studies journalism, her little brother, Vova, and their dog, Belka.

Grandma and Grandpa Kruglov and their grandson, Sasha, a piano student at a Moscow conservatory, whose musical tastes run from classical to jazz.

Tatyana Dmitrievna, who rents out a room in her apartment to two young women, Tanya and Sveta. And . . .

Viktor, a hustling young entrepreneur of the post-Soviet era, who always seems to know how to provide hard-to-find goods and services.

Throughout the following weeks and months you will discover a lot about Russian culture and the lives of everyday Russians. If you and your classmates do your part in learning Russian, your instructor and the characters in our story are ready to help you. We hope you'll enjoy the experience.

ABOUT THE AUTHORS

Sophia Lubensky is Professor of Slavic Languages and Literatures at the State University of New York at Albany, where she teaches language, translation, and stylistics. She received her Ph.D. in linguistics from the University of Leningrad (now St. Petersburg), and holds M.A.'s in Classics and English as well. She has published articles on linguistics, translation, and language teaching, and has reviewed numerous linguistic and literary publications, including a wide scope of monolingual and bilingual dictionaries. In 1995 Lubensky culminated fourteen years of research in bilingual lexicography with the publication of her *Russian-English Dictionary of Idioms* (Random House). In addition to teaching and researching, Lubensky has worked as a translator, interpreter, and editor in the United States and Russia.

Gerard L. Ervin is Associate Professor (emeritus) of Slavic Languages at the Ohio State University, where he founded the Foreign Language Center. He has taught French and Spanish at the secondary school level and Russian, foreign language methods, and English as a second language at the college level. A past president of the American Council on the Teaching of Foreign Languages (ACTFL), Ervin has also taught at the U.S. Air Force Academy and the University of Arizona. In addition to authoring or co-authoring a variety of instructional materials for several languages, Ervin has written reviews, articles, and book chapters on language teaching, is Associate Editor of the *Modern Language Journal,* and is co-founder of the Foreign Language Education Forum on CompuServe.

Donald K. Jarvis is Professor of Russian and director of the Faculty Center at Brigham Young University. He has also served there as dean of General Education and chair of the Department of Asian and Slavic Languages. He is the author of *Junior Faculty Development: A Handbook* (Modern Language Association 1991) and other publications dealing with language teaching and faculty development, including *Teaching, Learning, Acquiring Russian,* edited with Sophia Lubensky (Slavica 1984). A past president of the American Council of Teachers of Russian as well as of the American Association of Teachers of Slavic and East European Languages, Jarvis consults for a range of universities, professional organizations, and government agencies.

1 УРОК  Introduction to Russian

Greetings and introductions.

In this chapter you will learn

▲ to use the Russian expressions for *hello, good-bye, please,* and *thank you*

▲ to meet people and make introductions

▲ to read and write the Russian alphabet

▲ to ask and answer simple yes/no questions

▲ to use formal and informal speech etiquette

▲ to express ownership

▲ to use plural nouns

▲ to follow basic classroom directions

ЧАСТЬ ПЕРВАЯ

GETTING ACQUAINTED (CASUAL)

Look at the illustrations below and read the English translations. Then listen to your instructor read the Russian phrases. The symbol 📼 indicates material recorded on your textbook audiocassette. Listen frequently to each recording to develop your listening and speaking skills.

*VERA: Hi! My name is Vera. What's yours?
MARK: Hi! My name is Mark.

*MARK: Who's that?
VERA: I don't know.

*VERA: What's her name?
MARK: Anna.

*VERA: What's his name?
GIRLFRIEND: Gena.

EXERCISE 1.1.   Introductions

Using the examples on page 2, learn the names of the students in your class. (The symbol 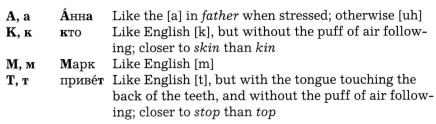 indicates a conversational exercise.)

NEW LETTERS AND SOUNDS: GROUP A

There are 33 letters in the Russian (Cyrillic) alphabet. Most represent sounds similar to those of English.[1] The preceding dialogues contain 19 of the 33 Russian letters:

А, К, М, Т are similar to English letters in print and sound.[2]

А, а	А́нна	Like the [a] in *father* when stressed; otherwise [uh]
К, к	кто	Like English [k], but without the puff of air following; closer to *skin* than *kin*
М, м	Марк	Like English [m]
Т, т	приве́т	Like English [t], but with the tongue touching the back of the teeth, and without the puff of air following; closer to *stop* than *top*

В, Е, Н, У, О, Р look like English letters but represent different sounds.

В, в	Ве́ра	Like English [v]
Е, е	приве́т	Generally [yeh] when stressed; [ih] when not stressed (for example, меня́)
Н, н	не	Similar to English [n], but with the tongue touching the back of the teeth
У, у	зову́т	Similar to English [oo] in *boot, root,* but shorter in length
О, о	Анто́н	[oh] when stressed; otherwise [uh] or [ah] (for example, э́то, зову́т)
Р, р	Ве́ра	A flapped [r], often used in English by singers and actors (especially when doing an upperclass British accent). It is produced something like the North American pronunciation of [d] in *widow.*

П, И, Я, З, Б, Э, Ю, Ё, Г do not look like English letters.

П, п[3]	приве́т	English [p], but without the puff of air following; closer to *spin* than *pin*
И, и	приве́т	[ee] as in *beet,* but shorter in length
Я, я	меня́	[yah] as in *yacht*
З, з	зову́т	[z] as in *zip*
Б, б	тебя́	[b] as in *Bob*

---

[1] Although there are often close similarities, exact sound equivalences between languages are rare. Listen to your teacher and tapes carefully and imitate them. Writing practice is provided in the workbook.

[2] The printed form of a Russian word gives no hint about which syllable is stressed. In this book, however, all stresses in Russian words are marked.

[3] You may recognize this letter, and some of the others, as derived from the Greek alphabet.

Э, э	**э́то**	[eh] as in *bet*
Ю, ю	**зна́ю**	[yoo] similar to *you, beautiful,* but shorter in length
Ё, ё	**её**	[yoh] similar to *yoke,* but shorter in length
Г, г	**Ге́на**	In most instances, [g] as in *get, big;* however, in the words **его́, ничего́,** and certain others, it is pronounced [v]

EXERCISE 1.2.   **Word recognition**

The following words are made from the 19 letters you have already encountered. As your instructor reads words at random, fill in the blank with the order in which you hear them. Try to guess their meaning.

1. _____ Аме́рика
2. _____ Норве́гия
3. _____ тра́ктор
4. _____ Украи́на
5. _____ ка́мера
6. _____ зе́бра
7. _____ Петербу́рг
8. _____ Баку́
9. _____ ро́за
10. _____ Япо́ния
11. _____ ю́мор
12. _____ Юпи́тер
13. _____ ма́ния
14. _____ контра́кт
15. _____ Герма́ния
16. _____ Голла́ндия
17. _____ эква́тор
18. _____ ветера́н
19. _____ кенгуру́
20. _____ самолёт (*airplane*)

THE ART OF CONVERSATION:
CASUAL GREETINGS

Приве́т! is a casual greeting like *Hi!* Students and friends commonly greet one another this way, but it is inappropriate for students to use this greeting with teachers. (Formal greetings are presented in the next section.)

Как тебя зовут? (*lit., How do they call you?*) is the informal way of asking *What is your name?* To answer with your own name, say **Меня зовут**... (*lit., Me they call* . . .), and fill in your name. In this context, **зовут** (*they call*) never changes in form, regardless of whose name is given.

А тебя? (*And you?*) is conversational; its full form is **А как тебя зовут?**

Это   Russian uses the unchanging pronoun **это** to ask about something or point something out. It corresponds to *This is, That is, These are, Those are* . . .

What's his/her name?   There are several ways to ask someone the name of another person.

Кто это?	*Who is that/this?* (Russian does not normally express *am, are, is*.)
Как **его** зовут?	*What's his name?*
Как **её** зовут?	*What's her name?*

The answer to this question can vary, depending on the situation.

Это...	*That's/This is* . . .
Его зовут...	*His name is* (*they call him*) . . .
Её зовут...	*Her name is* (*they call her*) . . .
Не знаю.	*I don't know.*

EXERCISE 1.3.   Greetings, getting acquainted

What can you say when

1.   you greet someone your own age casually?
2.   you want to ask the name of a student to whom you have just begun talking?
3.   you see a man you don't know and ask a friend who he is?
4.   you see a woman you don't know and ask a friend who she is?
5.   you've been asked who someone is and want to give his or her name?
6.   you've been asked who someone is and don't know his or her name?

EXERCISE 1.4.   Introducing yourself (casually)

Following the examples in the first four illustrations in this section, introduce yourself to several other people in the class. Then ask them if they know the name of someone you have not met. Try to use as many of the various question-and-answer combinations as you can.

ЧАСТЬ ВТОРАЯ

GETTING ACQUAINTED (FORMAL)

Look at the illustrations below and read the English translations. Then listen to your instructor read the Russian phrases.

Здра́вствуйте!
Меня́ зову́т Ма́йкл
Смит.*

Здра́вствуйте!
Наде́жда Миха́йловна.
О́чень прия́тно.

О́чень
прия́тно.

*MAN: Hello! My name is
Michael Smith.

*WOMAN: Hello! Nadezhda Mikhailovna.
Pleased to meet you.
MAN: Pleased to meet you.

EXERCISE 2.1.   Formal introductions

With a partner, use the example above to act out situations where formal introductions are appropriate.

NEW LETTERS AND SOUNDS: GROUP B

Some of the eight new letters introduced in this group have no English equivalents; listen carefully and imitate your teacher and the tape.

Д, С, Й, Ж, Л, Х, Ч, Ь

Д, д	**Наде́жда**	Like English [d], but with the tongue touching the back of the teeth
С, с	**С**мит	Like English [s]

Й, й	Михáйловна	A "glide," like English [y] when following vowels: **о** – **ой** (*boy*), **е** – **ей** (*hey*), **а** – **ай** (*guy*), **у** – **уй** (*buoy*). This letter represents a consonant, not a vowel.
Ж, ж	Надéжда	Like the end of *mirage* or the middle of *vision*
Л, л	Михáйловна	Like English [l] in *call*
Х, х	Михáйловна	Like German [ch] in *Bach*
Ч, ч	óчень	Like English [ch] in *cheap*
Ь, ь	óчень	**мягкий знак** Has no sound of its own; softens the preceding consonant[4]

EXERCISE 2.2.   Hearing and recognizing names

You are in Russia, and a Russian friend has invited you to a party. She is telling you the names of some people you will meet there. Circle the names you hear as your instructor reads them.

MEN'S NAMES[5]		WOMEN'S NAMES	
Сáша[6]	Мíша	Сáша	Мáша
Бóря	Дíма	Вáля	Зíна
Тóля	Гéна	Áля	Лéна
Алёша	Кóля	Вéра	Íра
Волóдя	Пéтя	Зóя	Кáтя
Слáва	Юра	Жéня	Люба
Вíтя	Олéг	Гáля	

EXERCISE 2.3.   Геогрáфия

As your instructor reads from the following list of city names, circle the ones you recognize.

Бангкóк	Копенгáген	Пекíн
Бейрýт	Монреáль	Санкт-Петербýрг
Берлíн	Москвá	Тель-Авíв
Бóстон	Найрóби	Тóкио
Вашингтóн	Нью-Йóрк	Торóнто
Кíев	Парíж	

---

[4] This "softening," also called "palatalization," is best learned by listening to your instructor and the tape.

[5] The names in both lists are nicknames. Full names for men typically end in a consonant; full names for women typically end in **-а** or **-я**. For both genders, nicknames typically end in **-а** or **-я**.

[6] **Сáша, Вáля, Жéня,** and a few other nicknames can be either men's or women's names, like *Pat* and *Chris* in English.

THE ART OF CONVERSATION: FORMAL GREETINGS

Здра́вствуйте!   Like most languages, Russian makes more of a distinction between formal and informal speech than English does. When a young person meets an older person or someone of higher status, such as a teacher, the familiar **Приве́т!** is inappropriate (as is **тебя́** in **Как тебя́ зову́т?**). **Здра́вствуйте** is used instead. Russians say **Здра́вствуйте!** only once a day to a given person. If they see that person again on the same day, Russians usually just nod, if no verbal exchange is otherwise needed. If you forget and greet someone with **Здра́вствуйте** a second time in the same day, it may surprise him or her.

Наде́жда Миха́йловна   In formal situations, Russians address one another by the first name (here **Наде́жда**) and the *patronymic* (here **Миха́йловна**), which is formed from the first name of one's father (**Миха́йл** in this case). There are no Russian equivalents of Mr., Mrs., Miss, or Ms. in everyday use. (Names are treated more fully in Lesson 2.)

EXERCISE 2.4.   **Ваш диало́г (*Your dialogue*)**

Work with two classmates and, using the lines from the dialogue at the beginning of this section, substitute your own names to get acquainted with your instructor, **Серге́й Миха́йлович.**

EXERCISE 2.5.   **Male or female?**

Fill in the blank with *M* for men's names and *F* for women's names.

1. _____ Га́ля
2. _____ Ви́тя
3. _____ Серге́й Петро́вич
4. _____ Викто́рия Ви́кторовна
5. _____ Ната́лья Я́ковлевна
6. _____ Са́ша
7. _____ Ива́н Никола́евич

EXERCISE 2.6.   **Famous patronymics**

What is the first name of the father of each of these famous Russians?

1. Лев Никола́евич Толсто́й (author)
2. А́нна Андре́евна Ахма́това (author)
3. Моде́ст Петро́вич Му́соргский (composer)
4. Алекса́ндр Серге́евич Пу́шкин (author)
5. Мари́на Ива́новна Цвета́ева (author)
6. Пётр Ильи́ч Чайко́вский (composer)
7. Валенти́на Влади́мировна Терешко́ва (first woman cosmonaut)
8. Дми́трий Ива́нович Менделе́ев (scientist)

О РОССИИ

Patronymics and last names

A full Russian name consists of three parts. The first name (**имя**) is given by the parents, but the second and third elements are predictable. The second element in a Russian name, the *patronymic* (**отчество**), is the name of the person's father with a suffix, usually **-ович** or **-евич** for males and **-овна** or **-евна** for females. If the father's name is **Ива́н,** for example, the patronymic for a man is **Ива́нович,** for a woman **Ива́новна.** The patronymic is usually used with the complete form of the first name when speaking to adults, especially in formal situations. School and university students in Russia always address their teachers by **и́мя и о́тчество.** The last element is the family name (**фами́лия**). Most family names have different forms for males and females. For example,

MALES	FEMALES
Анто́**нов**	Анто́**нова**
Мали́**нин**	Мали́**нина**
Покро́**вский**	Покро́**вская**

REQUESTING, GIVING, AND RECEIVING

The word **Пожа́луйста** can mean *Please, Here you are,* and *You're welcome!* Use it when making a request and when giving something to someone. Use **Спаси́бо** (*Thank you*) when receiving an item or favor.

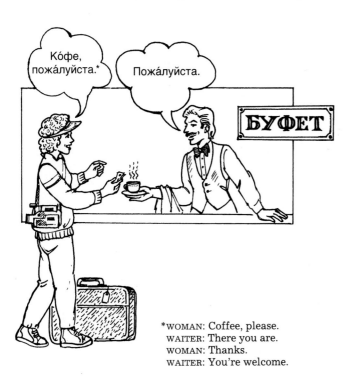

> Ко́фе, пожа́луйста.*
>
> Пожа́луйста.
>
> БУФЕТ

> Спаси́бо!
>
> Пожа́луйста.

*WOMAN: Coffee, please.
WAITER: There you are.
WOMAN: Thanks.
WAITER: You're welcome.

EXERCISE 2.7.   **Наполео́н, пожа́луйста**

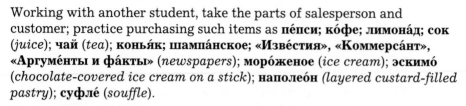

Working with another student, take the parts of salesperson and customer; practice purchasing such items as **пе́пси; ко́фе; лимона́д; сок** (*juice*); **чай** (*tea*); **конья́к; шампа́нское; «Изве́стия», «Коммерса́нт», «Аргуме́нты и фа́кты»** (*newspapers*); **моро́женое** (*ice cream*); **эскимо́** (*chocolate-covered ice cream on a stick*); **наполео́н** (*layered custard-filled pastry*); **суфле́** (*souffle*).

INFORMAL GREETINGS: "HI, HOW ARE THINGS?"

о́ля.	Приве́т, Са́ша!	*"Hi, Sasha!"*
СА́ША.	О́ля! Приве́т!	*"Olya! Hi!"*
о́ля.	Как дела́?	*"How are things?"*
СА́ША.	Хорошо́, спаси́бо. А у тебя́?	*"Fine, thanks. And with you?"*
о́ля.	Ничего́.	*"Not bad."*

THE ART OF CONVERSATION: CASUAL GREETINGS (*continued*)

Как дела́? (*How are things?*)   Use this informal question with your friends, family, and fellow students. Note that an instructor might ask this of a student, but the reverse is inappropriate.

Хорошо́, спаси́бо. (*Fine, thanks.*)   Listen carefully to the pronunciation of **хорошо́**. The vowel **o** has three different variations: [uh] [ah] [oh]. Another word that has the same three variations of **o** is **молоко́** *milk*.

А у тебя́? (*And with you?*)   This is the familiar form of the natural follow-up question.

Ничего. (*Not bad, okay.*) The **-г-** in the **-ero** ending is pronounced *v.* Other possible answers are

О́чень хорошо́	*Very well*
Пло́хо	*Bad*
О́чень пло́хо	*Very bad*

If you say either **Пло́хо** or **О́чень пло́хо,** however, a Russian would probably react with concern and ask what's the matter. Unless you are prepared to explain a misfortune, it's best to stick with (**О́чень**) **хорошо́** or **Ничего́.**

EXERCISE 2.8. Informal greetings

Working with classmates, substitute your own names in the dialogue on page 10 and greet one another.

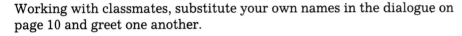

FORMAL GREETINGS: "HELLO. HOW ARE YOU?"

А́ННА ПЕТРО́ВНА.	Здра́вствуйте, Са́ша!	*"Hello, Sasha!"*
СА́ША.	Здра́вствуйте, А́нна Петро́вна!	*"Hello, Anna Petrovna!"*
А́ННА ПЕТРО́ВНА.	Как у вас дела́?	*"How are you?"*
СА́ША.	Хорошо́, спаси́бо.	*"Fine, thank you."*

THE ART OF CONVERSATION: FORMAL AND INFORMAL — **ВЫ, ВАС** AND **ТЫ, ТЕБЯ́**

Like many European languages, Russian has a formal and informal distinction in its words for *you* and for related words like *your.* The formal variant of *you* (**вы, вас**) is used between adults and by children addressing adults. It also expresses the plural *you*, the way to address a group of people. The informal variant (**ты, тебя́**) is used in families, among close friends and young people, and when addressing God, a child, or a pet. Here's a good rule of thumb: If you are at all in doubt about how to address someone, it's best to use the formal register.

Как у вас дела́? (*How are things with you?*)   The instructor, **А́нна Петро́вна,** has used the complete, formal version of **Как дела́?** Note her use of **у вас** rather than the familiar **у тебя́.** Note also that Sasha does not ask her **Как у вас дела́?** He is following the general Russian rule that in formal situations, the higher-status individual is usually the one who asks any personal questions.

EXERCISE 2.9.   Formal or informal

You are a student on your first visit to Russia. Decide whether the language register *you* use in these situations should be formal (*F*) or informal (*I*).

EXAMPLE: __F__ You're at a welcoming party thrown for your group by the Russian students and are getting acquainted with them.

1. _____ You meet the English instructor at the Russian students' school and greet him/her in Russian.
2. _____ You meet the younger brother or sister of the student with whom you will be staying.
3. _____ You meet the parents of the student with whom you will be staying.
4. _____ You go into a store and ask the clerk to point you to the bread section.
5. _____ A young man comes up to you on the subway and, sensing that you are a foreigner, begins speaking with you.
6. _____ You are on the street and bump into an elderly woman by accident.
7. _____ A small child looks lost in the city park. You offer to help.

EXERCISE 2.10.   Formal greetings

Working with classmates, choose one of you to be the instructor, and practice formal greetings. Then choose one of you to be a little boy named **Во́ва** or a little girl named **Ма́ша** and practice informal greetings.

ЧАСТЬ ТРЕТЬЯ

БОРЍС. Э́то Нѝна?
А́ННА. Нет, э́то не Нѝна. Э́то Ната́ша.

"Is that Nina?"
"No, that's not Nina. It's Natasha."

БОРЍС. А э́то? Э́то Ко́ля?
А́ННА. Да. А кто э́то?

"And who's that? Is it Kolya?"
"Yes. And who's that?"

БОРЍС. Э́то? Не зна́ю. Она́ студе́нтка?

"Her? I don't know. Is she a student?"

А́ННА. Да, студе́нтка.

"Yes, she's a student."

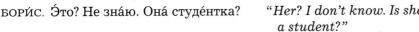

NEW LETTERS AND SOUNDS: GROUP C

Here are the six remaining letters of the Russian alphabet.

Ш, Щ, Ф, Ц, Ы, Ъ

Ш, ш	хоро**ш**о́	Like English [sh] in *shock*
Щ, щ	бор**щ** (*borsch*)	Like the English combination [sh-sh] in *fresh sheets*
Ф, ф	**Ф**иладе́льфия	Like English [f]
Ц, ц	пи́**цц**а (*pizza*)	Like English [ts] in *bats, pizza*
Ы, ы	в**ы**	Similar to English [ih] in *bit, tip, witch*
Ъ, ъ	подъе́зд (*entrance*)	**твёрдый знак** Indicates that a [y] sound (as in *you* or *yes*) precedes the following vowel

13

EXERCISE 3.1.   **Who's who?**

Reread the dialogue on page 13 and label the characters' names in the illustration.

EXERCISE 3.2.   **Packing list**

Here is a list of some items you have brought to Russia. As you unpack, your "roommate" (a classmate) names some things. Circle what you hear your "roommate" say. Select five that you would like to add to your active vocabulary.

ку́ртка	*jacket*	блу́зка	*blouse*
костю́м	*suit*	ю́бка	*skirt*
ша́пка	*hat*	пла́тье	*dress*
сапоги́	*boots*	джи́нсы	*jeans*
носки́	*socks*	перча́тки	*gloves*
руба́шка	*shirt*	ма́йка	*tank top*
плащ	*raincoat*	фуфа́йка	*sweatshirt*
га́лстук	*tie*	футбо́лка	*rugby shirt*
брю́ки	*slacks; trousers*	сви́тер	*high-neck sweater*
ту́фли	*shoes*	пуло́вер	*collarless sweater*
пальто́	*overcoat*	фен	*hair dryer*

VOCABULARY AND USAGE NOTES

Articles   There are no definite or indefinite articles (*a, an, the*) in Russian.

To be   The verb equivalents of present-tense forms *am, is, are* are generally not expressed.

Где каранда́ш?	*Where (is a/the) pencil?*
Студе́нты до́ма.	*(The) students (are) at home.*
Кни́га здесь.	*(The) book (is) here.*
Она́ студе́нтка.	*She (is a) student.*

Нет means *no*. A sentence is negated by putting **не** in front of the element to be expressed negatively.

— Я профе́ссор.	*"I'm a professor."*
— Нет, ты не профе́ссор.	*"No, you're not a professor.*
Ты студе́нт.	*You're a student."*
— Вы архите́ктор?	*"Are you an architect?"*
— Нет, я музыка́нт.	*"No, I'm a musician."*

Студéнт means a male student at a college or university; a female student is **студéнтка**. (In high school a male student is **ученúк**; a female student is **ученúца**.)

INTONATION IN YES/NO QUESTIONS: ÉTO НЍНА?

Only intonation enables one to distinguish between the question **Э́то Нúна?** and the statement **Э́то Нúна.** To ask such yes/no questions (those not containing a question word), sharply raise the pitch of the stressed syllable of the word you are asking about.

LEVEL	QUESTION	STATEMENT
High	НЍ	
Mid	Э́-то	Э́-то
Low	на?	НЍ-на.
High	ФÉС	
Mid	Э́-то про-	Э́-то про-
Low	сор?	ФÉС - сор.

EXERCISE 3.3. Question or statement?

Do you hear a question (*Q*) or a statement (*S*)? Circle what you hear.

1. Э́то Нúна?   Э́то Нúна.
2. Онá студéнтка?   Онá студéнтка.
3. А́нна здесь?   А́нна здесь.
4. Марк дóма (*at home*)?   Марк дóма.
5. Борúс студéнт?   Борúс студéнт.
6. Э́то карандáш?   Э́то карандáш.
7. Кóля там?   Кóля там.

EXERCISE 3.4. Asking and answering questions

Working with a partner, indicate other students in the class and practice asking and answering questions such as the following.

1. — Э́то (name)?
   — Да, э́то (name).
2. — Кто э́то?
   — Не знáю. *or* Э́то (name).
3. — Э́то (a wrong name)?
   — Нет, э́то не (wrong name). Э́то (right name).

ASKING THE NAME OF SOMETHING

— Что э́то?	*"What's that?"*
— Э́то? Э́то ру́чка.	*"That? That's a pen."*
— А э́то?	*"And that?"*
— Э́то газе́та и письмо́.	*"That's a newspaper and a letter."*
— А что э́то?	*"And what's that?"*
— Э́то кни́га и журна́л.	*"That's a book and a magazine."*
— А э́то?	*"And that?"*
— Э́то каранда́ш.	*"That's a pencil."*

EXERCISE 3.5.   Что э́то?

Working with a partner, practice asking and answering the questions
Что э́то?, Э́то _____?, А э́то? Point to items in the room that you know, or
select items from the illustration above. Ask a "wrong" question occasionally (for example, point to a newspaper and ask, **Э́то кни́га?**).

> EXAMPLE: — Э́то Аме́рика?
> — Нет, э́то не Аме́рика. Э́то А́фрика.
> — А э́то? (*Pointing to Australia.*) Э́то Анта́рктика?
> — Нет! Э́то Австра́лия!

PRONOUNS: HE, SHE, THEY

Pronouns (*he, she, they,* and so on) substitute for nouns. Study the following illustration. What are the Russian equivalents for the English
pronouns *he, she,* and *they*?

*MAN: Where's Mark? Where's Vera?
WOMAN: He's here. She's here.
YOUNG MAN: Where are Mark and Vera?
MAN WITH TIE: They're here.

EXERCISE 3.6. Где Марк?

Practice the pronouns **он, она́, они́** by asking your neighbor where various classmates are, following the model of the illustration above. Make sure you ask about individual males, females, and groups of two or more.

GRAMMATICAL GENDER

For inanimate nouns, English has one pronoun: *it*. Russian, like many other European languages, has three: **он, она́,** and **оно́.** To choose the right pronoun to replace an inanimate noun, you must know the noun's *grammatical gender* (masculine, feminine, or neuter), which has nothing to do with biology! For instance, **журна́л** (*magazine*) is masculine and can be replaced by the masculine pronoun **он; газе́та** (*newspaper*) is feminine and corresponds to the feminine **она́;** and the neuter **письмо́** (*letter*) requires the neuter **оно́.** Gender is not shown, however, in the plural: **они́** (*they*) is used for all genders.

The pronoun endings hint at ways to tell grammatical gender in the dictionary form of nouns:

ОН Nouns ending in a consonant, including **-й,** are masculine (**журна́л, а́дрес, музе́й, студе́нт, музыка́нт, профе́ссор, америка́нец, телеви́зор**).

ОНА́ Nouns ending in **-а** or **-я** are generally feminine (**Москва́, кварти́ра, студе́нтка, ку́хня**).[7]

ОНО́ Nouns ending in **-о** or **-е** are neuter (**письмо́, ра́дио, мо́ре**).

ОНИ́ **-ы** and **-и** are two common endings for plural (**журна́лы, кни́ги**).

---

[7] Biology takes precedence over grammar: Most men's nicknames (**Ге́на**) and some words for male relatives (**па́па** [*dad*]) end in **-а** or **-я,** but are still masculine. Note also that most nouns (whether animate or inanimate) ending in **-ь** are feminine. In this text, gender of nouns ending in **-ь** is always marked.

EXERCISE 3.7.   Nouns by gender

Write **он** before the masculine nouns, **она́** before the feminine nouns, **оно́**
before the neuter nouns, and **они́** before the plural nouns.

1.	_____ ру́чка	*pen*
2.	_____ журна́л	*magazine*
3.	_____ окно́	*window*
4.	_____ кни́га	*book*
5.	_____ кни́ги	*books*
6.	_____ газе́та	*newspaper*
7.	_____ молоко́	*milk*
8.	_____ кварти́ра	*apartment*
9.	_____ студе́нт	(male) *student*
10.	_____ студе́нтка	(female) *student*
11.	_____ мо́ре	*sea*
12.	_____ роди́тели	*parents*
13.	_____ стул	*chair*
14.	_____ доска́	*chalkboard*
15.	_____ часы́	*clock; watch*
16.	_____ каранда́ш	*pencil*
17.	_____ рюкза́к	*backpack*
18.	_____ очки́	*glasses*
19.	_____ джи́нсы	*jeans*
20.	_____ блу́зка	*blouse*
21.	_____ сви́тер	*high-neck sweater*
22.	_____ футбо́лка	*rugby shirt*
23.	_____ пуло́вер	*collarless sweater*

LOCATION: WHERE, HERE, THERE, AT HOME

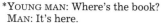

*YOUNG MAN: Where's the book?
 MAN: It's here.

*YOUNG MAN: Where's the book?
 MAN: It's there.

*WOMAN: Where's the book?
 BOY: It's at home.

Здесь (*here*) and **там** (*there*) are opposites, giving physical locations in answer to **где?** (*where?*). **До́ма** means *at home*. One can be **до́ма** without being physically inside the house (**дом**), as when washing the car or relaxing in the yard.

EXERCISE 3.8.   Он (она́, оно́, они́) здесь (там)

Using the list of items in Exercise 3.2, select five more words you'd like to learn and write them on a sheet of paper. The list is a "suitcase" you have "packed" and brought with you, and the items you listed are **«здесь»** in relationship to you. Anything you did not list is **«там»** (over in the textbook, not in the suitcase). Then see how many other students in the class packed at least two of the same items in their suitcase that you did.

> EXAMPLE: You: — Где джи́нсы? (*item on your list*)
>   Classmate: — Они́ здесь. (*points to his/her list*)
>   *or*
>   — Они́ там. (*points to textbook*)

EXERCISE 3.9.   Где Марк? Где А́нна?

In small groups of four or five students, practice asking one another questions like **Где** (name)**?**, referring to people in your class whose names you have learned. For those in your group, the appropriate answer is **он (она́, они́) здесь.** For those in other groups, the answer should be **он (она́, они́) там.**

ЧАСТЬ ЧЕТВЁРТАЯ

MAKING THINGS PLURAL

журна́л   журна́лы   студе́нт   студе́нты

студе́нтка   студе́нтки   кни́га   кни́ги

The basic plural ending for masculine and feminine nouns[8] is **-ы**. It is added after the final consonant of masculine nouns and replaces the final **-а** on feminine nouns. The letter **-и** is used after the consonants **г, к, х, ж, ч, ш, щ,** and to replace the endings **-ь** and **-я**. Here is a table of examples:

---

[8] Pluralization of neuter nouns will be presented when you know more neuter nouns. You already know one neuter plural: **дела́** (in **Как дела́?** [*How are things?*]), which is the plural form of **де́ло.**

MASCULINE AND FEMININE SINGULAR	MASCULINE AND FEMININE PLURAL	PLURAL ENDING
студе́нт	студе́нт-ы	
журна́л	журна́л-ы	-ы
газе́т-а	газе́т-ы	
кварти́р-а (*apartment*)	кварти́р-ы	
бу́кв-а (*letter of the alphabet*)	бу́кв-ы	
га́лстук (*necktie*)	га́лстук-и	
каранда́ш	карандаш-и́	
студе́нтк-а	студе́нтк-и	-и
ру́чк-а	ру́чк-и	
кни́г-а	кни́г-и	
блу́зк-а (*blouse*)	блу́зк-и	

EXERCISE 4.1.   Making plurals

Write the plural forms of these nouns.

1. студе́нт _____
2. шко́ла _____
3. журна́л _____
4. студе́нтка _____
5. кни́га _____
6. газе́та _____
7. ру́чка _____

EXPRESSING OWNERSHIP

*BOY: It's my book!
 GIRL: No! It's not yours. It's mine!

Его́, её, их Like their English counterparts, Russian third-person possessive pronouns **его́** (*his*), **её** (*her*), and **их** (*their*) never change to agree with the noun they modify[9]: For example, **его́ каранда́ш, его́ кни́га, его́ письмо́, его́ кни́ги** mean *his pencil, his book, his letter, his books;* **её каранда́ш, её кни́га, её письмо́, её кни́ги** mean *her pencil, her book, her letter, her books*. How would you say *their pencil, their book, their letter, their books*?

Мой, твой, наш, ваш These words change form to match the gender and number of the thing owned. For example:

мо́й журна́л	*my magazine*	на́ш журна́л	*our magazine*
моя́ кни́га	*my book*	на́ша кни́га	*our book*
моё письмо́	*my letter*	на́ше письмо́	*our letter*
мои́ кни́ги	*my books*	на́ши кни́ги	*our books*
(**твой** follows the pattern for **мой**)		(**ваш** follows the pattern for **наш**)	

Be sure to pronounce the plural forms **мои́** and **твои́** with two distinct syllables [mah-EE, tvah-EE], placing the stress on the second syllable to distinguish these words from the one-syllable forms **мой, твой.**[10]

These endings are similar to noun endings: The masculine forms (**мой, наш**) end in a consonant (remember, **-й** is a consonant); the feminine forms (**моя́, на́ша**) end in **-а/-я**; the neuter forms (**моё, на́ше**) end in **-е/-ё** (**ё** can be considered a variant of **-о**); and the plural forms end in **-и.**

Here is a summary of the possessive adjectives, with a typical noun for each gender.

MEANING	MASCULINE	FEMININE	NEUTER	PLURAL
my	мой журна́л	моя́ кни́га	моё письмо́	мои́ журна́лы
your (*informal*)	твой журна́л	твоя́ кни́га	твоё письмо́	твои́ журна́лы
his (*does not change*)	его́ журна́л	его́ кни́га	его́ письмо́	его́ журна́лы
her (*does not change*)	её журна́л	её кни́га	её письмо́	её журна́лы
our	наш журна́л	на́ша кни́га	на́ше письмо́	на́ши журна́лы
your (*formal or pl.*)	ваш журна́л	ва́ша кни́га	ва́ше письмо́	ва́ши журна́лы
their (*does not change*)	их журна́л	их кни́га	их письмо́	их журна́лы

EXERCISE 4.2. Э́то твой...?

Working with two or more partners, point to their possessions and ask **Э́то твоя́ кни́га? Э́то твой каранда́ш?**, and so on. Then point to the owner of an item and tell a third student what you are holding (**Э́то его́/её...**)

---

[9] These possessives are identical in form to the personal pronouns you learned in the phrases **Как его́ (её) зову́т?**

[10] In Russian, every vowel makes a syllable, even when two vowels appear together.

EXERCISE 4.3.   Family relationships

Bring in a photo of your family or make a drawing of them using stick
figures, and label each person with Russian terms such as **моя́ мать, мой**
отéц, мой брат, моя́ сестра́. Show your photo or drawing to your partner. Your partner will ask about each person: **Кто э́то?** or **Э́то твой отéц?**
Answer, give his or her name, and tell that person's relationship to you.
(**Э́то мой брат. Его́ зову́т Том.**) Use the following terms:

мать	*mother*	муж	*husband*
отéц	*father*	жена́	*wife*
брат (*pl.* бра́тья)	*brother*	дéдушка	*grandfather*
сестра́ (*pl.* сёстры)	*sister*	ба́бушка	*grandmother*
		сын (*pl.* сыновья́)	*son*
		дочь (*pl.* до́чери)	*daughter*

THE ART OF CONVERSATION: SAYING GOOD-BYE

*See you later!   *Good-bye.

The formal-informal distinction in greetings is reflected also in good-
byes. **До свида́ния** is the more formal expression, while **Пока́** is informal
and usually implies you expect to see the person again soon.

EXERCISE 4.4.   Saying good-bye

How would you say good-bye to

1. your teacher at the end of class?
2. your classmates at the end of class?
3. your roommate when leaving for class?
4. your family when going off to attend college in another state?
5. the maid as you leave your hotel?
6. your taxi driver as you leave the cab?

EXERCISE 4.5. Reading cognates

See if you can tell what the following cognates mean. Try to read them aloud with Russian pronunciation. (Because of pronunciation differences, printed cognates are often easier to recognize than spoken ones.)

Астрономия: комета, метеорит, Марс, ракета
Биология: банан, жираф, витамин, зебра
География: Азия, Америка, Арктика, тропики
Техника: компьютер, принтер, дисплей, мотор, трактор, термометр
Academic fields: геология, математика, психология, физика

EXERCISE 4.6. Greetings, introductions, and farewells

What do you say in the following instances?

1. You're on the way to class and say good-bye to your roommate.
2. You arrive at class and greet your teacher.
3. The student who sits next to you comes in and sits down.
4. Class is over. Say good-bye to your classmate.
5. Say good-bye to your teacher.
6. At lunch your roommate is talking to someone you don't know. Ask who it is. Your roommate says, "This is Bill (or Jane, Sara, etc.)."
7. Bill asks what your name is.
8. You and Bill each say, "Pleased to meet you."

WORD STUDY

Cognates

Russian and English share thousands of words; such words shared between two languages are called *cognates*. These may have been borrowed from the other language (**компьютер, баскетбол;** *vodka, troika*) or may have entered both languages from a third source (**сестра, три, февраль, биология**). Both Russian and English have borrowed heavily from the classical languages and from French.

THE ART OF CONVERSATION: FOLLOWING CLASSROOM DIRECTIONS

Here are some directions that your instructor will use repeatedly in class.

Идите сюда.	*Come here.*
Идите к доске.	*Go to the board.*
Откройте книгу на странице...	*Open your book to page . . .*
Повторите!	*Repeat.*
Читайте!	*Read.*
Слушайте!	*Listen.*
Пишите!	*Write.*
Продолжайте!	*Continue.*
Смотрите!	*Look!*

Here are three nouns that your instructor may use often.

буква	*letter*
звук	*sound*
слово	*word*

Новые слова

At the end of each lesson is a list of words that you should learn to use actively. Abbreviations on these lists include the following: *f.* = feminine; *m.* = masculine; *lit.* = literally; *pl.* = plural; *sing.* = singular.

Nouns

Аме́рика	America
брат	brother
бу́ква	letter (*of the alphabet*)
газе́та	newspaper
журна́л	magazine; journal
звук	sound
каранда́ш	pencil
кни́га	book
ма́ма	mom
мать *f.*	mother
Москва́	Moscow
оте́ц	father
па́па	dad
письмо́	letter
профе́ссор	professor
Росси́я	Russia
ру́чка	pen
Санкт-Петербу́рг	Saint Petersburg
сестра́	sister
сло́во	word
студе́нт	(male) student
студе́нтка	(female) student

Pronouns

кто	who
что	what
э́то	this (that) is; these (those) are

Personal Pronouns

я (меня́)	I (me)
ты (тебя́) *informal*	you
он (его́)	he (him)
она́ (её)	she (her)
оно́ (его́)	it
мы (нас)	we (us)
вы (вас) *formal or pl.*	you
они́ (их)	they (them)

Possessives

мой (моя́, моё, мой)	my; mine
твой (твоя́, твоё, твой)	your; yours
его́	his; its
её	her; hers; its
наш (на́ша, на́ше, на́ши)	our; ours
ваш (ва́ша, ва́ше, ва́ши)	your; yours
их	their; theirs

Verbs

зна́ю (*dictionary form*[11]: **знать**)	I know

Adverbs

где	where
до́ма	at home
здесь	here
как	how
о́чень	very
там	there

Other

а	and
да	yes
и	and
не	not
нет	no

---

[11] The dictionary form of a word is the form under which one would find that word in a dictionary.

Idioms and Expressions

До свида́ния.	Good-bye!
Здра́вствуй(те)!	Hello!
Как (у тебя́, у вас) дела́?	How are things (with you)?
Как тебя́ (вас) зову́т?	What is your name?
Меня́ зову́т _____.	My name is _____.
Ничего́. (*in response to* Как дела́?)	Okay; all right; not too bad.
Óчень прия́тно.	Pleased to meet you.
пожа́луйста	1. please; 2. You're welcome!; 3. Here you are.
Пока́! *informal*	See you later.
Приве́т! *informal*	Hi!; Hello there!
Спаси́бо	Thank you; Thanks.
Хорошо́, спаси́бо. (*in response to* Как дела́?)	Fine, thanks.

Topics

Family members: брат, мать, ма́ма, оте́ц, па́па, сестра́

STUDY TIP

Learning Vocabulary

Part of learning any new language is learning new words. Here are some suggestions that may help you.

1. *Make flash cards.* Write the English on one side, Russian on the other. Practice going both ways, from English to Russian and from Russian to English. When you've gone through the deck, shuffle the order and do it again. As you learn words well, remove them from the deck so you will encounter the harder words more often. Make cards not only for English/Russian vocabulary practice, but also for grammar practice, such as for singular/plural.

2. *Learn phrases.* Rather than learning only isolated words, practice phrases. For example, try learning **я не зна́ю, кто она́** (*I don't know who she is*) as one phrase rather than as five separate words. Include these phrases in your flash card deck.

3. *Practice out loud.* Although it is not always convenient to be saying words and phrases aloud, do so when you can.

4. *Practice in writing.* When you think you know most of your words and phrases orally, try writing them out from your flash cards.

5. *Use images.* For instance, as you are learning **до́ма**, you might picture yourself sitting at home in your favorite room. As you are learning **меня́ зову́т**, you might imagine introducing yourself to a new classmate or your teacher.

2 УРОК

НОВЫЙ ДОМ

Они́ все живу́т в Росси́и.

In this chapter you will learn

▲ to say where someone lives

▲ to count to twelve

▲ to use plurals

▲ to describe people and objects

▲ to express delight and dismay

▲ to use Russian names and nicknames

▲ some background on the Russian alphabet

ЧАСТЬ ПЕРВАЯ

Чтение

In all reading passages, new words that you should remember are bold-faced. Words whose meaning you should be able to guess are followed by a †. Words marked with a ° are translated to the right.

Новый дом

Это новый **дом**.°[1]
Адрес†: Москва, **улица** Лесная,° дом **три**.°

Вот° **квартира**° **шесть**.°
Здесь **живут**° Лена Силина, её **младший**° брат Вова, их **родители**° и собака° Белка. Лена студентка. Вова — школьник.° Это хорошая° семья.°

building

улица... Lesnaya Street / three

Here is / apartment / six
live / younger
parents / dog
schoolboy / nice / family

---

[1] The word **дом** refers to large apartment buildings as well as single-family dwellings.

— А э́то кварти́ра **де́сять**.°   *ten*
— Кто здесь **живёт**°?   *lives*
— Муж и жена́ Кругло́вы.°   *Муж... Mr. and Mrs. Kruglov.*
— А кто **ещё**°?   *else*
— Са́ша.
— Э́то их **сын**°?   *son*
— Нет, э́то их **внук**.° Он студе́нт.   *grandson*

— А кто э́то?
— Э́то профе́ссор† Петро́вский. Его́ кварти́ра **но́мер**† **пять**.°   *five*
А э́то Джим, его́ **аспира́нт**.° Джим — америка́нец.† Его́   *graduate student*
фами́лия° Ри́чардсон.   *last name*

УПРАЖНЕ́НИЕ 1.1.   Э́то но́вый дом. Кто где живёт?

Here is a diagram of the apartments in the new building on Lesnaya Street. The first floor is occupied by stores (**магази́ны**). Write in the names of the occupants who live in apartments five, six, and ten.

9	10	11	12
5	6	7	8
1	2	3	4
АПТЕ́КА (drug store)	КОМПЬЮ́ТЕРЫ†		СУВЕНИ́РЫ†

ГРАММА́ТИКА И ПРА́КТИКА

ЖИВЁТ, ЖИВУ́Т; ЗОВУ́Т: AN INTRODUCTION TO VERB CONJUGATION

Кто здесь **живёт?**	*Who lives here?*
Меня́ **зову́т** Ве́ра.	*My name is Vera.*

In English we say *I live* but *he/she lives,* adding an *-s* to the verb form when the subject is *he* or *she.* Changing the verb form is called *conjuga-*

tion. The only new conjugated forms in this reading are **живёт** (for **он** or **она** subjects), and **живут** (for **они** subjects). In **зовут,** as in **Как тебя зовут?** (*How do they call you?*), *they* is expressed only in the **-ут** ending and refers to no one in particular.

УПРАЖНЕНИЕ 1.2.   **Verb endings**

Supply the correct verb ending to the following:

1. Вóва жив_____ там.
2. Бáбушка и дéдушка жив_____ здесь.
3. Это моя́ сестрá. Её зов_____ Лари́са.
4. Это мой брат. Егó зов_____ Вóва.
5. Где он жив_____?

WORD ORDER IN RUSSIAN

— **Кто** там живёт?	*"Who lives there?"*
— Там живёт **Вóва**.	*"Vova lives there."*

English usually requires a strict word order of subject first, verb second, and any remaining sentence elements last: Who hit the ball? *John* hit the ball. Who lives there? *Mary* lives there. Russian usually requires important and/or new information to be located toward the end of the sentence.

— Здесь живёт **Сáша**?	*"Does Sasha live here?"*
— Нет, здесь живёт **Вóва**.	*"No, Vova lives here."*

In the above example, **Вóва,** being the answer to the question, comes last in the sentence even though it is the subject. However:

— Сáша живёт **здесь**?	*"Does Sasha live here?"*
— Нет, Сáша живёт **там**.	*"No, Sasha lives there."*

Here the answer to the question is **там,** so that comes last.

УПРАЖНЕНИЕ 1.3.   **Вопрóсы и отвéты (*Questions and answers*). Кто там живёт?**

Take turns asking and answering questions with a partner.

EXAMPLE: (Point to an apartment in the diagram on page 30.)
    Кто там живёт? → Там живёт/живут (name).

Note that **кто** always takes a singular verb form (like **живёт**), even if a plural answer is expected, such as **Лéна и её роди́тели**.

NUMBERS 0–12

Here are the numbers zero through twelve.

0	ноль		7	семь
1	оди́н		8	во́семь
2	два		9	де́вять
3	три (*triangle*)		10	де́сять (*decimal*)
4	четы́ре (*tetrahedron*)		11	оди́ннадцать (*оди́н + на + де́сять*)
5	пять (*pentagon*)		12	двена́дцать (*две + на + де́сять*)
6	шесть (*sextet*)			

УПРАЖНЕНИЕ 1.4.   Telephone numbers

A typical Russian telephone number is written XXX-XX-XX. Write your telephone number in the Russian style and exchange it with a classmate. Use the following phrases:

— Како́й твой но́мер   "*What's your telephone
   телефо́на?   number?*"

— Мой но́мер телефо́на... А   "*My telephone number is . . .
   твой?   And yours?*"

After writing down someone's telephone number, show it to him or her to be sure you got it right. You might ask **Пра́вильно?** (*Is this correct?*)

ДИАЛОГИ

Here and each time you encounter a section labeled Диалоги in this text, note the communicative purpose of each dialogue. As you practice each dialogue, think of changes you might want to make for your own purposes. Prepare to present your "customized" version with a classmate.

ДИАЛОГ 1.1.   Ваш а́дрес?

(Asking someone's address)

— Ваш а́дрес?
— Санкт-Петербу́рг, у́лица Пу́шкина, дом шесть, кварти́ра три.
— Спаси́бо.
— Пожа́луйста.

ДИАЛОГ 1.2.   Здесь живёт... ?

(Asking where someone lives)

— Это кварти́ра шесть?
— Да.
— Здесь живёт Во́ва Си́лин?
— Здесь.
— А кто ещё живёт здесь?
— Его́ роди́тели и сестра́ Ле́на.

ДИАЛОГ 1.3.   Как её зову́т?

(Asking someone's name)

— Э́то твоя́ сестра́?
— Моя́.
— А как её зову́т?
— Ле́на.
— А тебя́?
— Во́ва.

УПРАЖНЕНИЕ 1.5.   Ваш диало́г

Working with a partner, make up a dialogue in which you knock at a door, ask for someone, and are told that this is not his or her apartment.

УПРАЖНЕНИЕ 1.6.   Перево́д (*Translation*)

Translate the following into Russian:

1. "Does Anna Pavlovna live here?"
   "No. Her address is building two, apartment three."
2. "Is that your sister?"
   "No! That's my mother!"

ЧАСТЬ ВТОРАЯ

ЧТЕНИЕ

Scene A: Как тебя зовут?

(*The new occupants watch their furniture being unloaded.*)

ВÓВА.	Это наш дом. (*Counts the stories.*) **Оди́н,**° **два,**° три... Вон° наш **эта́ж**° и на́ши **óкна.**° Слéва° моё окнó.	*One / two / Over there* *floor / windows / On the left*
ДÉВОЧКА.°	**Какóе**° окнó? Это? (*Pointing.*)	*Little girl / Which*
ВÓВА.	Да. Это на́ша **нóвая**° кварти́ра.	*new*
ДÉВОЧКА.	(*Pointing.*) А вот моя́ нóвая кварти́ра.	
ВÓВА.	(*Gesturing toward Sasha.*) А кто это?	
ДÉВОЧКА.	Это Са́ша, он студéнт. Это егó **рóяль.**° (*She runs away.*)	*piano*
ВÓВА.	(*To Sasha.*) Ты музыка́нт†?	
СА́ША.	Нет, **ещё нет.**° Я студéнт. Как тебя́ зову́т?	*ещё... not yet*
ВÓВА.	Вóва. А тебя́?	
СА́ША.	Са́ша. А ты наш **сосéд**°?	*neighbor*
ВÓВА.	Да. Моя́ кварти́ра нóмер шесть. А твоя́?	
СА́ША.	Моя́ — дéсять. А вот моя́ **ба́бушка.**° И **дéдушка.**° (*Grandma walks up, followed by Grandpa.*)	*grandmother / grandfather*
БА́БУШКА.	Вот наш нóвый дом.	
ДÉДУШКА.	(*Adjusting his hearing aid.*) А? **Чей**° дом?	*Whose*
БА́БУШКА.	Наш, наш!	

Scene B: Наша новая квартира

НАТАЛЬЯ ИВ.	(*Unhappily.*) И это наша новая квартира?
СЕРГЕЙ ПЕТР.	Да, Наташа, квартира очень хорошая.
НАТАЛЬЯ ИВ.	Хорошая? Нет, очень **маленькие°** **комнаты.°**
СЕРГЕЙ ПЕТР.	Комнаты маленькие? Нет, они **большие.°**
НАТАЛЬЯ ИВ.	Какая маленькая **кухня°**! И **туалет°** маленький.
СЕРГЕЙ ПЕТР.	Нет, туалет большой.

small / rooms

large

kitchen / bathroom

(*They hear a piano being played.*)

НАТАЛЬЯ ИВ.   Что? Сосед — музыкант? **Какой ужас!°**

Какой... *That's horrible!*

УПРАЖНЕНИЕ 2.1.   **Family relationships**

Working with a partner and using the illustrations, describe in Russian as many relationships among our characters as you can. For example, you might point to Lena and say **Это Лена.** And then as you point to her relatives, say **Это её брат Вова, это её мама,** and so on. Occasionally ask your partner a question (**Это Вова? Он студент?**).

ГРАММАТИКА И ПРАКТИКА

PLURALS OF NEUTER NOUNS

Как дела?	*How are things?*
Вот наши окна.	*There are our windows.*

The most common pluralizing letters for neuter nouns are **-а/-я**. Here are some examples of nouns you know. Note that stress shifts are not uncommon when two-syllable neuter nouns are pluralized.

SINGULAR		PLURAL
окно	*window*	окна
письмо	*letter*	письма
слово	*word*	слова
упражнение	*exercise*	упражнения

WHOSE: ЧЕЙ, ЧЬЯ, ЧЬЁ, ЧЬИ

Чей это стол?	*Whose table is this?*
Чья это книга?	*Whose book is this?*
Чьё это письмо?	*Whose letter is this?*
Чьи это столы?	*Whose tables are these?*

These possessive adjectives are the equivalents of *whose* in English and, like the forms of **мой,** agree with the nouns they modify.

УПРАЖНЕНИЕ 2.2.   **Whose . . . ?**

Using the following list of words, make up ten **чей (чья, чьё, чьи)** questions:

окно	газета
бабушка	книга
письмо	родители
собака	дедушка
студент	журнал
слово	упражнение

Practice with some plurals. Note that the pronoun **это** never changes.

EXAMPLE: квартира → Чья это квартира? Чьи это квартиры?

УПРАЖНЕНИЕ 2.3. **Э́то мой...**

собака   собаки

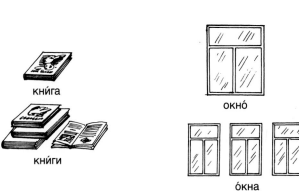

книга   окно́

книги   о́кна

Using the sentences you made up in the preceding exercise, point to an illustration or an object and ask a partner some of your questions (**Чьи э́то соба́ки** [*dogs*]?). See if your partner can correctly "claim" the item(s) in question (**Э́то мои́ соба́ки**).

ADJECTIVES AND GENDER

Вот наш **но́вый** дом.	*Here is our new building.*
А вот моя́ **но́вая** кварти́ра.	*And here is my new apartment.*

Adjectives are shown in dictionaries and vocabulary lists in the masculine form: **краси́вый, ма́ленький,** and **большо́й** are all masculine forms. They all end in **-й,** which is a consonant. So the general noun principle—if it ends in a consonant, it is masculine—holds for adjectives, too.

Like the possessives **мой, твой, наш, ваш,** and the question word **чей,** adjectives show the same gender as the noun they are used with:

GENDER	POSSESSIVES	ADJECTIVES
masculine *m.*	мо-**й** дом	ма́леньк-**ий** дом
feminine *f.*	мо-**я́** ку́хня	ма́леньк-**ая** ку́хня
neuter *neut.*	мо-**ё** окно́	ма́леньк-**ое** окно́

Russian words can best be understood in terms of stems and endings: an adjective like **но́вый,** for example, is composed of the stem **нов-** and the masculine ending **-ый: но́вый дом, но́вый студе́нт.** In the feminine, the adjective ending is **-ая: но́вая кварти́ра, но́вая студе́нтка.** When used with neuter nouns, the adjective ending is **-ое: но́вое окно́.** There are some variations in the endings, but think of **-ый, -ая,** and **-ое** as the basic ones. Note that when the stress falls on the masculine ending, it becomes **-о́й.** The spelling rules listed in Part Three affect the spelling of the endings.

УПРАЖНЕНИЕ 2.4.   Adjective + noun combinations

In the left column are adjectives you know; in the right column are nouns. Work with a partner to make up at least ten adjective + noun combinations. (The gender endings of the adjectives are given because they include some unfamiliar variations.) Check your answers by seeing if another pair of students can come up with the same combinations you have when you supply the English phrase.

ADJECTIVES		NOUNS	
но́в-ый, -ая, -ое	*new*	дом	*house; building*
краси́в-ый, -ая, -ое	*beautiful*	кварти́ра	*apartment*
дорог-о́й, -а́я, -о́е	*dear*	внук	*grandson*
больш-о́й, -а́я, -о́е	*big; large*	студе́нт	*student*
ма́леньк-ий, -ая, -ое	*small*	журнали́стка	*(female) journalist*
хоро́ш-ий, -ая, -ее	*good[2]; nice*	ку́хня	*kitchen*
		окно́	*window*

EXAMPLES:	большо́й дом	*big house*
	ма́ленькая де́вочка	*little girl*

УПРАЖНЕНИЕ 2.5.   Describing people

Using the adjectives you know and those in the following list, describe your friends, family members, or famous people to your partner:

культу́рный	такти́чный
некульту́рный	тала́нтливый
религио́зный	цини́чный
романти́чный	энерги́чный
серьёзный	эксцентри́чный
несерьёзный	

EXAMPLE: Мой брат Джон серьёзный и энерги́чный.

You may also use the intensifier **о́чень** with the adjectives if you wish: **Моя́ сестра́ о́чень тала́нтливая.**

---

[2] See the **«хоро́шее»** spelling rule in Part Three, page 43 of this lesson for an explanation of the spelling of **хоро́ш-ее.**

Диалоги

For instructions, see the dialogues at the end of Part One in this lesson.

ДИАЛОГ 2.1.   Ты наш но́вый сосе́д?

(Meeting a new neighbor; *a child greets an older person on a staircase.*)

— Здра́вствуйте!
— Здра́вствуй! Ты наш но́вый сосе́д?
— Да. Вот моя́ кварти́ра.
— А как тебя́ зову́т?
— Пе́тя. А вас?
— Никола́й Ива́нович.

ДИАЛОГ 2.2.   На́ша но́вая кварти́ра

(Making strong contrasts)

— Ва́ша но́вая кварти́ра больша́я?
— Больша́я, но (*but*) плоха́я. А ва́ша?
— На́ша ма́ленькая, но хоро́шая.

ДИАЛОГ 2.3.   Э́то ужа́сно!

(Reacting negatively; *two people talk on the staircase as a third person walks by.*)

— Кто э́то?
— Наш сосе́д Бо́ря.
— Кто он? Студе́нт?
— Нет, он музыка́нт.
— Сосе́д — музыка́нт? Э́то ужа́сно!

УПРАЖНЕНИЕ 2.6.   Ваш диало́г

Create a dialogue in which you and a friend discuss the positive and negative features of an apartment you're thinking of renting.

УПРАЖНЕНИЕ 2.7.   Перево́д[3]

Translate the following into Russian:

1. "Hi. Are you our new neighbor?"
2. "Hello. Is that your new apartment?"
3. "Is your apartment large?"
4. "Our apartment is nice, but small. And yours?"

Scene A: Дава́йте познако́мимся

---

[3] Russian uses a dash (—) to indicate the start of a remark in a dialogue. No special mark is used at the end of the remark.

(The new neighbors get acquainted.)

БА́БУШКА.	**Дороги́е°** сосе́ди, **дава́йте познако́мимся°! Мы°** Кругло́вы, Алекса́ндра Никола́евна и мой муж, Степа́н Евге́ньевич. А э́то наш внук Са́ша.	*Dear / дава́йте... let's get acquainted / We*
СА́ША.	Алекса́ндр.	
ДЖИМ.	Вас зову́т Са́ша **и́ли°** Алекса́ндр?	*or*
ДЕ́ДУШКА.	Алекса́ндр его́ зову́т. И Са́ша **то́же.°**	*too*
ПРОФЕ́ССОР.	*(Accidentally bumping into Grandpa.)* **Извини́те,°** пожа́луйста.	*Excuse me*
ДЕ́ДУШКА.	**Ничего́.°**	*That's okay.*
ПРОФЕ́ССОР.	**Познако́мьтесь,°** э́то Джим, мой аспира́нт. Он америка́нец. А меня́ зову́т Илья́ Ильи́ч Петро́вский.	*Allow me to introduce . . .*
ДЖИМ.	А я[4] Джеймс. Джеймс Ри́чардсон. *(To Sasha.)* Вы — Са́ша и Алекса́ндр, а я — Джим и Джеймс.	
ВО́ВА.	Хау ду ю ду, Джим! Я Во́ва, Влади́мир. Моя́ кварти́ра — там. *(He points.)*	
ДЖИМ.	О́чень прия́тно.	
	(Lena enters.)	
ДЖИМ.	А кто э́то?	
ВО́ВА.	Э́то моя́ сестра́ Ле́на.	
БА́БУШКА.	*(To Grandpa and Sasha.)* Каки́е хоро́шие сосе́ди!	

Scene B: Здесь живёт музыка́нт?

СЕРГЕ́Й ПЕТР. И НАТА́ЛЬЯ ИВ.	Здра́вствуйте!
БА́БУШКА И ДЕ́ДУШКА.	Здра́вствуйте!
СЕРГЕ́Й ПЕТР.	Здесь живёт музыка́нт?
ДЕ́ДУШКА.	Да, э́то мой внук. А кто вы?
СЕРГЕ́Й ПЕТР.	А мы ва́ши сосе́ди, Си́лины. Э́то моя́ жена́.
НАТА́ЛЬЯ ИВ.	О́чень прия́тно.

---

[4] Note that Russians do not capitalize **я** (*I*) unless it is the first word of a sentence.

ДЕ́ДУШКА.   (*Not hearing.*) Кто-кто?

СЕРГЕ́Й ПЕТР.   (*Loudly.*) Моя́ жена́, Ната́лья Ива́новна.

ДЕ́ДУШКА.   А, о́чень **рад**.° Кругло́в. Алекса́ндра   *pleased (to meet you)*
Никола́евна Кругло́ва, моя́ жена́.

НАТА́ЛЬЯ ИВ.   (*To Sasha, distressed.*) **Так**° вы музыка́нт...   *so*

СА́ША.   Да, я студе́нт, пиани́ст.†

НАТА́ЛЬЯ ИВ.   **Э́то ужа́сно**°!   Э́то... *That's horrible!*

БА́БУШКА.   (*Offended.*) Почему́° ужа́сно? Са́ша —   *Why*
хоро́ший пиани́ст.

НАТА́ЛЬЯ ИВ.   Да?

УПРАЖНЕ́НИЕ 3.1.   **Reading check**

Answer the following questions in English.

1. Who are the groups getting acquainted in Scene A?
2. How well does Jim understand the Russian system of nicknames?[5]
3. Who are the groups getting acquainted in Scene B?
4. What does Mrs. Silin think of having a pianist for a neighbor?
5. Who is hard of hearing?
6. What does Sasha's grandmother think of Sasha's playing?

ГРАММАТИКА И ПРАКТИКА

WORD ORDER WITH TÓЖE

Здесь живу́т Кругло́вы.   *The Kruglovs live here.*
  Са́ша **то́же** живёт здесь.   *Sasha lives here too.*

— Джим аспира́нт.   *"Jim is a graduate student."*
— Во́ва **то́же** аспира́нт?   *"Is Vova a graduate student*
                     too?"

То́же links new information to preceding information of a similar type in
a similar context; **то́же** always follows the new information. Although
то́же can sometimes be translated as *also,* it is best to think of its equivalent as *too* because *too,* like **то́же,** usually follows the new information to
which it refers.

---

[5] See Part Four for a further discussion of nicknames.

УПРАЖНЕНИЕ 3.2.   Он (она́) то́же... ?

Working in small groups, describe yourself, a classmate, or a famous person with a single adjective from the list in Упражнение 2.5. Then, using **то́же,** name someone in the class who can also be described with the same adjective.

EXAMPLE: Джон о́чень тала́нтливый. Мэ́ри то́же тала́нтливая.

SPELLING RULES

Russian spelling rules are strictly applied to the endings of nouns, verbs, and adjectives. Three spelling rules are particularly useful at this point. Note that they primarily concern spelling, not pronunciation.

1. *«Кни́ги» rule*: Always **и** (never **ы**) after **г, к, х; ж, ч, ш, щ**. Notice that two groups of consonants are involved in this rule: the letters **г, к, х** (representing *guttural* sounds) and **ж, ч, ш, щ** (representing sounds called *hushers*). Examples:
    a. In plural noun endings: **кни́га** and **кни́ги, ма́льчик** and **ма́льчики, эта́ж** and **этажи́** (not **-ы**).
    б. In adjective endings, masculine: **ма́ленький, хоро́ший** (not **-ый**).
2. *«Хоро́шее» rule*: Unstressed **о** becomes **е** after **ж, ч, ш, щ** and **ц**. This rule involves the above hushers plus **ц**. Examples:
    a. In adjective endings, neuter: **хоро́шее** (not **-ое**), because the ending is unstressed.
    б. Spellings like **большо́й** and **большо́е** are correct because the **-о** in the ending is stressed.
3. *«Роя́ли» rule*: Always **и** (never **ы**) to replace **-ь, -я, -й** in forming noun plurals. Examples:
    роя́ль and **роя́ли, а́рмия** and **а́рмии, музе́й** and **музе́и**

УПРАЖНЕНИЕ 3.3.   Spelling rules

Fill in the missing Russian letters and be sure to apply the spelling rules when necessary. Some words you may not know; others you may recognize or be able to figure out.

THE «КНИ́ГИ» RULE (INSERT ы OR и)	THE «ХОРО́ШЕЕ» RULE (INSERT о OR е)	THE «РОЯ́ЛИ» RULE (INSERT ы OR и)
1. моско́вск____й (relates to Moscow)	**7.** ва́ш____окно́	**10.** Plural of ку́хня = _____
2. универса́льн____й (It's about everything.)	**8.** Больш____й теа́тр (home of a famous dance group)	**11.** Plural of у́лица = _____
3. ш____мпанзе́ (You might see one in a zoo.)	**9.** со́лнц____ (the nearest star)	**12.** Plural of музе́й (*museum*) = _____
4. ж____ра́ф (another zoo-dweller)		
5. дж____нсы (popular kind of pants)		
6. г____та́ра (common musical instrument)		

SOME UNUSUAL PLURALS

Note the following plurals of nouns denoting family members:

брат	бра́тья	жена́	жёны
сестра́	сёстры	муж	мужья́
дочь	до́чери	мать	ма́тери
сын	сыновья́	отец	отцы́

Note also that the plural of **сосе́д** is **сосе́ди**.

PLURAL OF -ец NOUNS

Nouns like **америка́нец** and **оте́ц** drop the **-е-** from the last syllable in their plural forms: **оте́ц → отцы́**, thus retaining the same number of syllables as in the singular. There is a large number of such nouns, including many masculine nouns of nationality. In the glossary they are indicated thus: **америка́н(е)ц**.

УПРАЖНЕНИЕ 3.4. Nationalities

Complete the following table. Note that nationalities are not capitalized in Russian.

америка́нец[6]	an American	америка́нцы
япо́нец	a Japanese	
испа́нец	a Spaniard	
	a Mexican	мексика́нцы
италья́нец	an Italian	
	a Peruvian	перуа́нцы

PLURAL NOUN AND ADJECTIVE ENDINGS

One plural adjective ending agrees with all nouns: **-ые** (and its variant **-ие,** which is used when the **«кни́ги»** rule requires it).

SINGULAR FORM	PLURAL ADJECTIVE ENDING	PLURAL FORM
но́вый журна́л краси́вая ко́мната	**-ые** (normal)	но́**вые** журна́лы краси́**вые** ко́мнаты

хоро́ший
  журнали́ст
дорога́я ба́бушка
большо́е окно́
	-ие (the «кни́ги» spelling rule)	хоро́ш**ие**
		  журнали́сты
		дорог**и́е** ба́бушки
		больш**и́е** о́кна

---

[6] While the **-ец** singular form refers to a male only, the **-цы** plurals are used for groups of males as well as of males and females.

УПРАЖНЕНИЕ 3.5.   **Plural nouns and adjectives**

Add endings to the following phrases where necessary.

1. Здесь о́чень ма́ленькие кварти́р_____.
2. Э́то больш_____ ко́мнаты!
3. Э́ти студе́нтки о́чень краси́в_____.
4. Где живу́т ва́ши до́ч_____?
5. Где живу́т ва́ши бра́т_____?
6. Э́то на́ши аспира́нты. Они́ хоро́ш_____ музыка́нты.

УПРАЖНЕНИЕ 3.6.   **Ва́ша семья́**

Bring a photograph or sketch of your family and home to class. In small groups ask one another about family members, using questions like those below. (For a list of adjectives you might use, refer to the list in Упражне́ние 2.5.)

- Э́то ва́ши роди́тели? Каки́е[7] они́?
- Э́то ва́ша сестра́? Кака́я она́?
  (Э́то ва́ши сёстры? Каки́е они́?)
- Э́то ваш брат? Како́й он?
  (Э́то ва́ши бра́тья? Каки́е они́?)
- Э́то ва́ша дочь? Кака́я она́?
  (Э́то ва́ши до́чери? Каки́е они́?)
- Э́то ваш сын? Како́й он?
  (Э́то ва́ши сыновья́? Каки́е они́?)
- Э́то ваш дом? Како́й он?
- Э́то ва́ша ко́мната? Кака́я она́?
- Э́то ва́ша ба́бушка? Кака́я она́?
- Э́то ваш де́душка? Како́й он?

ADJECTIVE SUMMARY TABLE

	MASCULINE	NEUTER	FEMININE	PLURAL
Adjectives	но́в-ый	но́в-ое	но́в-ая	но́в-ые
	ма́леньк-ий	ма́леньк-ое	ма́леньк-ая	ма́леньк-ие
	больш-о́й	больш-о́е	больш-а́я	больш-и́е
	хоро́ш-ий	хоро́ш-ее	хоро́ш-ая	хоро́ш-ие
Possessives	че-й	чь-ё	чь-я	чь-и
	мо-й	мо-ё	мо-я́	мо-и́
	тво-й	тво-ё	тво-я́	тво-и́
	наш	на́ш-е	на́ш-а	на́ш-и
	ваш	ва́ш-е	ва́ш-а	ва́ш-и

---

[7] Here, **Каки́е они́?** means *What are they like? What sort of people are they?* Any form of **како́й** used in this sort of situation asks for an adjective describing the noun in question.

 Диалоги

ДИАЛОГ 3.1.   Óчень приятно!

(Making introductions[8]; *two young people and an older gentleman*)

— Макси́м Петро́вич, познако́мьтесь, э́то мой друг Серге́й.
— Здра́вствуйте, Серге́й, о́чень прия́тно.
— Серге́й, Макси́м Петро́вич — наш профéссор.
— О́чень прия́тно, Макси́м Петро́вич.

ДИАЛОГ 3.2.   Моя́ кварти́ра — там

(Giving information)

— Э́то ва́ша кварти́ра?
— Нет, моя́ кварти́ра — там.
— А кто здесь живёт?
— Здесь живёт наш профéссор, Ири́на Влади́мировна Корча́гина.

ДИАЛОГ 3.3.   Вы брат и сестра́?

(Seeking information; *a teenager talks to two adults*)

— Вы на́ши сосéди?
— Да.
— А как вас зову́т?
— Мари́я Миха́йловна и Пётр Миха́йлович.
— Вы брат и сестра́?
— Нет, мы муж и жена́.

УПРАЖНЕНИЕ 3.7.   Ваш диало́г

Working with two other students, create a conversation in which you and a friend, walking across campus, meet one of your professors. You introduce your friend to the professor and mention to the professor something interesting about your friend.

---

[8] Note that Диалог 3.1 and Диалог 3.3 require three people.

УПРАЖНЕНИЕ 3.8.   Перево́д

SASHA.	Boris Antonovich, this is my sister, Anna.
BORIS ANTONOVICH.	Hello, Anna. Pleased to meet you.
ANNA.	I'm pleased to meet you, Boris Antonovich.
SASHA.	(*To Boris Antonovich.*) My sister is a pianist. (*To Anna.*) Boris Antonovich is also a musician.

ЧАСТЬ ЧЕТВЁРТАЯ

ЧТЕНИЕ

Scene A: Кака́я ма́ленькая соба́ка!

НАТА́ЛЬЯ ИВ.	Како́й у́жас! Кварти́ра ма́ленькая и **плоха́я**.° И сосе́д музыка́нт.	*bad*
СЕРГЕ́Й ПЕТР.	Кварти́ра хоро́шая и сосе́ди хоро́шие, Ната́ша.	
ПРОФЕ́ССОР.	Извини́те, како́й это эта́ж?	
СЕРГЕ́Й ПЕТР.	(*Surprised.*) Тре́тий. (*Exit the professor and the Silins.*)	
СА́ША.	Кака́я ма́ленькая соба́ка! Это ва́ша?	
ЛЕ́НА.	Моя́. Её зову́т Бе́лка. А это ва́ша **ко́шка**°? Кака́я больша́я и **краси́вая**°!	*cat* *beautiful*
СА́ША.	Это кот.° Его́ зову́т Матве́й. И́ли Мо́тя. А я Алекса́ндр, Са́ша.	*tomcat*
ЛЕ́НА.	Еле́на. Ле́на.	
СА́ША.	О́чень прия́тно. А где ва́ша кварти́ра?	
ЛЕ́НА.	**Тут**.° (*Pointing.*) А ва́ша?	*here*
СА́ША.	А моя́ (*pointing*) там, но́мер де́сять.	

Scene B: Наш дом

Это большо́й но́вый дом. Но́вые кварти́ры, но́вые сосе́ди. Вот кварти́ра но́мер пять. Здесь живёт профе́ссор Петро́вский. Его́ зову́т Илья́ Ильи́ч. Америка́нец Джим — его́ аспира́нт. Он живёт не здесь. А это Са́ша Кругло́в. Он студе́нт, пиани́ст. Его́ сосе́дка Ле́на — то́же студе́нтка. Она́ не пиани́стка, а журнали́стка.[†] Её кварти́ра но́мер шесть.

УПРАЖНЕНИЕ 4.1.   Reading check

Match the full names on the left with their identity or nickname on the right.

1.	_____ Алекса́ндра Никола́евна Кругло́ва	**а.**	Са́ша
2.	_____ Степа́н Евге́ньевич Кругло́в	**б.**	Ле́на
3.	_____ Алекса́ндр Кругло́в	**в.**	Джим
4.	_____ Илья́ Ильи́ч Петро́вский	**г.**	Ба́бушка
5.	_____ Матве́й	**д.**	Во́ва
6.	_____ Еле́на Си́лина	**е.**	Бе́лочка
7.	_____ Влади́мир Си́лин	**ж.**	Де́душка
8.	_____ Джеймс	**з.**	Профе́ссор
9.	_____ Бе́лка	**и.**	Мо́тя

О РОССИИ

Use of nicknames

> Алекса́ндр его́ зову́т.
> И Са́ша то́же.

> *His name is Aleksandr. And*
> *Sasha too.*

Although the first name and the patronymic are used to address adults in formal situations, among friends and family Russians use nicknames, which is like our practice of calling James "Jim" or "Jimmy" and Rebecca "Becky." Note that in Scene A, Part Three, Алекса́ндра Никола́евна called her grandson Са́ша, but he chose to use the full form of his name, Алекса́ндр, to introduce himself to Jim. (A list of nicknames is presented in Lesson 1, Exercise 2.2, and in Lesson 2, Упражне́ние 4.2.)

УПРАЖНЕНИЕ 4.2.   First names and nicknames

Match the names with their nicknames by making good guesses. Indicate which you think are men's names and which are women's names.

1. ____ Алексе́й	**а.** И́ра
2. ____ Бори́с	**б.** Алёша
3. ____ Валенти́на	**в.** Бо́ря
4. ____ Ви́ктор	**г.** Лю́ба
5. ____ Генна́дий	**д.** Пе́тя
6. ____ Дми́трий	**е.** Ви́тя
7. ____ Екатери́на	**ж.** Ди́ма
8. ____ Еле́на	**з.** Ми́ша
9. ____ Зинаи́да	**и.** Ле́на
10. ____ Ири́на	**к.** Ка́тя
11. ____ Любо́вь	**л.** Ге́на
12. ____ Михаи́л	**м.** Зи́на
13. ____ Пётр	**н.** Ва́ля

ГРАММАТИКА И ПРАКТИКА

DELIGHT AND DISMAY

> Кака́я ма́ленькая соба́ка!

> *What a small dog!*

If a friend of yours has just bought a car, is wearing a new shirt or blouse, or has moved into a new apartment, you might want to say something like, *What a nice car (shirt, apartment)!* Russians do the same thing, using a particular intonation that you can hear and mimic from your instructor and your tapes. Be sure to use the right form of **како́й**.

CONSTRUCTION	EXAMPLE	
adjective + noun	Кака́я краси́вая собáка!	*What a beautiful dog!*
one or more adjectives	— Это вáша кóшка? Кака́я большáя и краси́вая!	*Is this your cat? How big and beautiful!*
a noun	Кака́я маши́на! Какóй у́жас!	*What a car! That's horrible!; How awful!*
	Какóй кошмáр!	*What a nightmare!*

The intonation should go approximately like this:

High   мáленькая со-
Mid   Кака́я
Low   бáка!

УПРАЖНЕНИЕ 4.3.   Endings and intonation

How would you say the following:

1. What a nice house!
2. What a big kitchen!
3. What small rooms!
4. What a nice dog!
5. What an expensive apartment!
6. What a beautiful house!

УПРАЖНЕНИЕ 4.4.   Intonation: Кака́я хорóшая!

Using words from the following table (or others that you may know), what would you say in the following instances?

EXAMPLE: (Your friend has just moved into a new apartment.)
        — Это нáша кварти́ра.
        — Кака́я большáя!

какóй	большóй (-áя, -óе, -и́е)	дéвочка
кака́я	мáленький (-ая, -ое, -ие)	дом
какóе	краси́вый (-ая, -ое, -ые)	кварти́ра
каки́е	хорóший (-ая, -ее, -ие)	роди́тели
	некраси́вый (-ая, -ое, -ые)	кóмната
	???[9]	маши́на
		кот
		собáка
		у́лица
		???

1. Your sister just brought home a cat (or a dog).
2. Your parents have bought you a new car (**маши́на**).
3. They finally finished paving the street in front of your house.
4. They just finished building the biggest house in the neighborhood.
5. Your brother just finished building a tiny model car.

---

[9] Here and elsewhere the ??? symbol invites you to add your own examples.

УПРАЖНЕНИЕ 4.5. **Intonation**

Read the following aloud and have a partner tell you whether you've made a statement, asked a question, or expressed surprise or delight.

1. Э́то моя́ ба́бушка.
2. Э́то твоя́ ба́бушка?
3. Э́то твой дом?
4. Кака́я краси́вая ку́хня!
5. Са́ша до́ма?
6. Са́ша до́ма.
7. Кака́я больша́я маши́на!

УПРАЖНЕНИЕ 4.6. **More cognates for reading**

Can you guess what these words mean?

The arts: бале́т, балери́на, актри́са, дра́ма, фильм
Weather: температу́ра, кли́мат, термо́метр, метеоро́лог
Sports: волейбо́л, те́ннис, хокке́й, бокс, стадио́н
Economics: бюдже́т, компа́ния, банк, субси́дия
Science and technology: лаборато́рия, ви́рус, гене́тика
Politics: президе́нт, премье́р-мини́стр, конститу́ция, ве́то, кандида́т
Military: авиа́ция, генера́л, капита́н, майо́р, танк, солда́т, офице́р, артилле́рия
The earth: геогра́фия, эколо́гия, контине́нт, океа́н, эпице́нтр, эква́тор

О РОССИИ

Where did the Russians get their alphabet?

In 863 A.D., two brothers named Cyril and Methodius were sent by the Byzantine emperor as missionaries to spread the Christian faith to Slavic tribes in what is now the Czech Republic. In connection with this mission, they developed an alphabet and translated parts of the Gospels and the liturgy (worship service) into the local Slavic dialect. Their translation was a bold step, for at that time Greek and Latin were the primary languages used for ecclesiastical purposes.

After Cyril and Methodius died, some of their disciples worked their way southeast, spreading and strengthening Christianity among southern Slavs in what is now Serbia and Bulgaria. A little over a century later, in 988 A.D., Grand Prince Vladimir of Kiev accepted the Byzantine version of Christianity for himself and his Eastern Slavic people.

Although the alphabet Cyril and Methodius developed doesn't look much like the contemporary Russian alphabet, we call today's alphabet Cyrillic in honor of these pioneer linguists. Cyrillic reflects the strong influence of written Greek, which dominated cultural life in the eastern half of the medieval Christian Church. (See this lesson's workbook supplement for related activities.)

ДИАЛОГИ

ДИАЛОГ 4.1   Хоро́шая профе́ссия!

(Expressing delight)

— Извини́те, как вас зову́т?
— Кристи́на.
— Како́е краси́вое и́мя[10]! А я Татья́на,
   Та́ня. Я архите́ктор.
— Хоро́шая профе́ссия,† Та́ня! А я исто́рик.
— Кака́я интере́сная профе́ссия!

ДИАЛОГ 4.2.   Кто здесь живёт?

(Establishing who lives here)

— Кто здесь живёт?
— Здесь живу́т Кругло́вы. Их внук
   Са́ша то́же живёт здесь.
— А Джим то́же живёт здесь?
— Нет, он живёт не здесь.

УПРАЖНЕ́НИЕ 4.7.   Ваш диало́г

Working with two classmates, make up your own dialogue in which a
friend visits your home for the first time. She (or he) meets your father or
mother and comments on your cat or dog.

УПРАЖНЕ́НИЕ 4.8.   Перево́д

1. "Pardon me, what is your name?"
2. "What an interesting name!"
3. "Who lives here?"
4. "Lena lives here, and Vova, too."

[10] **И́мя** (*name*) is one of a small group of neuter nouns that end in **-мя**.

Новые слова

These are the words you should learn actively for this lesson.

Nouns

áдрес (*pl.* адресá)	address
аспирáнт	(male) graduate student
аспирáнтка	(female) graduate student
бáбушка	grandmother
внук	grandson
дéвочка	little girl
дéдушка *m.*	grandfather
дом (*pl.* домá)	building
дочь *f.* (*pl.* дóчери)	daughter
женá (*pl.* жёны)	wife
ѝмя (*pl.* именá)	name
квартѝра	apartment
кóмната	room
кóшка	cat
кýхня	kitchen
муж (*pl.* мужья́)	husband
нóмер (*pl.* номерá)	number
окнó (*pl.* óкна)	window
óтчество	patronymic
родѝтели (*pl.*)	parents
роя́ль *m.*	piano
семья́ (*pl.* сéмьи)	family
собáка	dog
сосéд (*pl.* сосéди)	neighbor
сын (*pl.* сыновья́)	son
туалéт	bathroom; restroom
ýлица	street
фамѝлия	last name
этáж (*pl.* этажѝ)	floor; story

Possessives

чей (чья, чьё, чьи)	whose

Adjectives

большóй	big; large
дорогóй	dear
какóй	which; what
красѝвый	beautiful; good-looking
мáленький	small; little
млáдший	younger
нóвый	new
плохóй	bad
рад (рáда, рáды)	glad; pleased
стáрый	old
хорóший	good; nice

Numerals

ноль (*or* нуль) *m.*	zero (null)
одѝн	one
два	two
три	three
четы́ре	four
пять	five
шесть	six
семь	seven
вóсемь	eight
дéвять	nine
дéсять	ten
одѝннадцать	eleven
двенáдцать	twelve

Verbs

живёт, живýт	he lives, they live (*dictionary form:* жить)

Adverbs

ещё	1. still; 2. yet; 3. else
тóже	also; too
тут	here
ужáсно	horribly; (it's/that's) horrible

Other

вон	(over) there
вот	here (is)
ѝли	or
ну	well
так (*particle*)	so; then

Idioms and Expressions

Давáйте познакóмимся.	Let's get acquainted.
Ещё нет.	Not yet.
Извинúте!	Excuse me!
Какóй ýжас!	That's horrible!; How awful!
муж и женá Круглóвы	Mr. and Mrs. Kruglov; the Kruglovs, husband and wife
Ничегó.	That's okay; That's all right.
Познакóмьтесь, это...	Allow me to introduce . . .
Это ужáсно!	It's/That's horrible!; How awful!

Topics

Family members: бáбушка, брат (*pl.* брáтья), внук, внýчка (*granddaughter*), дéдушка, дочь (*pl.* дóчери), женá (*pl.* жёны), мать (*pl.* мáтери), муж (*pl.* мужьá), от(é)ц, родúтели, семья́ (*pl.* сéмьи), сестрá (*pl.* сёстры), сын (*pl.* сыновья́)

Apartment/house: áдрес (*pl.* адресá), дом (*pl.* домá), квартúра, кóмната, кýхня, нóмер, окнó (*pl.* óкна), ýлица, этáж (*pl.* этажú)

Opposites: большой — мáленький
красúвый — некрасúвый
нóвый — стáрый
хорóший — плохóй

STUDY TIP

Learning Vocabulary (*continued*)

Look for connections in the words you are learning. For example:

1. *Look for classical connections.* Russian is full of connections to English, often through words that came to both languages from Latin. For example, **дом** is related to *domestic,* **квартúра** is related to *quarters,* **мать** is related to *matriarch,* and **нóвый** is related to *innovation.*

2. *Look for foreign connections.* If you have studied another modern foreign language (particularly French), you'll find many borrowed words, such as **этáж** and **журнáл.**

3. *Learn to spot Russian connections.* Once you know **одúн** and **дéсять,** you can see *one-on-ten* in **одúн-на-дцать. Двенáдцать** is formed from **две** + **на** + **дéсять.** (What do you think *thirteen* would be? How about *fifteen, sixteen,* and *seventeen*?)

4. *Look for logical connections.* Often it helps to learn pairs of words (**брат/сестрá, большóй/мáленький**), semantic groupings of words (**дом, квартúра, этáж, кóмната, кýхня...**), and series of words (numbers, days of the week, and so on) rather than learning each word in isolation.

5. *Invent your own connections.* If it helps you to imagine an impossible younger brother when learning **брат,** don't fight the link. If you hear a dog's "bark" in the word **собáка,** fine. (Such memory aids, or *mnemonics,* are useful no matter what you are studying.)

3 УРОК НОВЫЙ МИКРОРАЙОН

а. Магази́н в Москве́. What kind of supplies would you guess are sold here? б. Кра́сная пло́щадь (*Red Square*). в. На ры́нке (*market*) хоро́шие проду́кты.

In this chapter you will learn

- ▲ to express action in the present tense
- ▲ to tell where you live and work
- ▲ to express opinions and judgments
- ▲ to make polite inquiries
- ▲ to improve your Russian pronunciation
- ▲ to talk about objects of action
- ▲ to express disagreement
- ▲ about music in Russia
- ▲ how Russian is related to other languages

ЧАСТЬ ПЕРВАЯ

ЧТЕНИЕ

Интере́сная† профе́ссия†

НАТА́ЛЬЯ ИВ.	(*From the other room.*) Ле́ночка° что ты де́лаешь°? Чита́ешь?°	Ле́на (affectionate) / что... *what are you doing* *Reading?*
ЛЕ́НА.	Нет, я пишу́° статью́.°	*am writing / article*
НАТА́ЛЬЯ ИВ.	Опя́ть° на́до° писа́ть статью́?	*Again / (do) you have to*
ЛЕ́НА.	Да, опя́ть. Э́та статья́ — моя́ курсова́я рабо́та.°	курсова́я... *term paper*
НАТА́ЛЬЯ ИВ.	А-а, курсова́я... Больша́я статья́?	
ЛЕ́НА.	Нет, не о́чень больша́я, но° те́ма° тру́дная.°	*but / topic / difficult*
НАТА́ЛЬЯ ИВ.	А кака́я те́ма?	
ЛЕ́НА.	Как рабо́тают° молоды́е° специали́сты.†	*work / young*
НАТА́ЛЬЯ ИВ.	Почему́° она́ тру́дная? По-мо́ему,° те́ма проста́я° и лёгкая.°	*Why / In my opinion / simple* *easy*
ЛЕ́НА.	Нет, она́ не проста́я. На́до писа́ть интере́сно,† оригина́льно,° а э́то тру́дно.†	*creatively*
НАТА́ЛЬЯ ИВ.	Понима́ю.° Да, до́ченька,° тру́дная у тебя́° профе́ссия.	*I understand / daughter* (affectionate) / у... *you have*
ЛЕ́НА.	Тру́дная, но интере́сная! (*Doorbell rings.*)	
НАТА́ЛЬЯ ИВ.	Рабо́тай, Ле́ночка. (*She goes to open the door.*)	

УПРАЖНЕНИЕ 1.1.   Вопро́сы° и отве́ты°

Answer the questions below, then practice them with a classmate.

1. Что вы де́лаете сейча́с (*right now*)?
2. Кто вы — бизнесме́н? Музыка́нт? Исто́рик? Вы студе́нт (студе́нтка)? Аспира́нт (Аспира́нтка)?
3. Наш уро́к тру́дный и́ли лёгкий?
4. Вы хорошо́ понима́ете э́тот уро́к?

ГРАММАТИКА И ПРАКТИКА

VERBS: PRESENT TENSE

> Ле́на, что ты **де́лаешь**?   *Lena, what are you doing?*
> **Чита́ешь**?   *Reading?*

Whereas English has several verb forms that describe an action going on at the present time (*she reads, she is reading, she has been reading*), Russian has only one form for the present tense: **она́ чита́ет**.

-ешь VERBS: BASIC (**ЧИТА́ТЬ**) TYPE

The largest group of Russian verbs are conjugated like **чита́ть** (*to read*). Most of these verbs have a stem ending in a vowel and unstressed endings beginning with **-е-**. This type of verb can be called a **-ешь** verb. Study this pattern carefully in the table below. For clarity, each form is separated into stem and ending.

PRESENT TENSE OF **ЧИТА́ТЬ** (*to read*)	
я	чита́-**ю**
ты	чита́-**ешь**
он, она́	чита́-**ет**
мы	чита́-**ем**
вы	чита́-**ете**
они́	чита́-**ют**

Other verbs of this type include **де́лать, слу́шать, знать, понима́ть**, and **рабо́тать**.

УПРАЖНЕНИЕ 1.2.   Using basic -ешь verbs

Write the correct ending for the following verbs:

1. Мой брат — шко́льник (*schoolboy*). Он ещё не рабо́та＿＿＿. Моя́ сестра́ — студе́нтка. Она́ то́же не рабо́та＿＿＿. Мои́ роди́тели рабо́та＿＿＿. Ба́бушка — пенсионе́рка (*retiree*). Она́ уже́ не (*no longer*) рабо́та＿＿＿.

2. И́ра пи́шет: «Мой па́па рабо́та＿＿＿. Он журнали́ст. Ма́ма не рабо́та＿＿＿, она́ студе́нтка».

3. Ты рабо́та＿＿＿? А я не рабо́та＿＿＿. Что ты де́ла＿＿＿? Ты пи́шешь статью́? Мы понима́＿＿＿, что писа́ть статью́ тру́дно. Ты понима́＿＿＿, почему́ э́то тру́дно? Я э́то понима́＿＿＿. И вы э́то то́же понима́＿＿＿.

-ешь VERBS: ЖИТЬ VARIATION

Здесь **живёт** музыка́нт?   *Does a musician live here?*

A much smaller but still significant group of **-ешь** verbs has a stem ending in a consonant and stressed endings. An example of this type is **жить** (*to live*).

PRESENT TENSE OF **жить** (*to live*)	
я	жив-у́
ты	жив-ёшь
он, она́	жив-ёт
мы	жив-ём
вы	жив-ёте
они́	жив-у́т

УПРАЖНЕНИЕ 1.3.   Я живу́ здесь

Fill in the blanks with the correct verb ending. Mark the stress or add the dots over the **e**. Note that **ё** occurs only in stressed syllables.[1]

джим. Ты жив＿＿＿ здесь?
 во́ва. Да, я жив＿＿＿ здесь.
джим. А Ле́на? Где она́ жив＿＿＿? То́же здесь?
 во́ва. Да, она́ то́же жив＿＿＿ здесь. А где вы жив＿＿＿?
джим. Я жив＿＿＿ не здесь.

---

[1] Russians seldom write the two dots over the letter **e** (**ё**), but you should do so where appropriate to remember the pronunciation.

TELLING WHERE SOMEONE LIVES: THE PREPOSITIONAL CASE

— Где ты живёшь? **В Санкт-**   *"Where do you live?*
   Петербу́рге?   *In St. Petersburg?"*
— Нет, я живу́ **в Москве́.**   *"No, I live in Moscow."*

To tell where someone lives (works, and so on) Russian uses the preposition **в** followed by the location, usually ending with **-e**. Any final vowel is deleted before adding **-e**. This is called the *prepositional* case, because it always follows a preposition.

NOMINATIVE CASE (dictionary form)		PREPOSITIONAL CASE (used after the preposition **в** and several others)	
Новосиби́рск	*Novosibirsk*	в Новосиби́рске	*in Novosibirsk*
Вашингто́н	*Washington*	в Вашингто́не	*in Washington*
А́фрика	*Africa*	в А́фрике	*in Africa*

City names that are indeclinable, obviously foreign, or not very well known are often presented in the construction **в го́роде** + the nominative case of the city name: **в го́роде Таллаха́сси, в го́роде Ву́дсток.** State names are commonly put into a similar construction, with **в шта́те...: в шта́те Нью-Йо́рк, в шта́те Флори́да.** Canadians would, of course, say, **в прови́нции....**[2]

УПРАЖНЕНИЕ 1.4.   Где ты живёшь?

By using the phrases **Где ты живёшь?** or **Ты живёшь в** [city name]?, find out in what cities and states your classmates live. Then find out where members of their families live.

-ешь VERBS: ПИСА́ТЬ VARIATION

Я **пишу́** статью́.   *I'm writing an article.*

A third type of **-ешь** verb has a stem ending in a consonant and *shifting* stress. An example of this type is писа́ть (*to write*).

---

[2] When giving more than one geographic location, start with the larger context and then give the more specific: **Я живу́ в шта́те Миссу́ри, в го́роде Сент-Лу́ис.**

PRESENT TENSE OF **писа́ть** (*to write*)	
я	пиш-**у́**
ты	пи́ш-**ешь**
он, она́	пи́ш-**ет**
мы	пи́ш-**ем**
вы	пи́ш-**ете**
они́	пи́ш-**ут**

УПРАЖНЕНИЕ 1.5.   Мы пи́шем курсовы́е[3]

Fill in the blanks and note stresses:

ма́ма. Что ты пи́ш _____?

ле́на. Я пиш _____ статью́.

ма́ма. А что де́ла _____ Во́ва?

ле́на. Он пи́ш _____ письмо́.

ма́ма. А Ма́ша и Са́ша? Что они́ пи́ш _____?

ле́на. Они́ пи́ш _____ курсовы́е.

VERB STRESS PATTERNS

The verbs **чита́ть, жить,** and **писа́ть** demonstrate the three main stress patterns of Russian verbs.

Stem stress means that the stress is always on the stem (**чита́-ю, чита́-ешь**).

Ending stress means that the stress is always on the ending (**жив-у́, жив-ёшь**).

Shifting stress means that the stress is always on the ending of the **я** form and then shifts back to the stem for the other forms (**пиш-у́, пи́ш-ешь**).

УПРАЖНЕНИЕ 1.6.   Ва́ша семья́

Take turns asking and answering the following questions:

1. Вы рабо́таете здесь?
2. Ва́ша ма́ма рабо́тает до́ма? А па́па?
3. Ваш брат рабо́тает до́ма? А сестра́?
4. Ва́ши роди́тели живу́т здесь?
5. Ва́ша сестра́ (ба́бушка) живёт здесь? А ваш брат (де́душка)?
6. Где живёт ваш брат (ва́ша сестра́)?
7. Где живу́т ва́ши роди́тели?

---

[3] Certain Russian adjective-noun phrases can be shortened by dropping the noun and using only the adjective. This practice is also found in English; for example, you often say "final" instead of "final exam."

THE ART OF CONVERSATION: GIVING AND SOLICITING AN OPINION

> **По-мо́ему,** те́ма проста́я и
> лёгкая.

> *In my opinion, the topic is*
> *simple and easy.*

По-мо́ему is used parenthetically to emphasize that what you are saying is your opinion. Use the phrase **А как по-ва́шему (по-тво́ему)...** to ask others' opinions.

ADVERBS RELATED TO ADJECTIVES

> На́до писа́ть
> **оригина́льно**...

> *You have to write*
> *creatively . . .*

In English, many adjectives have corresponding adverbs in *-ly*. For example, we use *beautiful* (adjective) to describe a song and *beautifully* (adverb) to describe how the song was sung. Russian has the same kind of regularity: Russian adjectives (in **-ый, -ая,** and so on) often have corresponding adverbs in **-o**. Thus, with almost no effort you can now describe not only things (using adjectives), but also actions (using adverbs). Compare the following:

оригина́льный — оригина́льно   *original—originally*
ужа́сный — ужа́сно   *horrible—horribly*

EXPRESSING JUDGMENT: "IT'S EASY!"

Now that you know adverb formation, you can express judgment about many things by saying **э́то** or **как** plus the adverb.

ADJECTIVE	ADVERBIAL **-o** FORM	NEW SENTENCE
ужа́сный	ужа́сно	Э́то ужа́сно! *It's/That's terrible!* Как ужа́сно! *How awful!*
лёгкий (pronounced [лёхкий])	легко́ (pronounced [лихко́])	Э́то легко́. *It's/That's easy.* Как легко́! *How easy!*
просто́й	про́сто	Э́то про́сто. *It's/That's simple.* Как про́сто! *How simple!*
хоро́ший	хорошо́	Э́то хорошо́! *It's/That's good!* Как хорошо́! *How great!*
тру́дный	тру́дно	Э́то тру́дно. *It's/That's hard.* Как тру́дно! *How hard!*

Note that a shift in stress occurs in some of the above forms. Any such shifts in stress between the adjectival and adverbial forms will always be marked for you in this text.

УПРАЖНЕНИЕ 1.7.   Трýдно úли легкó?

Using the phrases **это легкó, это трýдно, это интерéсно,** ask questions about the activities below.

EXAMPLE: писáть статьú → Писáть статьú — это трýдно?

1. дéлать домáшнее задáние
2. читáть журнáлы
3. слýшать рáдио
4. слýшать рок-мýзыку
5. жить в Санкт-Петербýрге
6. рабóтать в Лас-Вéгасе

УПРАЖНЕНИЕ 1.8.   **Expressing judgment and emotion**

Using expressions from the list below, react to or comment on the situations that follow.

EXAMPLE: Just before a big trip, the airlines go on strike. → Это ужáсно!

Серьёзно? (*Really? Seriously?*)   Как интерéсно!
Это логúчно. (*That's logical.*)   Это ужáсно!
Это хорошó!   Как трýдно!
Как хорошó!   Это прóсто!

1. Your sister's fiancé dropped the engagement ring he'd just bought for her and cannot find it.
2. A friend has been accepted to medical school but cannot go unless she gets a scholarship.
3. You've just watched the weather forecast on TV, and no bad weather is expected in the coming week.
4. Your teacher says he thought he saw Elvis at a gas station this morning.
5. You're having difficulty with a mathematics assignment.
6. You just heard about an earthquake in a friend's hometown.
7. You're reading an interesting magazine article.
8. Your friend asks whether it is difficult to do a simple routine on the computer.
9. Your grandmother sends you $100 at just the time you need money for books.

УПРАЖНЕНИЕ 1.9.   Это ужáсно!

Working in small groups, develop three situations in which a response might be required (such as those in the previous exercise), then ask how students in other groups might react in Russian.

ИАЛОГИ

ДИАЛОГ 1.1. **Что ты де́лаешь?**

(Asking what someone is doing)

— Что ты де́лаешь?
— Пишу́ курсову́ю.
— А Са́ша что де́лает?
— Чита́ет газе́ту.

ДИАЛОГ 1.2. **Вы пи́шете письмо́?**

(Asking about an activity)

— Алексе́й Петро́вич, вы пи́шете письмо́?
— Нет, я пишу́ статью́.
— А кака́я те́ма?
— Те́ма интере́сная: «Как рабо́тают молоды́е специали́сты».

ДИАЛОГ 1.3. **Где вы живёте?**

(Asking where someone lives)

— Вы живёте в Москве́?
— Нет, в Санкт-Петербу́рге. А вы?
— Я живу́ в Но́вгороде.
— В Но́вгороде? Мои́ роди́тели то́же живу́т в Но́вгороде.

УПРАЖНЕНИЕ 1.10.   **Ваш диало́г**

Working with a partner and using familiar expressions, write a dialogue in which you are on the phone with a friend and ask what she or he is doing. Then reverse roles.

УПРАЖНЕНИЕ 1.11.   **Перево́д**

"What's Vera doing?"
"She's writing an article."
"What's the topic?"
"The topic is easy: 'What students read.'"

ЧАСТЬ ВТОРАЯ

Чтение

Но́вая ме́бель°

furniture

(*Masha comes to visit Lena.*)

МА́ША. (*At the door.*) Здра́вствуйте, Ната́лья Ива́новна!

НАТА́ЛЬЯ ИВ. Здра́вствуй, Ма́ша.

МА́ША. Ле́на до́ма? Что она́ де́лает?

НАТА́ЛЬЯ ИВ. До́ма, до́ма! Рабо́тает. Курсову́ю пи́шет.

МА́ША. (*Entering.*) Приве́т, Ле́нка.

ЛЕ́НА. Приве́т.

МА́ША. Так э́то ва́ша но́вая кварти́ра! (*She looks around.*) Кака́я больша́я ко́мната! И све́тлая.° А где твоя́ ко́мната?

bright

ЛЕ́НА. (*Showing Masha to her room.*) Вот.

МА́ША. Отли́чная° ме́бель! **И́мпортная,**° **коне́чно**°?

Excellent / Imported / of course

ЛЕ́НА. **Стол**° и **сту́лья**° по́льские,° **кре́сло**° фи́нское,° а **дива́н**° наш, не и́мпортный.

Table / chairs / Polish / easy chair / Finnish / couch

МА́ША. А **ла́мпа**†?

ЛЕ́НА. Да, ла́мпа то́же по́льская. Но она́ не но́вая. (*Music is heard.*)

МА́ША. Э́то что — **телеви́зор**†?

ЛÉНА. Нет, э́то сосéд. (*Tiredly.*) Он так **мнóго**° **игрáет**.° *much / plays*

МÁША. (*Interested.*) Как хорошó игрáет! Он пианúст? Где он рабóтает?

ЛÉНА. Он не рабóтает, он студéнт.

МÁША. **Симпатúчный**?° *(Is he) nice?*

ЛÉНА. Не знáю. (*Shrugs her shoulders.*)

МÁША. **Стрáнная**° ты, Лéнка. *Strange*

ЛÉНА. Почемý я стрáнная?

МÁША. **Потомý что**° молодóй пианúст живёт **ря́дом**,° а ты не знáешь, симпатúчный он úли нет. *Потомý... Because / right nearby*

УПРАЖНÉНИЕ 2.1. **Вопрóсы и отвéты**

You are an insurance investigator and must do a little snooping.

1. Вы не знáете, кто вáши сосéди?
2. Вы знáете, как их зовýт?
3. Вы не знáете, где онú сейчáс (*right now*)?
4. Вы не знáете, какúе онú?
5. Вы знáете, где онú рабóтают?
6. Вы не знáете, какúе газéты онú читáют?

ГРАММАТИКА И ПРАКТИКА

THE ART OF CONVERSATION: POLITE INQUIRIES

Вы **не знáете,** кто вáши сосéди? *Do (Would) you happen to know who your neighbors are?*

The word **не** before **знáете** softens the inquiry.

SUBORDINATE CLAUSES WITH **КТО, ЧТО, ГДЕ, ПОЧЕМÝ**

Я знáю, **где онá живёт.** *I know where she lives.*

Я знáю, **кто здесь живёт.** *I know who lives here.*

Я не понимáю, **чтó онú дéлают.** *I don't understand what they're doing.*

Я понимáю, **почемý он э́то дéлает.** *I understand why he does that.*

Я знáю, **что он живёт здесь.** *I know that he lives here.*

The sentence *I know where you live* consists of two clauses: the main clause, *I know,* and the subordinate clause, *where you live*. Subordinate clauses are formed similarly in Russian. All the questions in Упражнение 2.1., for example, contain subordinate clauses. In Russian these clauses are almost always preceded by a comma. Note that **что** beginning a subordinate clause is translated as either *what* or *that*. Note also that **кто** is always singular.

УПРАЖНЕНИЕ 2.2. **Meaning of subordinate clauses**

Translate the following sentences into English:

1. Молодо́й пиани́ст живёт ря́дом, а ты не зна́ешь, симпати́чный он и́ли нет.
2. Вы не зна́ете, где рабо́тает Си́лин?
3. Ты зна́ешь, как э́то де́лать?
4. Она́ зна́ет, что он твой сосе́д.
5. Вы не зна́ете, кто здесь живёт?
6. Почему́ Ма́ша говори́т (*says*), что Ле́на стра́нная?
7. Ле́на пи́шет, как она́ живёт.
8. Я зна́ю, почему́ он э́то пи́шет.

УПРАЖНЕНИЕ 2.3. **Subordinate clauses**

Complete the sentences below with **что, как, где**.

1. Я зна́ю, _____ он молодо́й специали́ст.
2. Он не зна́ет, _____ вас зову́т.
3. Мы зна́ем, _____ она́ инжене́р.[†]
4. Я зна́ю, _____ твоя́ но́вая кварти́ра.
5. Он не понима́ет, _____ те́ма тру́дная.
6. Я зна́ю, _____ э́то интере́сная профе́ссия.
7. Ты не зна́ешь, _____ живёт э́тот симпати́чный пиани́ст?

УПРАЖНЕНИЕ 2.4. **Перево́д**

Translate the following sentences into Russian:

1. You know where I live.
2. Do you know where I live?
3. Do you know his name?
4. I know where she works.
5. Does he understand what to do?
6. They don't understand why this topic is difficult.
7. Does she know who is writing the article?
8. I don't know how he plays.

PRONUNCIATION: VOICELESS AND VOICED CONSONANTS

Some languages have consonants that can be grouped into pairs whose members differ only by whether one's voice is used to pronounce them. English has s–z, f–v, t–d, and so on. Many Russian consonants occur in similar voiceless–voiced pairs: с–з, ф–в, т–д, and so on.

УПРАЖНЕНИЕ 2.5. Voiceless and voiced consonants

Identify the voiceless counterparts of the following voiced consonants.

1. б -
2. д -
3. г -
4. в -
5. з -
6. ж -

Two principles of Russian pronunciation relating to voiceless and voiced consonants are *final devoicing* and *assimilation*.

Final devoicing. Both voiceless and voiced consonants are pronounced as voiceless at the end of a Russian word. This has been called the "Stroganoff Effect" because the final sound of the name **Стро́ганов** is [*f*].

УПРАЖНЕНИЕ 2.6. The Стро́ганов effect

Listen as your instructor pronounces the following words. Then indicate in writing what *sound* (not what letter) you hear at the end of each.

EXAMPLE: дед → [-т]

1. муж
2. Кругло́в
3. сосе́д
4. Рахма́нинов
5. рад
6. хлеб
7. Белгра́д
8. эта́ж
9. метеоро́лог
10. Ки́ев
11. Пари́ж

Assimilation. When two consonants occur together in spoken Russian, the second usually influences the first. This has been termed the "Vodka Effect" because the word **во́дка** is pronounced as if it were written **во́тка**: The written **д** is pronounced as a voiceless [**т**] because it is followed by the naturally voiceless [**к**].

УПРАЖНЕНИЕ 2.7.   The во́дка effect

Listen as your instructor pronounces the words below, in which two consonants occur together. Rewrite each with the consonants actually pronounced.

EXAMPLE: автóбус → [афтóбус]
баскетбóл → [баскедбóл]

1. за́втра
2. остано́вка
3. Петро́вский
4. повтори́те

5. рюкза́к
6. футбóл
7. а́втор
8. бейсбóл

Assimilation also occurs with single-consonant prepositions. Because they are never pronounced separately, they assimilate to the voicing of the first sound of the following word: **в Москве́** [вмаск...] vs. **в Санкт-Петербу́рге** [фсанкт...].

УПРАЖНЕНИЕ 2.8.   Где ты живёшь?

Listen as your instructor reads the following sentences and write what you hear pronounced.

EXAMPLE: в Ки́еве [фКи́еве]

1. Я живу́ в Пятиго́рске.
2. Я живу́ в Ви́тебске.
3. Я живу́ в Ха́рькове.
4. Я живу́ в Ми́нске.
5. Я живу́ в Ташке́нте.
6. Я живу́ в Доне́цке.
7. Я живу́ в Ирку́тске.
8. Я живу́ в Ку́рске.
9. Я живу́ в Но́вгороде.

УПРАЖНЕНИЕ 2.9.   More cognates for reading

Many Russian words denoting professions, occupations, and the like are related to English. You already recognize **музыка́нт, студе́нт, профе́ссор, журнали́ст,** and **пиани́ст**. Which of the following can you guess?

актёр
архите́ктор
астроно́м
ба́рмен
био́лог
гео́лог
инжене́р
кло́ун
геóграф

лейтена́нт
ме́неджер
секрета́рша
сержа́нт
фи́зик
фото́граф
хи́мик
шофёр
эле́ктрик

 Диалоги

ДИАЛОГ 2.1.   Ты тóже студéнт?

(Asking about someone's occupation)

— Ты рабóтаешь?
— Нет, я не рабóтаю, я студéнтка.
   А ты тóже студéнт?
— Да, я студéнт, но я и рабóтаю.[4]

ДИАЛОГ 2.2.   Вы инженéр?

(Describing one's profession)

— Вы инженéр?
— Да, инженéр.
— Э́то трýдная профéссия?
— Трýдная, но интерéсная. А вы журналúст?
— Да, журналúст.

УПРАЖНЕНИЕ 2.10.   Ваш диалóг

Pick an occupation for yourself from the list in Упражнение 2.9. Working with a partner and using familiar expressions, write a dialogue in which you and your partner get acquainted at a dinner party.

УПРАЖНЕНИЕ 2.11.   Перевóд

"Are you a student?"
"No, I work. I'm a journalist."
"Is it an interesting profession?"
"It's interesting, but difficult."

---

[4] **Я и рабóтаю** means *I also work.*

ЧАСТЬ ТРЕТЬЯ

УПРАЖНЕНИЕ 3.1. **Подгото́вка к чте́нию**

Пи́шет

Игра́ет

Слу́шает

Рабо́тает

Понима́ет

Чита́ет

Practice the verbs in the illustration by covering the captions and asking yourself or a classmate **Что он (она́) де́лает?** or **Что они́ де́лают?**

ЧТЕНИЕ

Я слу́шаю° му́зыку†

am listening to

(*Vova and Lena are in the living room.*)

ЛÉНА. Вóва, что ты дéлаешь? (*Vova doesn't hear.*) Вóва! (*Vova takes off the earphones.*) Что ты дéлаешь?

ВÓВА. А? Что я дéлаю? Читáю и слýшаю.

ЛÉНА. А что ты читáешь?

ВÓВА. Статью́.

ЛÉНА. Статью́? Интерéсная статья́?

ВÓВА. Óчень интерéсная. «**Америкáнский**† рок-концéрт† **в**° Москвé».
in

ЛÉНА. Да, э́то интерéсно. А что ты слýшаешь?

ВÓВА. Америкáнский рок-концéрт в Москвé.

ЛÉНА. Не понимáю.

ВÓВА. Лéна, ну почемý ты не понимáешь? Я читáю статью́ «Америкáнский рок-концéрт в Москвé» и слýшаю мýзыку — америкáнский рок-концéрт в Москвé. Понимáешь?

ЛÉНА. **Тепéрь**° понимáю. А что ты пи́шешь?
Now

ВÓВА. Сочинéние.° Э́то моё **домáшнее задáние**.° Тéма — «Мой **люби́мый**° композ́итор†».
Composition / домáшнее...

        homework

favorite

ЛÉНА. И кто твой люби́мый композ́итор?

ВÓВА. Би́лли Джо́эл.†

ЛÉНА. А кто э́то?

ВÓВА. (*Disgustedly.*) Лéна, как ты **мáло**° знáешь! Э́то **замечáтельный**° америкáнский композ́итор! И пиани́ст! (*Music is heard from above. Lena listens.*) Что ты дéлаешь, Лéна?
little / *wonderful*

ЛÉНА. Я тóже слýшаю мýзыку.

ВÓВА. Слýшаешь мýзыку?

ЛÉНА. Да. (*Music by Mussorgsky is heard.*) Но э́то не рок, э́то класси́ческая† мýзыка. Мýсоргский.° Слýшай.†
Mussorgsky (a 19th-century

        Russian composer)

ВÓВА. Мýсоргский? Какóй Мýсоргский? Э́то наш сосéд Сáша Круглóв.

ЛÉНА. (*Sarcastically.*) Вóва, как ты мнóго знáешь!

О РОССИИ

Мýзыка в Росси́и (*Music in Russia*)

Like Americans, Russians have a wide range of musical tastes. Most Russian students in the cities have their own favorite Russian rock bands and know a great deal about popular Western rock groups. Russian composers, such as **Чайкóвский, Мýсоргский, Ри́мский-Кóрсаков, Прокóфьев, Страви́нский,** and **Рахмáнинов,** have contributed substantially to the world's treasury of classical music. It is not surprising that their music also enjoys broad popularity in Russia.

Рок-концéрт в Москвé.

УПРАЖНЕНИЕ 3.2. Вопрóсы и отвéты

1. Кто ваш люби́мый компози́тор?
2. Вы зна́ете, кто тако́й[5] Чайко́вский?
3. Джаз — э́то хорóшая мýзыка? А рок?
4. Вы хорошó зна́ете америкáнский рок? А рýсский?
5. Кто ваш люби́мый музыкáнт?
6. Ка́кая вáша люби́мая рок-грýппа?
7. Какóй ваш люби́мый оркéстр?

ГРАММАТИКА И ПРАКТИКА

ACCUSATIVE CASE OF NOUNS

Я читáю **статью́** и слýшаю   *I am reading an article and*
мýзыку.   *listening to music.*

Suppose you are reading a book. If someone asks what you are doing, you would answer, "I am reading a book." In this instance, *I* is the subject, *am reading* is the verb, and *book* is the direct object. A direct object receives the action of the verb. In the following sentences, the words *song*, *house*, and *car* are direct objects because they receive the action of the

---

[5] **Такóй** is usually used in combination with **кто** or **что** when asking for information about a named person or object.

verb: *He's singing a song; They built a house; The Joneses want a new car,* and so on.

The same word order—*subject-verb-object*—is common in Russian. However, in Russian, word order is not the primary indicator of subjects and objects, as it is in English (compare *The cat bit the dog* with *The dog bit the cat*); rather, different cases distinguish Russian subjects from objects.[6] The *subject* of a verb is in the *nominative* case, which is the form found in a dictionary. The *direct object* of a verb is in the *accusative* case. Not all accusative forms in Russian can be distinguished from their nominative forms. For example, the nominative and accusative forms coincide for the following types of nouns:

- all neuters (**окно́, письмо́**): **Я пишу́ письмо́.**
- masculine inanimates (**дом, а́дрес, роя́ль**): **Ты зна́ешь мой а́дрес?**
- plural inanimates of all genders (**кни́ги, журна́лы**): **Ле́на чита́ет журна́лы.**

However, most feminine accusatives are quite distinct. Here are examples of feminine nouns in the nominative and accusative cases.

NOMINATIVE CASE	CASE ENDING	ACCUSATIVE CASE
Кни́га там. *The book is over there.*	-**a** changes to -**y**	Во́ва чита́ет **кни́гу**. *Vova is reading the book.*
Кака́я краси́вая **му́зыка**! *What lovely music!*		Она́ слу́шает **му́зыку**. *She's listening to music.*
Это интере́сная **статья́**. *That's an interesting article.*	-**я** changes to -**ю**	Ле́на пи́шет **статью́**. *Lena is writing an article.*

УПРАЖНЕНИЕ 3.3. **Recognizing cases**

Consider each noun and indicate whether it is the subject (S) or the direct object (DO) in the sentence or clause. Pay attention to the word order in each sentence.

1. — Что чита́ет ба́бушка? — Ба́бушка чита́ет кни́гу.
2. — Ле́на слу́шает му́зыку? — Нет, му́зыку слу́шает Во́ва.
3. — Что пи́шут журнали́сты? — Журнали́сты пи́шут статьи́.
4. — Ты чита́ешь кни́гу и́ли статью́? — Я чита́ю кни́гу, а статью́ чита́ет Ле́на.
5. — Ле́на пи́шет письмо́? — Нет, письмо́ пи́шет Ма́ша. А Ле́на пи́шет статью́.
6. — Кто чита́ет мою́ кни́гу? — Кни́гу чита́ет твоя́ ма́ма.

---

[6] English once had the kind of case system that Russian and many other languages still have. About the only place we see cases in English now, however, is in our pronouns: *I* and *me, he* and *him, she* and *her,* and so on.

УПРАЖНЕНИЕ 3.4. **Это логи́чно? (*Is it logical?*)**

Complete each of the following sentences with the words in parentheses, changing endings if necessary. One of the words in each sentence does not make sense. Which one is it?

1. Ма́ша чита́ет (журна́л, кварти́ра, газе́та, кни́га).
2. Я пишу́ (стол, кни́га, статья́, му́зыка).
3. Это и́мпортный (дива́н, стол, профе́ссор, то́стер[†]).
4. Мы слу́шаем (джаз, му́зыка, ра́дио, стол).
5. А где ва́ша америка́нская (ме́бель, газе́та, ла́мпа, профе́ссия)?

DON'T OVER-"DO" IT

English often uses the auxiliary *do* to ask questions and to express negatives:

> *Where does she live?*   (the main verb is *live*)
> *I don't know.*   (the main verb is *know*)[7]

Russian has no "do" auxiliary; it uses just the main verb in these instances: — **Где она́ живёт? — Я не зна́ю**. Reserve the Russian verb **де́лать** for use as a main verb: **Что она́ де́лает?** (*What's she doing?*)

УПРАЖНЕНИЕ 3.5. **Де́лать and *do***

How would you render the following short sentences in English? (There may be more than one possibility.) Take note of the main verb in each sentence and compare it with the Russian. Which English versions would require a form of the auxiliary *do*?

1. Где рабо́тает твой сосе́д?
2. Я не понима́ю, что э́то.
3. Где они́ живу́т?
4. Она́ мно́го чита́ет?
5. Когда́ (*when*) ты слу́шаешь ра́дио?
6. Мы не зна́ем, где они́ живу́т.

УПРАЖНЕНИЕ 3.6. **-ешь endings: я, ты, он (она́), они́**

Supply the correct verb endings.

1. — Ми́ша, что ты де́ла_____? — Я чита́_____ кни́гу.
2. Журнали́сты пи́ш_____ статьи́.
3. Ты то́же пи́ш_____ статью́?
4. Нет, я пиш_____ курсову́ю.
5. Где жив_____ твои́ роди́тели?
6. Я не зна́_____, где рабо́та_____ мой сосе́д.
7. Моя́ сестра́ понима́_____, что на́до мно́го чита́ть.
8. Я не понима́_____, почему́ он э́то пи́шет.

---

[7] Older forms of English — preserved for us in plays and poetry from the 1800s and earlier — did not use these *do* constructions. You will recognize such phrases as *What think you?* and *I know not* as correct for that time, though they may sound dated and bookish to you.

PLAYING A SPORT

— Ты игра́ешь в хокке́й?	*"Do you play hockey?"*
— Нет, но я игра́ю в баскетбо́л.	*"No, but I play basketball."*

Игра́ть (*to play*) is a regular **-ешь** verb. *To play* a particular sport is **игра́ть в** followed by the name of the sport in the accusative case. A number of sports are recognizable from English: **бейсбо́л, волейбо́л, хокке́й, баскетбо́л, гандбо́л, те́ннис, пинг-по́нг,** and **гольф**. When a Russian says **футбо́л**, however, she or he is referring to soccer (what Europeans call "football"). The game known as "football" in America is called **америка́нский футбо́л** in Russian. Russians often include **ша́хматы** (*chess*) when they list popular sports.

УПРАЖНЕНИЕ 3.7.   Ты игра́ешь в волейбо́л?

By asking **да/нет** or **и́ли** questions, find five classmates who play five different sports.

EXAMPLE: — Ты игра́ешь в волейбо́л?
            — Нет, но я игра́ю в те́ннис.

УПРАЖНЕНИЕ 3.8.   Describing an apartment

Supply the correct adjective endings.

Э́то но́вая кварти́ра. Тут бо́льш _____ све́тл _____ ко́мнаты. Но ку́хня ма́леньк _____. Ме́бель и́мпортн _____, но́в _____. Стол фи́нск _____, дива́н по́льск _____, кре́сло то́же по́льск _____. Ла́мпа здесь но́в _____. Телеви́зор но́в _____ и бо́льш _____. Шкаф то́же но́в _____, о́чень краси́в _____.

УПРАЖНЕНИЕ 3.9.   Моя́ кварти́ра и́ли моя́ ко́мната

Write a short composition describing your room or apartment and its furnishings (or, if you prefer, describe a place where you'd like to live).

THE ART OF CONVERSATION: DISAGREEING

To contradict a statement that someone else has made, you may find the following phrases useful.

Не совсе́м.	*Not quite.* (*Not exactly.*)
Нет, э́то не так.	*No, that's not so.*
Нет, что́ вы (ты)!	*What are you talking about!*

УПРАЖНЕНИЕ 3.10. **Нет, что́ ты!**

A friend is telling you what she's read in Parts 1 and 2, but she has the facts all mixed up. Determine what is wrong and make corrections.

EXAMPLE: — Наш сосе́д — молодо́й гитари́ст.
— Нет, что́ ты! Наш сосе́д — молодо́й пиани́ст.

1. Ле́на пи́шет письмо́.
2. Ната́лья Ива́новна ду́мает (*thinks*), что те́ма тру́дная.
3. Ма́ша ду́мает, что кварти́ра ма́ленькая.
4. Стол фи́нский, а кре́сло по́льское.
5. Дива́н и́мпортный.
6. Ма́ша ду́мает, что сосе́д пло́хо игра́ет.
7. Ма́ша зна́ет, как его́ зову́т.

ДИАЛОГИ

ДИАЛОГ 3.1. **Дома́шнее зада́ние**

(Asking about activities)

— Приве́т, Андре́й! Что ты де́лаешь?
— Дома́шнее зада́ние.
— Како́е?
— Фи́зику.
— Зада́ние большо́е?
— Большо́е и тру́дное.

ДИАЛОГ 3.2. **Не понима́ю**

(Masha and Andrei are talking on the telephone.)

— Что де́лает Ми́тя?
— Чита́ет, слу́шает и пи́шет.
— Чита́ет, слу́шает и пи́шет? Не понима́ю.
— Почему́ не понима́ешь? Он чита́ет статью́, слу́шает ра́дио и пи́шет упражне́ние.
— Како́й тала́нтливый!

УПРАЖНЕНИЕ 3.11.   **Ваш диало́г**

Write a dialogue between two siblings who are arguing about their tastes in music and musicians or books and authors.

УПРАЖНЕНИЕ 3.12.   **Перево́д**

"Hi, Sasha! What are you doing?"
"Math—a big homework assignment."
"Is it easy?"
"No. It's hard, but interesting."

УПРАЖНЕНИЕ 4.1.   **Подгото́вка к чте́нию**

Here are some types of businesses and other facilities that might be located near your home or apartment. Check the five that you would find handiest, then compare your list with the facilities near the new apartment building.

_____	апте́ка	_pharmacy_
——	бар	_bar, tavern_
_____	библиоте́ка	_library_
_____	кафе́	_café_
_____	кинотеа́тр	_movie theater_
_____	магази́н	_store_
_____	магази́н «Проду́кты»	_grocery store_
_____	авто́бусная остано́вка	_bus stop_
_____	по́чта	_post office_
_____	рестора́н	_restaurant_
_____	теа́тр	_theater_
_____	химчи́стка	_dry cleaner's_
_____	шко́ла	_school_

 ЧТЕНИЕ

Наш микрорайо́н°

neighborhood

(*The professor approaches Grandpa, who is sitting on a park bench.*)

ПРОФÉССОР. Здра́вствуйте!

(*Grandpa does not hear him.*)

ПРОФÉССОР. (*Louder.*) Здра́вствуйте!

ДÉДУШКА. А, здра́вствуйте, Илья́ Ильи́ч!

ПРОФÉССОР. Извини́те, как ва́ше и́мя и о́тчество?

ДÉДУШКА. Степа́н Евге́ньевич.

ПРОФÉССОР. Извини́те, пожа́луйста, Степа́н Евге́ньевич. Вы уже́° зна́ете наш **микрорайо́н**°? Где тут **магази́н,**° где по́чта,° где **остано́вка авто́буса**°?

already

neighborhood / store / post office

остано́вка... *bus stop*

ДÉДУШКА. А вот ка́рта.° Э́то наш микрорайо́н. (*He opens a map, points.*) **Смотри́те,**° Илья́ Ильи́ч. Вот мы здесь, вот наш дом, а вот магази́н. Э́то магази́н «Проду́кты»° — **молоко́,**° **колбаса́,**° **хлеб.**°

map

Look

groceries

milk / sausage / bread

ПРОФÉССОР. Вы не зна́ете, тут есть апте́ка°?

pharmacy

ДÉДУШКА. Да, ря́дом.

ПРОФÉССОР. А по́чта где?

ДÉДУШКА. По́чта **напра́во.**° А авто́бусная† остано́вка — **нале́во.**° На́ша по́чта **небольша́я.**† Больша́я **далеко́,**° а ма́ленькая ря́дом.

on the right / on the left

far

ПРОФÉССОР. Большо́е спаси́бо.

УПРАЖНЕНИЕ 4.2.   **Вопро́сы и отве́ты**

1. Вы хорошо́ зна́ете ваш микрорайо́н?
2. Како́й ваш микрорайо́н — но́вый и́ли ста́рый? Большо́й и́ли ма́ленький? Хоро́ший и́ли плохо́й?
3. Вы зна́ете, где ва́ша по́чта?
4. Ва́ша по́чта больша́я и́ли ма́ленькая?
5. Здесь есть магази́ны? Каки́е там проду́кты?

УПРАЖНЕНИЕ 4.3.   **Вопро́сы, вопро́сы!**

Complete these dialogues by composing questions to fit the answers.

EXAMPLE: — Кто тут живёт?
            — Тут живёт профе́ссор Петро́вский.

1. — _____?
   — Мой сосе́д. Он пиани́ст.
2. — _____?
   — Нет, он не рабо́тает.
3. — _____?
   — Ря́дом. Его́ кварти́ра но́мер де́сять.
4. — _____?
   — Я не зна́ю, симпати́чный он и́ли нет.

УПРАЖНЕНИЕ 4.4.   **Отве́ты и вопро́сы**

Working with one or two other students, write five statements. Then have another group of students produce questions to which your statements would be appropriate answers.

EXAMPLE: — Нет, она́ пи́шет статью́. →
            — Ле́на слу́шает ра́дио?

ГРАММАТИКА И ПРАКТИКА

ACCUSATIVE CASE: ANIMATE NOUNS (SINGULAR)

Вы зна́ете **Ле́ну**?	*Do you know Lena?*
Кто хорошо́ зна́ет **дире́ктора**?	*Who knows the director well?*

Feminine: In the accusative case, animate feminine nouns have the same endings as inanimate feminine nouns.

Masculine: Most animate masculine nouns take the accusative case ending **-a** or **-я**. Those few masculine nouns whose *nominative* singular ends in **-a** or **-я** (for example, **па́па, Cа́ша**) decline like feminine nouns.[8]

NOUNS	ACCUSATIVE ENDING	EXAMPLES
профе́ссор	**-a**	Ты зна́ешь профе́ссора?
Cа́ша	**-y**	Ты зна́ешь Cа́шу?
Лёна	**-y**	Ты зна́ешь Лёну?
Ва́ня	**-ю**	Ты зна́ешь Ва́ню?

The pronoun **кто** becomes **кого́** in the accusative case. This is analogous to the English *who* and *whom.*

УПРАЖНЕНИЕ 4.5. **Что вы ви́дите (see)? Кого́ вы ви́дите?**

Work with a partner to see who can come up with the longest list of people and objects in the room.

EXAMPLE: Я ви́жу ру́чку, Ива́на, студе́нта, дверь, Ла́ру…

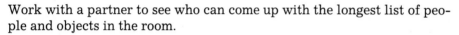
PRONUNCIATION AND SPELLING:
PALATALIZATION (SOFTENING) OF CONSONANTS

Опя́ть на́до писа́ть статью?   *Do you have to write an article again?*

The symbol **ь** (called **мя́гкий знак,** or *soft sign*), though soundless itself, represents a sound modification that you can usually hear and should always try to imitate. Without it, you will have a pronounced foreign accent in Russian and will even be misunderstood in some cases. Moreover, this phenomenon—called *palatalization* or *softening*—explains much about the way Russian words are spelled.

Most Russian consonant sounds have not one, but two spoken forms: a hard (unpalatalized) form and a soft (palatalized) form. Many words are distinguished simply by whether a consonant sound in them is palatalized or not.

HARD CONSONANTS
мат (*swearing*)
говори́т (*he/she speaks*)
ел (*he ate*)
был (*he was*)

SOFT CONSONANTS
мать (*mother*)
говори́ть (*to speak*)
ель (*fir tree*)
быль (*true story*)

---

[8] Remember, however, that masculine nouns with **-a/-я** endings (**дя́дя, дéдушка, па́па, Cа́ша,** and so on) take masculine modifiers (**мой па́па, симпати́чный дéдушка**).

The **ь** symbol is not the only way palatalized consonant sounds are indicated in writing. Another way—when a palatalized consonant sound is followed by a vowel sound—is with a soft-series vowel letter. Here again, accurate pronunciation is important because pronunciation makes a difference in meaning.

<table>
<tr><td>VOWEL LETTERS
FOLLOWING HARD CONSONANTS
(HARD-SERIES VOWELS: а, э, ы, о, у):</td><td>VOWEL LETTERS
FOLLOWING SOFT CONSONANTS
(SOFT-SERIES VOWELS: я, е, и, ё, ю):</td></tr>
<tr><td>мать (mother)</td><td>мять (to wrinkle)</td></tr>
<tr><td>мэ́ры (mayors)</td><td>ме́ры (measures)</td></tr>
<tr><td>был (he was)</td><td>бил (he beat)</td></tr>
<tr><td>живо́т (stomach)</td><td>живёт (he/she lives)</td></tr>
<tr><td>лук (onion)</td><td>люк (trap door)</td></tr>
</table>

Listen carefully as your instructor pronounces the pairs of words in the lists above and try to imitate the distinctions between them as closely as you can.

УПРАЖНЕНИЕ 4.6. Listening for hard and soft consonants

Listen as your instructor reads each pair of words. Then as your instructor pronounces one of each pair, indicate whether you heard the hard or the soft consonant.

	HARD	SOFT
1.	стал	сталь
2.	брат	брать
3.	ел	ель
4.	мат	мать
5.	говори́т	говори́ть
6.	был	бил
7.	в зал	взял
8.	мать	мять
9.	живот	живёт

УПРАЖНЕНИЕ 4.7. Пра́ктика

Take turns reading the questions aloud and answering them. Write three questions of your own and ask them of your partner. Then work with another pair of students to see if they can answer your questions, and you theirs.

1. Во́ва студе́нт и́ли шко́льник?
2. Ле́на рабо́тает и́ли нет?
3. Са́ша игра́ет мно́го и́ли ма́ло?
4. Са́ша краси́вый и́ли нет?
5. Са́ша студе́нт и́ли аспира́нт?
6. Ле́на музыка́нт и́ли журнали́стка?
7. Профе́ссор молодо́й и́ли ста́рый?

УПРАЖНЕНИЕ 4.8.   Sentence-builder contest

Working in groups of two or three, see how many sentences (including questions) you can make up in five minutes, using subjects, verbs, and objects from the table below. (Hint: Not all combinations will work, but there are over a hundred correct possibilities.)

SUBJECTS	VERBS	OBJECTS
америка́нский пиани́ст	игра́ть	газе́та
Ви́ка	писа́ть	джаз
вы	понима́ть	журна́л
Ма́ша и я	слу́шать	кла́ссика
молоды́е музыка́нты	чита́ть	кни́га
мы	знать	конце́рт
он		му́зыка
она́		письмо́
они́		ра́дио
по́льский гитари́ст†		рок
ру́сский саксофони́ст†		статья́
Степа́н и Лари́са		профе́ссор
ты		музыка́нт
я		Са́ша
		де́душка

Диалоги

ДИАЛОГ 4.1.   Вы не зна́ете, где...?

(Asking directions)

— Вы не зна́ете, где по́чта?
— Вот она́, нале́во.
— А магази́н?
— Магази́н напра́во.
— Спаси́бо.
— Пожа́луйста.

ДИАЛОГ 4.2. **Остановка рядом.**

(Asking directions)

— Вы не знаете, где тут автобусная остановка?
— Остановка рядом. Вот она.
— А магазин?
— Магазин тоже рядом.

ДИАЛОГ 4.3. **А где почта?**

(Asking directions)

— Ты уже знаешь наш микрорайон?
— Да.
— Автобусная остановка далеко?
— Нет, она рядом.
— А где почта?
— Почта далеко.
— А магазины? Они тоже далеко?
— Нет, магазины рядом.

УПРАЖНЕНИЕ 4.9. **Ваш диалог**

Write a dialogue between two college students. One student, who has just moved into a new apartment, is asking the other what's in the neighborhood.

УПРАЖНЕНИЕ 4.10.   Перево́д

"Do you happen to know where there's a grocery store around here?"
"The store's to the right."
"Is it far?"
"No, nearby. There it is."

О РОССИИ

What is Russian related to?

Russian belongs to one of the world's largest language groups, the Indo-European family of languages. Scholars do not agree on much about the prehistoric people who spoke the ancestral Indo-European language, except that their earliest homeland was near the Black Sea, that some called themselves Aryans, and that they were the precursors not only of most Europeans, but also of Afghans, Iranians, Pakistanis, and northern Indians. As time passed, the common language of the Indo-Europeans gradually evolved into the major languages of those areas: the Indic languages (including Hindi, Urdu, and Bengali), the Iranian languages (including Persian and Kurdish), the Romance languages (including French, Italian, Portuguese, and Spanish), the Germanic languages (including English, Dutch, German, and the Scandinavian languages), the Slavic languages, and others.

Russian belongs to the Slavic family, which has three major divisions — the East, West, and South Slavic groups. The chart below will help you relate the Slavic languages to one another.

	SLAVIC LANGUAGE GROUPS	
Common Slavic	East	Russian* Ukrainian* Byelorussian*
	West	Polish Czech Slovak
	South	Serbian* Croatian Slovenian Bulgarian* Macedonian*

*This language is written in a Cyrillic alphabet.

Regular vowel stem **-ешь** verbs are not conjugated in future vocabulary lists.

Nouns

автóбус	bus
вопрóс	question
дивáн	couch
домáшнее задáние	homework (assignment)
колбасá	sausage
крéсло	easy chair
курсовáя (рабóта)	term paper
лáмпа	lamp
магазúн	store
мéбель *f.*	furniture
микрорайóн	neighborhood
молокó	milk
мýзыка	music
останóвка	stop
отвéт	answer
продýкты	groceries
профéссия	profession
специалúст	specialist
статья́	article
стол	table
стул (*pl.* **стýлья**)	chair
телевúзор	television (set); TV (set)
тéма	topic; subject; theme
хлеб	bread

Adjectives

америкáнский	American
замечáтельный	wonderful; marvelous
интерéсный	interesting
úмпортный	imported
лёгкий	easy
любúмый	favorite
молодóй	young
небольшóй	not large
простóй	simple
симпатúчный	nice; likable
стрáнный	strange
трýдный	difficult; hard

Adverbs

далекó	far; far away
интерéсно	in an interesting manner; (it's/that's) interesting
мáло	little; few
мнóго	much, many
нáдо	(one) has to; (one) must
налéво	to the left; on the left
напрáво	to the right; on the right
опя́ть	again
ря́дом	(right) nearby
тепéрь	now
трýдно	(it's/that's) difficult
ужé	already
ужé не	no longer

Verbs[9]

дéлать (**дéла-ю, дéла-ешь**)	to do
жить (**жив-ý, жив-ёшь**)	to live
знать (**знá-ю, знá-ешь**)	to know
игрáть (**игрá-ю, игрá-ешь**)	to play
писáть (**пиш-ý, пúш-ешь**)	to write
понимáть (**понимá-ю, понимá-ешь**)	to understand
рабóтать (**рабóта-ю, рабóта-ешь**)	to work
слýшать (**слýша-ю, слýша-ешь**)	to listen

---

[9] Hyphens divide stems and endings, not syllables.

чита́ть	to read
(чита́-ю, чита́-ешь)	

Other

в (+ *prep. to denote location*)	in; at
коне́чно (*parenthetical*)	of course
но	but
потому́ что	because
почему́	why

Idioms and Expressions

игра́ть в хокке́й (**баскетбо́л, ша́хматы**)	to play hockey (basketball, chess)
по-мо́ему	in my opinion
Смотри́те!	Look!

Topics

Around town: **микрорайо́н; магази́н, остано́вка авто́буса (авто́бусная остано́вка); далеко́, нале́во, напра́во, ря́дом**

Food: **магази́н «Проду́кты»; колбаса́, молоко́, хлеб**

Home furnishings: **ме́бель; дива́н, кре́сло, ла́мпа, роя́ль, стол, стул, телеви́зор**

Work: **профе́ссия; специали́ст, музыка́нт; рабо́тать; магази́н; интере́сный, лёгкий, тру́дный**

STUDY TIP

Studying with a Friend

Many students find it helpful to study with a classmate. Here are some ideas to help make that study time effective.

1. *Take parts in the readings and dialogues,* first reading out loud with the tapes (to help you develop an ear for intonation and rate of speech), then practicing out loud with each other. Switch parts.
2. *Quiz each other on vocabulary and phrases,* using the vocabulary list at the end of the chapters or your flash cards. Be sure to quiz each other on phrases as well as words.
3. *Do "back translations":* Select a sentence from a reading or dialogue, say it to your partner in English, and let him or her translate it into Russian. Then have your partner do the same for you.
4. *Beat the clock:* Choose a category (for example, your room, your family, meeting a new student in your class, and so on) and see how many words, questions, and expressions relating to the category the two of you can come up with in three minutes.
5. *Review older exercises:* Without looking at an answer key or corrected homework pages, see if you can redo a textbook or workbook exercise you completed a few days or weeks ago.

4 УРОК

ЗОЛОТЫЕ РУКИ

б

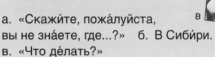

в

а. «Скажи́те, пожа́луйста,
вы не зна́ете, где...?»   б. В Сиби́ри.
в. «Что де́лать?»

In this chapter you will learn

- ▲ to express possession
- ▲ to say that something is missing or lacking
- ▲ to express action in the present tense (*continued*)
- ▲ to express location (*continued*)
- ▲ to express permission and prohibition
- ▲ to react appropriately to compliments
- ▲ about economic challenges in Russia
- ▲ about higher education in Russia

ЧАСТЬ ПЕРВАЯ

УПРАЖНЕНИЕ 1.1. Подготовка к чтению

ванная   комната   кухня

стена

дверь

окно

душ

ванна

стул

пол

Take turns asking and answering questions about this picture such as
Что это? Где ку́хня? Душ здесь?

ЧТЕНИЕ

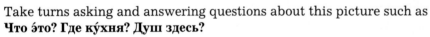

Ужа́сные† но́вые кварти́ры

(The professor and neighbors enter Silin's office.)

ПРОФЕ́ССОР.	**До́брый день!**° Кто здесь **дире́ктор**†?	Добрый... *Good day!*
СЕРГЕ́Й ПЕТР.	А, сосе́д! До́брый день! Я дире́ктор. Как дела́?	
ПРОФЕ́ССОР.	*(Forgetfully.)* Дела́? Хорошо́. Ах,† нет, извини́те. Не хорошо́, а **пло́хо**,° о́чень пло́хо.	*bad*
СЕРГЕ́Й ПЕТР.	Ничего́ не понима́ю. Хорошо́ и́ли пло́хо?	
ПРОФЕ́ССОР.	Пло́хо, о́чень пло́хо.	
СЕРГЕ́Й ПЕТР.	Почему́ пло́хо?	
СОСЕ́Д.	Не пло́хо, а ужа́сно.	
СЕРГЕ́Й ПЕТР.	Почему́ ужа́сно?	
ПРОФЕ́ССОР.	На́ши но́вые кварти́ры — э́то у́жас!	

СЕРГЕ́Й ПЕТР.	У вас° но́вая кварти́ра? У меня́ то́же. Э́то **прекра́сно**°!	У... *You have* / Э́то... *That's wonderful!*
ПРОФЕ́ССОР.	Я не зна́ю, кака́я у вас кварти́ра. Но у нас — у меня́ и у них (*Pointing to neighbors.*) — ужа́сные **пробле́мы**.†	
СОСЕ́ДКА.	Э́то **кошма́р**.°	*nightmare*
СЕРГЕ́Й ПЕТР.	У вас пробле́мы? Каки́е у вас пробле́мы?	
ПРОФЕ́ССОР.	**Невозмо́жно**° откры́ть° о́кна.	*It's impossible / to open*
СОСЕ́ДИ.	(*In chorus.*) А **две́ри**° невозмо́жно закры́ть.°	*doors / close*
СОСЕ́Д.	**У меня́ есть ва́нна**,° но нет **воды́**.°	У... *I have a bathtub / water*
СОСЕ́ДКА.	А у меня́ есть **ва́нная**,° но нет ва́нны!	*bathroom*
ПРОФЕ́ССОР.	У них нет ва́нны, а у меня́ нет **ду́ша**.°	*shower*
СЕРГЕ́Й ПЕТР.	(*He laughs.*) **Заче́м**° ва́нна, заче́м душ, **е́сли**° нет воды́?	*What (do you need . . .) for / if*
ПРОФЕ́ССОР.	Ужа́сный **пол**,° ужа́сные **сте́ны**,° ужа́сные о́кна.	*floor / walls*
СОСЕ́ДИ.	Нет воды́, нет ду́ша, ужа́сные две́ри.	
СЕРГЕ́Й ПЕТР.	Дороги́е сосе́ди! У нас но́вый дом! (*Talking and nudging the visitors toward the door.*) И но́вые пробле́мы. Пробле́мы небольши́е: (*to one of the neighbors*) у вас нет ва́нны, (*to the professor*) у вас нет ду́ша, (*to another neighbor*) у вас плохо́й пол... Э́то, коне́чно, пло́хо. Но у нас но́вые кварти́ры! И э́то прекра́сно!	

УПРАЖНЕ́НИЕ 1.2.   **Э́то хоро́шая кварти́ра?**

Check the boxes in the chart below to indicate the features that would make an apartment good or bad. Then see if you can add one or two ideas of your own.

	Э́то хоро́шая кварти́ра.	Э́то плоха́я кварти́ра.	Э́то у́жас, кошма́р!
1. Магази́ны недалеко́.			
2. Авто́бусная остано́вка недалеко́.			
3. Сосе́д — музыка́нт.			
4. Там не рабо́тает лифт (*elevator*).			
5. Ко́мнаты больши́е, све́тлые (*light*).			
6. Две́ри и о́кна невозмо́жно закры́ть.			
7. Пол плохо́й и сте́ны плохи́е.			
8. Балко́н большо́й.			
9. Ва́нна есть, но нет воды́.			
10. Есть ва́нная, но нет ду́ша.			
11. Есть электри́чество† и газ.†			
12. Ря́дом живу́т симпати́чные студе́нты.			
13. ???			

УПРАЖНЕНИЕ 1.3. Дире́ктор и сосе́д

Take the role of **дире́ктор** or **сосе́д** and make up a dialogue of your own.

EXAMPLES:

ДИРÉКТОР. У вас но́вая кварти́ра.
СОСÉД. Да, но она́ ма́ленькая.

ДИРÉКТОР. У вас больша́я ку́хня.
СОСÉД. Да, но там ужасный пол.

О РОССИИ

Но́вые бюрокра́ты[†] и ста́рые пробле́мы

The Communist system that was in power in Russia from 1917 to 1991 gave a much lower priority to consumer satisfaction than to meeting the goals set by bureaucrats. Because these officials were more concerned with quantity than with quality, shoddy workmanship was common in many areas, including new housing. The bureaucrats had little incentive to fix problems because rewards came primarily from their superiors, not the public. Although Russians rejected the Communist system in 1991, they have found that old problems and bureaucratic attitudes are not easy to change.

Жилы́е дома́ на Сахали́не. Where is Sakhalin Island?

ГРАММАТИКА И ПРАКТИКА

GENITIVE CASE: У + GENITIVE = *TO HAVE*

У нас но́вая кварти́ра.   *We have a new apartment.*

To express possession, Russians often use the preposition **у** plus the genitive case of the possessor (in the example above, **нас** is the genitive of **мы**). This construction is used in place of a verb of possession. The thing possessed (**но́вая кварти́ра**) is left in the nominative case because, grammatically, it is the subject of the sentence.

The genitive case pronoun forms for this **у** construction are identical to the accusative case forms used in questions and answers about names, such as **Как вас зову́т?**, **Меня́ зову́т...**, **Её зову́т...**, and so on. The third-person pronouns in the **у** construction, however, begin with the letter **н** (**его́** becomes **него́, её** becomes **неё, их** becomes **них**). Here is a table for the **у** construction.

NOMINATIVE (FOR REFERENCE)	"HAVE" PHRASE (У + GENITIVE)	THING POSSESSED (NOMINATIVE)
я	У меня́ *I have*	большо́й дом.
ты	У тебя́ *You have*	симпати́чная соба́ка.
он	У него́ *He has*	интере́сные кни́ги.
она́	У неё *She has*	краси́вая ко́шка.
мы	У нас *We have*	ма́ленькая кварти́ра.
вы	У вас *You have*	но́вая гита́ра.
они́	У них *They have*	ужа́сные пробле́мы.
кто	У кого́ *Who has . . . ?*	???

УПРАЖНЕ́НИЕ 1.4.   У кого́ (*Who has*)...?

Refer to the table showing the **у** construction. Then fill in the blanks with the correct form of the pronoun used in the first sentence of each pair.

EXAMPLE: Я журнали́ст. **У меня́** интере́сная профе́ссия.

1. Мы мно́го чита́ем. _____ _____ хоро́шая библиоте́ка.
2. Они́ пи́шут сочине́ние. _____ _____ интере́сная те́ма.
3. Он живёт ря́дом. _____ _____ краси́вая соба́ка.
4. Она́ живёт далеко́. _____ _____ больша́я ко́мната.
5. Ты мно́го рабо́таешь. _____ _____ тру́дная рабо́та?
6. Вы живёте тут? _____ _____ ужа́сный сосе́д.
7. Я пиани́ст. _____ _____ но́вый роя́ль.

USING ЕСТЬ WITH У

У меня **есть** ва́нна.   *I have a bathtub.*
У меня больша́я ва́нна.   *I have a large bathtub.*

The question *Do you have a dog or a cat?* is ambiguous in English. You can take it either of two ways:

1. The questioner is not sure you have either.
2. The questioner assumes you have one or the other, but doesn't know which.

We resolve this ambiguity in English by changing our intonation or sentence structure. Confusion is avoided in Russian by the questioner's choice of whether to use **есть: Есть** is used when one focuses on the existence (or presence) of the item(s) named, but is not usually used when one focuses on a *particular quality* of the item(s).

EXISTENCE AT ISSUE: USE **есть**	EXISTENCE PRESUMED: DON'T USE **есть**
— У вас **есть** соба́ка? — Да. *or* Есть. *or* Да, есть.	— У вас **больша́я** соба́ка? — Да, больша́я.
— У него́ **есть** телеви́зор? — Нет. У него́ нет телеви́зора.	— У Джи́ма **япо́нский** телеви́зор? — Нет, америка́нский.
— У меня́ **есть** ва́нна, но нет воды́. — А у меня́ нет ва́нны!	— У них **но́вые** кварти́ры? — Да, и о́чень хоро́шие!

УПРАЖНЕ́НИЕ 1.5. **У тебя́ есть телеви́зор, а у меня́ есть гита́ра**

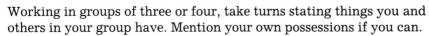

Working in groups of three or four, take turns stating things you and others in your group have. Mention your own possessions if you can.

EXAMPLE: СТУДЕ́НТ А. У меня́ есть телеви́зор.
СТУДЕ́НТ Б. (*to* А) У тебя́ есть телеви́зор, а у меня́ есть гита́ра.
СТУДЕ́НТ В. (*to* А) У тебя́ есть телеви́зор, (*to* Б) у тебя́ есть гита́ра, а у меня́ есть роя́ль.

Now select one spokesperson for your group to tell the rest of the class what the members of your group have (**У неё есть телеви́зор, у него́ есть гита́ра, а у меня́ есть роя́ль**).

НЕТ + GENITIVE = *MISSING, LACKING*

Воды́ нет!   *There's no water!*
У них **ва́нны** нет.   *They don't have a bathtub.*
У меня́ нет **ду́ша**.   *I don't have a shower.*

To say that something is missing or that you don't have something, use **нет** with the genitive case of the thing(s) lacking. Here are the noun endings for the genitive case.

GENDER	NOMINATIVE FORM	ENDING CHANGE[1]	GENITIVE (**у нас нет...**)
Masculine and Neuter	телеви́зор хлеб гость (*guest*) молоко́ окно́	Delete final vowel (in neuter) or **-ь** (in masculine). Add **-a** or **-я**.	телеви́зор-**а** хлеб-**а** го́ст-**я** молок-**а́** окн-**а́**
Feminine	кварти́ра вода́ кни́га ру́чка дверь	Delete final vowel or **-ь**. Add **-ы** or **-и**.	кварти́р-**ы** вод-**ы́** кни́г-**и** ру́чк-**и** две́р-**и**

УПРАЖНЕНИЕ 1.6. Чего́ нет? (*What's missing?*)

For each remark in the **А** column, respond with a complaint in the **Б** column, choosing the one logical word that completes the complaint and putting it in the right case.

СТУДЕ́НТ А

1. Како́й краси́вый дом!

2. Кака́я у вас краси́вая но́вая кварти́ра!

3. Кака́я больша́я ко́мната!

4. Кака́я све́тлая (*bright*) ку́хня!

СТУДЕ́НТ Б

Да, но там нет _____! (исто́рик [*historian*], лифт [*elevator*], кошма́р)

Да, но у нас нет _____! (душ, молоко́, гость)

Да, но там нет _____! (окно́, пра́ктика, пол)

Да, но _____ нет! (сосе́д, вода́, стена́)

INTONATION FOR ДА / НЕТ QUESTIONS

Correct intonation is crucial when asking "Do you have . . . ?" and similar questions. When asking about the existence of something, for example, the word **есть** must be the high point of the question.

	THE QUESTION			THE ANSWER	
High		**есть**			
Mid	У тебя́	со-		Да. *or* Есть. *or* Да,	
Low			ба́ка?		есть.

---

[1] Remember to use "hard-series" vowel letters (in this case, **-a** for masculine and neuter nouns; **-ы** for feminine nouns) unless the ending of the stem or another spelling rule requires a "soft-series" vowel letter (**-я** for masculine and neuter nouns; **-и** for feminine nouns).

If, however, you're asking about a particular quality, there is no **есть** and the high point of the sentence is the stressed syllable of the point of inquiry.

	THE QUESTION		THE ANSWER
High		**по́н-**	
Mid	У тебя́ я-	ский	Да, я-
Low		телеви́зор?	**по́н**ский.

УПРАЖНЕНИЕ 1.7.   У вас есть...?

Referring to the tables above, make up five questions using **есть** to find out whether your partner has certain things.

EXAMPLE: — У вас (тебя́) есть телеви́зор?
                    — Да, у меня́ есть телеви́зор.

If your partner has an item, ask a follow-up question about it, adding an adjective but omitting **есть.**

EXAMPLE: — У вас (тебя́) большо́й телеви́зор?
                    — Нет, ма́ленький.

ДИАЛОГИ

ДИАЛОГ 1.1.   У меня́ больша́я кварти́ра.

(Describing an apartment)

— У вас но́вая кварти́ра? Больша́я?
— Да, больша́я и о́чень хоро́шая.
— А дом то́же хоро́ший?
— И дом хоро́ший, и сосе́ди хоро́шие.

ДИАЛОГ 1.2.   У меня́ ужа́сная проблéма.

(Discussing problems)

— У меня́ ужа́сная проблéма.
— У меня́ то́же. Кака́я у вас проблéма?

— У меня́ нет ва́нны. А у вас?
— У меня́ есть ва́нна, но нет ду́ша.
— Э́то пло́хо, но не ужа́сно.

УПРАЖНЕНИЕ 1.8. **Ваш диало́г**

Make up a dialogue in which you have just moved into a new apartment and go to see the landlord about some maintenance problems you're having.

УПРАЖНЕНИЕ 1.9. **Перево́д**

"I have a problem."
"What kind?"
"I have very unpleasant neighbors."
"That's terrible!"

ЧАСТЬ ВТОРАЯ

ЧТЕНИЕ

Всё слы́шно°

(*Sasha has just finished practicing the piano.*)

БА́БУШКА.	Э́то всё?° Ты так ма́ло игра́ешь, Са́ша.
СА́ША.	Я мно́го игра́ю, ба́бушка.
БА́БУШКА.	И ты сли́шком ти́хо° игра́ешь.
СА́ША.	Ба́бушка, **нельзя́**° игра́ть о́чень гро́мко.° **Внизу́**° сосе́ди, всё слы́шно.

Всё... *They can hear everything.*

Э́то... *Is that all?*

сли́шком... *too softly*

I can't
loudly / Downstairs

ДЕ́ДУШКА.	(*Suddenly hearing everything and coming to life.*) Сосе́ди? А-а, симпати́чная блонди́нка°! Она́, коне́чно, **лю́бит**° му́зыку.	*blonde / loves*
СА́ША.	Но я игра́ю кла́ссику,† а её не **все**° лю́бят.	*everyone*
БА́БУШКА.	Ты игра́ешь не **то́лько**° кла́ссику. Джаз† и рок† ты то́же игра́ешь.	*only*
СА́ША.	(*Sasha begins to play a jazz tune loudly. Loud knocks from below are heard.*) **Вот ви́дишь**!° Там (*pointing down*) всё слы́шно. А ты **говори́шь**,° что я ти́хо игра́ю.	*Вот... See! are saying*
БА́БУШКА.	Э́то, коне́чно, не Ле́на, а её мать. О́чень **несимпати́чная**† **же́нщина**.° И не лю́бит му́зыку.	*woman*
СА́ША.	Ба́бушка, ты не зна́ешь. **Мо́жет быть**,° Ле́на рабо́тает. Мо́жет быть, её оте́ц **спит**.° Мо́жет быть, у них **го́сти**.° И почему́ ты говори́шь, что её мать несимпати́чная? (*The doorbell rings.*)	*Мо́жет... Maybe is sleeping / guests*
БА́БУШКА.	Э́то, коне́чно, она́. (*She opens the door. The plumber, Vasya, enters.*)	
ВА́СЯ.	Здра́вствуйте. Проверя́ю° отопле́ние.° (*He walks over to the radiator, turns something, and bangs the radiator loudly.*) Не рабо́тает. Понима́ете?	*I'm checking / the heating*
БА́БУШКА.	Понима́ем...	
СА́ША.	(*relieved*) Понима́ем!	

УПРАЖНЕ́НИЕ 2.1.   Вопро́сы и отве́ты

1. У вас есть сосе́ди? Они́ симпати́чные?
2. У них больша́я кварти́ра?
3. У вас до́ма слы́шно, когда́ (*when*) там рабо́тает телеви́зор?
4. У вас до́ма слы́шно, когда́ (*when*) там игра́ет му́зыка?
5. Вы лю́бите класси́ческую му́зыку? А джаз? А рок? А ка́нтри†?
6. У вас есть роя́ль? А гита́ра? А саксофо́н†?

ГРАММА́ТИКА И ПРА́КТИКА

-ишь VERBS: BASIC (ГОВОРИ́ТЬ) TYPE

А ты **говори́шь**, что...   *And you say that . . .*

The second major group of Russian verbs is the **-ишь** conjugation.[2] It differs from the **-ешь** conjugation in three essential ways.

---

[2] Some textbooks call the **-ишь** verbs "second conjugation."

1. The vowel in the ending is **-и-**, not **-е-** or **-ё-**.
2. The **я** ending is **-ю**, whether the verb ends in a vowel or a consonant. (This ending is written **-у** only when required by the «вижу» spelling rule discussed below).
3. The **они́** ending is **-ят** (or **-ат** when required by the «вижу» rule).

Compare the two types of endings in the following table:

	-ешь ENDINGS[3]	**-ишь** ENDINGS
	рабо́тать (*to work*)	**говори́ть** (*to talk, say, speak*)
я	рабо́та-**ю**	говор-**ю́**
ты	рабо́та-**ешь**	говор-**и́шь**
он, она́, оно́	рабо́та-**ет**	говор-**и́т**
мы	рабо́та-**ем**	говор-**и́м**
вы	рабо́та-**ете**	говор-**и́те**
они́	рабо́та-**ют**	говор-**я́т**

STEM-CHANGING VERBS

Many Russian verbs of both the **-ешь** and **-ишь** types exhibit changes in the final consonant of the stem.[4] These changes occur in all conjugated forms of **-ешь** verbs: **пишу́, пи́шешь... пи́шут**. In **-ишь** verbs, however, the stem change appears only in the **я** form. The three stress patterns mentioned in Уро́к 3 for **-ешь** verbs also occur with **-ишь** verbs. Here are three examples of stem-changing **-ишь** verbs, one from each stress pattern.

	STEM STRESS **ви́д - еть** (*to see*)	ENDING STRESS **сп - ать** (*to sleep*)	SHIFTING STRESS **люб - и́ть** (*to like, love*)
я	ви́ж-у	спл-ю	любл-ю́
ты	ви́д-ишь	сп-ишь	лю́б-ишь
он, она́, оно́	ви́д-ит	сп-ит	лю́б-ит
мы	ви́д-им	сп-им	лю́б-им
вы	ви́д-ите	сп-и́те	лю́б-ите
они́	ви́д-ят	сп-ят	лю́б-ят

---

[3] Remember the two **-ешь** variations: (1) if the ending is stressed, you'll have -ё- endings (**живёшь, живёт, живём, живёте**), and (2) after a consonant you'll have **-у**, not **-ю** (**живу, живут**).

[4] At first it is best simply to memorize the conjugation patterns of these verbs when you encounter them; as you progress, you will begin to see that they fall into several large groups.

SPELLING: THE «ВИЖУ» RULE

The last major spelling rule of Russian, the «вижу» rule, is frequently encountered with **-ишь** verbs.

> Never **-ю**, always **-у**, and
> never **-я**, always **-а**, after } **ж, ч, ш, щ**

This rule explains why the **я** form of **ви́деть** (*to see*) is **ви́ж-у,** ending in **-у** (rather than **-ю**), and why the **они́** form of many other **-ишь** verbs ends in **-ат** (rather than **-ят**).

УПРАЖНЕНИЕ 2.3.   **-ишь** endings

Complete the following sentences, using the verbs **говори́ть, люби́ть, спать, ви́деть.**

1. Джим _____ по-ру́сски.
2. Э́то наш дом. Вы его́ _____?
3. Сосе́ди _____, что у них нет ду́ша и ва́нны.
4. Э́то кошма́р! Когда́ я _____, Са́ша гро́мко игра́ет рок.
5. Я _____ слу́шать джаз.
6. Вы хорошо́ _____ по-ру́сски.
7. Мо́жет быть, её оте́ц ещё _____.
8. Я не _____ Са́шу. Где он?
9. Ми́ша, что ты _____?

УПРАЖНЕНИЕ 2.4.   **Что вы лю́бите де́лать?**

Choose one or two things you like to do. Then see if anyone else in the class enjoys doing the same kind of thing. Use the list below or your own ideas.

EXAMPLE: Я люблю́ чита́ть детекти́вы (*detective stories*). А ты?

_____ чита́ть детекти́вы (журна́лы, газе́ты, стихи́ [*poetry*]...)
_____ слу́шать джаз (ка́нтри, рок, кла́ссику...)
_____ игра́ть в баскетбо́л (ка́рты,[†] волейбо́л, ша́хматы...)
_____ говори́ть по-ру́сски (по-англи́йски, по-испа́нски, по-францу́зски...)
_____ писа́ть пи́сьма (статьи́, курсовы́е, стихи́ [*poetry*]...)

_____ смотре́ть (*watch*) телеви́зор (фи́льмы, бале́т, пье́сы [*plays*]...)

_____ ???

УПРАЖНЕНИЕ 2.5.   Кто понима́ет, говори́т, пи́шет по-ру́сски? По-испа́нски?[5]

Can you connect the names of the nationalities with their languages? Some of the nationalities are given in the singular, some in the plural. Choose the necessary verb forms (**говори́т** or **говоря́т**, etc.) to make ten sentences.

EXAMPLE: Францу́зы пи́шут по-францу́зски.

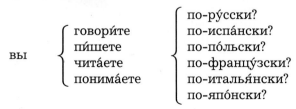

америка́нцы		по-испа́нски
испа́нка	говори́т, говоря́т	по-по́льски
мексика́нец	пи́шет, пи́шут	по-францу́зски
поля́к	понима́ет, понима́ют	по-болга́рски
ру́сские	чита́ет, чита́ют	по-италья́нски
францу́з		по-англи́йски
италья́нцы		по-ру́сски
кана́дцы		по-кита́йски
чех		по-япо́нски
кита́йцы		по-че́шски
япо́нцы		
болга́рка		

УПРАЖНЕНИЕ 2.6.   Вы говори́те по-ру́сски?

Working with a partner, find out his or her knowledge of foreign languages by asking

вы { говори́те
пи́шете
чита́ете
понима́ете } { по-ру́сски?
по-испа́нски?
по-по́льски?
по-францу́зски?
по-италья́нски?
по-япо́нски? }

---

[5] Like days of the week and months of the year, nationalities and languages are not capitalized in Russian except as the first word of a sentence.

ДИАЛОГИ

Он говори́т то́лько по-ру́сски.

(Asking what language someone speaks)

— Вы о́чень хорошо́ говори́те
по-францу́зски. А ваш друг то́же
говори́т по-францу́зски?
— Нет, он говори́т то́лько по-ру́сски.
— Ничего́, я то́же говорю́ по-ру́сски.

Как по-ру́сски...?

(Asking how to say something in Russian)

— Как по-ру́сски *journalist?*
— Журнали́ст, журнали́стка.
— А как по-ру́сски *The journalist is writing
an article?*
— Журнали́ст (и́ли журнали́стка) пи́шет
статью́.
— Спаси́бо.
— Пожа́луйста.

УПРАЖНЕНИЕ 2.7. **Ваш диало́г**

Make up a dialogue in which you and a friend discuss some neighbors in
your apartment building (real or imaginary). Are they nice? What do they
do for a living? Do they speak any foreign languages? What is their
apartment like?

УПРАЖНЕНИЕ 2.8. **Перево́д**

A. "How do you say *nice* in Russian?"
"Симпати́чный, хоро́ший."
"Thanks."
"You're welcome."

Б. "Do you speak English?"
"A little."
"Is it difficult?"
"Yes."

ЧАСТЬ ТРЕТЬЯ

Чтение

Джим, помоги° пожáлуйста!

help

(*At the Silins'.*)

ЛÉНА.	Вóва, ты **кудá**°?
ВÓВА.	**Гуля́ть.**°
ЛÉНА.	А **урóки**°?
ВÓВА.	Урóки — **потóм**.° Бéлка, пойдём.° (*Vova and Belka walk out to the elevator.... When they reach the ground floor, the door won't open.*)
ВÓВА.	Бéлка, что дéлать? Как откры́ть дверь? (*Yelling.*) **Лифт**° не рабóтает! (*Belka squats.*) Бéлка, стоп,† нельзя́! (*Vova sees the emergency button, pushes it. No response.*) Никогó нет...° Нельзя́, Бéлка! (*Yelling.*) Эй†, эй, **помоги́те**!° (*Belka barks. The neighbors run up to the elevator.*)

ты... where are you going?

To take a walk.

homework

later / let's go

Elevator

Никогó... *There's nobody there . . . / help!*

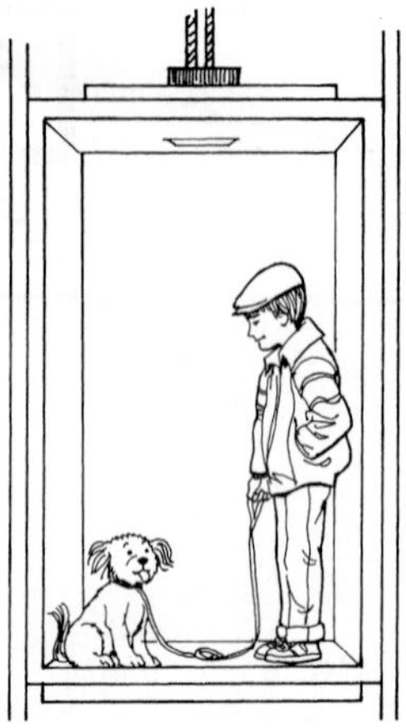

БА́БУШКА.	Ой,† лифт опя́ть не рабо́тает! Бо́же мой!°[6] А в ли́фте **ма́льчик**°! Что де́лать?	Бо́же... *Good heavens!* / *boy*
ЛЕ́НА.	Э́то наш Во́ва и Бе́лка. (*The professor and Jim enter.*)	
БА́БУШКА.	Како́й кошма́р!	
ПРОФЕ́ССОР.	Опя́ть кошма́р?	
БА́БУШКА.	Лифт опя́ть не рабо́тает, а в ли́фте ма́льчик и соба́ка.	
СА́ША.	Э́тот лифт **никогда́**° не рабо́тает.	*never*
ПРОФЕ́ССОР.	Джим, ты, **ка́жется,**° эле́ктрик°? Помоги́, пожа́луйста.	*it seems* / *electrician*
ДЖИМ.	Коне́чно. Илья́ Ильи́ч, у вас есть инструме́нты°?	*tools*
ПРОФЕ́ССОР.	Да. Они́, ка́жется, в ку́хне. **На**° **по́лке**° и́ли на столе́. (*Jim leaves, then returns and works on the call button next to the door.*)	*On / shelf*
ВО́ВА.	Бе́лка, нельзя́. (*The door opens.*) Ура́!† Рабо́тает!	
ПРОФЕ́ССОР.	**Молоде́ц**,°Джим!	*Well done*
ЛЕ́НА.	Во́ва! Бе́лочка! (*To Jim.*) Спаси́бо. Вы эле́ктрик?	
ВО́ВА.	Джим, спаси́бо, сэнк'ю!	
ДЖИМ.	Окэ́й, Во́ва. (*To Lena.*) Нет, я **исто́рик**.†	
ПРОФЕ́ССОР.	(*To Lena.*) Джим — мой аспира́нт.	
ВО́ВА.	(*Interrupting.*) Джим, вы **америка́нец**†? Расскажи́те° **об**° Аме́рике. Ой, извини́те, Илья́ Ильи́ч.	*Tell us / about*
ПРОФЕ́ССОР.	Ничего́, Во́ва. Джим **у́чится**° у нас в **университе́те**.† И у него́ **золоты́е ру́ки**.° Ма́стер на все ру́ки.° Так, Джим?	*is a student* / у... *he is good with his hands* / Ма́стер... *A jack-of-all-trades.*
ДЖИМ.	(*Embarrassed, to Lena.*) Здра́вствуйте, меня́ зову́т Джим Ри́чардсон.	

УПРАЖНЕНИЕ 3.1. Вопро́сы и отве́ты

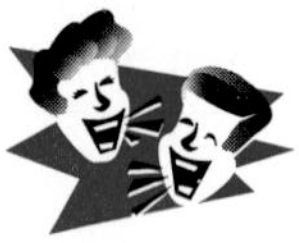

1. У вас есть соба́ка? Как её зову́т? Она́ больша́я? Она́ гро́мко ла́ет (*barks*)?
2. У вас в до́ме есть лифт? А в университе́те есть ли́фты?
3. Вы зна́ете, что де́лать, е́сли лифт не рабо́тает? А е́сли телеви́зор не рабо́тает? А компью́тер?
4. Вы хоро́ший эле́ктрик? А меха́ник†?
5. У вас в семье́ есть «ма́стер на все ру́ки»? Кто он (она́)?

[6] The expression **Бо́же мой** does not seem as strong to most Russians as its English counterpart, "My God!," may seem to some Americans.

ГРАММАТИКА И ПРАКТИКА

THE PREPOSITIONS В AND НА

В and **на** are among the most commonly used prepositions in Russian. Both govern the prepositional case when used to indicate a location.

Use of в
- *In, Inside:* **Она́ живёт в Москве́. Они́ в кварти́ре.**

Uses of на
- *On:* **Цветы́ на балко́не. Кни́ги на столе́.**
- *At* (a function or event): **Джим на конце́рте. Лари́са на уро́ке.**
- *Idiomatically:*
  — for some physical locations where you might expect **в**:

на стадио́не	*at/in the stadium*
на карти́нке	*in the picture*
на по́чте	*at the post office*

  — in the expression **на у́лице,** which can mean *on the street,* *in the street,* and, in a more general sense, *outside.* For example, **Во́ва на у́лице** most commonly means *Vova is outside.*

УПРАЖНЕНИЕ 3.2.   Где...?

Make up logical answers to the questions.

EXAMPLE: — Где Са́ша?
— Са́ша в университе́те (в маши́не, в Москве́, на стадио́не).

1. Где живёт профе́ссор?
2. Где Во́ва и Бе́лка?
3. Где у профе́ссора инструме́нты?
4. Где у профе́ссора кни́ги?

5. У тебя́ есть телеви́зор? Где он?
6. Где живёт президе́нт Росси́и?
7. Где живёт президе́нт США (*USA*)?

УПРАЖНЕНИЕ 3.3.   Вы зна́ете геогра́фию†?

With another student, see what you know about geography and world landmarks.

EXAMPLE: — Где нахо́дится (*is*) Фра́нция? — Фра́нция нахо́дится в Евро́пе.

Где нахо́дится Нью-Йо́рк?	на реке́ Те́мзе (*Thames River*)
Где нахо́дится музе́й Эрмита́ж?	в Аме́рике
Где нахо́дится Ло́ндон?	на Чёрном мо́ре (*Black Sea*)
Где нахо́дится Сент-Лу́ис?	в Ю́жной Аме́рике
Где нахо́дится река́ Амазо́нка?	в Санкт-Петербу́рге
Где нахо́дится Оде́сса?	в Москве́
Где нахо́дится Кремль?	на реке́ Миссиси́пи

WORD STUDY

Вы лю́бите му́зыку?

Many words relating to music are shared among Western European languages. Which of these musical terms do you recognize? Make three lists: Which are instruments? Which are types of music? Which designate people or performers?

анса́мбль	три́о	гита́ра
вальс	сона́та	кларне́т
кварте́т	увертю́ра	ритм
фле́йта	ту́ба	симфо́ния
саксофо́н	фортепиа́но	орга́н
виолонче́ль	дирижёр	орке́стр
контраба́с	аккордео́н	музыка́нт
тромбо́н	конце́рт	рок-му́зыка
о́пера	бале́т	

PLAYING AN INSTRUMENT

Са́ша хорошо́ **игра́ет** на роя́ле.   *Sasha plays the piano well.*

Playing an instrument is rendered by **игра́ть на** + prepositional case of the instrument.

УПРАЖНЕНИЕ 3.4.   **Ты игра́ешь на гита́ре?**

Are there any musicians in your class? Now that you know the prepositional case, you can find out. If you play an instrument, look up its Russian name and use the pattern **Я игра́ю на...**, with the name of the instrument in the prepositional case.

EXAMPLE: — Ты игра́ешь на гита́ре (роя́ле, кларне́те, фле́йте...)?
                  — Нет, я не игра́ю на _____, а игра́ю на _____.

О + PREPOSITIONAL = *ABOUT*

Джим, расскажи́те об   *Jim, tell me about America.*
    Аме́рике.

The preposition **о** followed by the prepositional case expresses *about*. For ease of pronunciation, **о** becomes **об** before any word beginning with a "hard series" vowel or **и**.

Мы говори́м...
        о де́душке.
        об Аме́рике.
        о Москве́.
        об институ́те.
        об университе́те.

УПРАЖНЕНИЕ 3.5.   Мы говори́м о...

What subjects do you find interesting? Complete the sentences below.

Я люблю́ говори́ть о (об)...   аэро́бика
Я никогда́ не говорю́ о (об)...   бале́т
Когда́ я пишу́ пи́сьма,   ко́смос
   я пишу́ о (об)...   литерату́ра
Я люблю́ чита́ть о (об)...   му́зыка
                    поли́тика
                    спорт
                    Украи́на
                    университе́т
                    ???

Now find someone else in the room with similar interests.

EXAMPLE: — Ты лю́бишь чита́ть о ко́смосе?
                    — Óчень люблю́. (Нет, не óчень.)

DOUBLE NEGATIVES

Лифт **никогда́ не** рабо́тает.   *The elevator never works.*

Two expressions of a negative—**никогда́** and **не** in the example above—
are perfectly proper in Russian. Many Russian question words can be
prefixed with **ни-** and used in negative sentences. The pronoun **кто**
becomes **никто́** in the nominative and **никого́** in the genitive and the accusative. The most common negative form of **что** is **ничего́.**

Мы **ничего́ не** де́лаем.   *We're not doing anything.*
Они́ там **никого́ не** зна́ют.   *They don't know anyone*
                              there.

Никто́ не зна́ет, где он.   *No one knows where he is.*
Она́ **никогда́ не** спит!   *She never sleeps!*

УПРАЖНЕНИЕ 3.6.   Answering in the negative

Respond negatively to the questions below.

EXAMPLE: — Вы мно́го смо́трите (*watch*) телеви́зор?
                    — Нет, я никогда́ не смотрю́ телеви́зор.

1. Что вы сейча́с де́лаете?
2. Кого́ вы ви́дите там?
3. Что он говори́т?
4. Что де́лает Мари́на?
5. Ты так мно́го рабо́таешь. Когда́ ты спишь?
6. Кто живёт в кварти́ре № 12[7]?
7. Они́ понима́ют, что мы де́лаем?

---

[7] This abbreviation, using a Latin alphabet *N* followed by a raised and underlined *o* is
pronounced **но́мер** and is used with building numbers, hotel room numbers, bus route
numbers, and the like.

ИАЛОГИ

ДИАЛОГ 3.1. У вас есть телеви́зор?

(Asking about possessions)

— У вас есть телеви́зор?
— Есть, но он ста́рый. А у вас?
— У нас но́вый, япо́нский. Хорошо́
   рабо́тает.

ДИАЛОГ 3.2 У нас нет гаража́.

(Asking about possessions)

— У вас есть маши́на?
— Есть, но у нас нет гаража́.[†]
— У нас то́же нет гаража́.

ДИАЛОГ 3.3. Ты не зна́ешь, где... ?

(Asking about location of possessions)

— Ты не зна́ешь, где мой журна́л?
— Твой журна́л? Не зна́ю. Мо́жет быть, на ку́хне?
— Нет, на ку́хне я его́ не ви́жу.
— Вот он, на телеви́зоре.
— Как хорошо́! Там есть о́чень интере́сная статья́.

УПРАЖНЕНИЕ 3.7. Ваш диало́г

Make up a dialogue in which you compare a particular item in your home
with the same item in a friend's home (if she or he has such an item).

УПРАЖНЕНИЕ 3.8. Перево́д

"Do you have a TV set?"
"Yes, but it's old. Do you have a new TV?"
"Yes."
"A large one?"
"No, very small."

ЧАСТЬ ЧЕТВЁРТАЯ

ЧТЕНИЕ

В Аме́рике† студе́нты рабо́тают

(Lena and Jim, still at the elevator, get acquainted.)

ЛЕ́НА.	Джим, **мо́жно**° **зада́ть** вам **вопро́с**°? Вы аспира́нт и́ли эле́ктрик?	*may I /* зада́ть... *ask you a question*
ДЖИМ.	Я аспира́нт и эле́ктрик. Э́то норма́льно°: у нас в Аме́рике студе́нты и аспира́нты **обы́чно**° рабо́тают.	*not unusual* *usually*
ЛЕ́НА.	Вы хорошо́ говори́те по-ру́сски.	
ДЖИМ.	Нет, ещё не о́чень, но спаси́бо. Я говорю́ по-ру́сски здесь, а до́ма у меня́ нет **никако́й пра́ктики.**° А вы живёте здесь?	никако́й... *no practice at all*
ЛЕ́НА.	Да.	
ДЖИМ.	Вы студе́нтка? И́ли вы рабо́таете?	
ЛЕ́НА.	Я студе́нтка. Я учу́сь на факульте́те° журнали́стики.†	*department*
ПРОФЕ́ССОР.	*(From a distance.)* Джим, где вы?	
ДЖИМ.	Я здесь. **Я сейча́с.**° *(To Lena.)* Меня́ **ждёт**° профе́ссор, извини́те. О́чень прия́тно познако́миться.°	Я... *I'll be right there. / is waiting for* О́чень... *It was very nice to meet you.*
ЛЕ́НА.	О́чень прия́тно.	

УПРАЖНЕ́НИЕ 4.1. **Вопро́сы и отве́ты**

1. Вы рабо́таете и́ли вы студе́нт (студе́нтка)?
2. Вы хорошо́ говори́те по-ру́сски? У вас есть пра́ктика в ру́сском языке́ (*language*)?
3. Вы обы́чно говори́те по-ру́сски? Вы обы́чно пи́шете по-ру́сски?
4. Где вы живёте? Како́й у вас а́дрес?
5. У вас есть сосе́ди? Вы уже́ познако́мились? Они́ симпати́чные?
6. Вы рабо́таете? Где вы рабо́таете?

УПРАЖНЕ́НИЕ 4.2. **Ле́ксика**

In each group of five words, find the one that doesn't belong logically with the others.

1. телеви́зор, пиани́ст, дива́н, ла́мпа, кре́сло
2. авто́бус, молоко́, хлеб, колбаса́, вода́
3. оте́ц, профе́ссор, брат, сестра́, ба́бушка
4. окно́, дверь, душ, пол, де́душка
5. кни́га, курсова́я, мать, газе́та, журна́л

О РОССИИ

The virtue of modesty

Self-promotion is less acceptable in Russian culture than it is in American. Not only do you not "toot your own horn" in Russian culture, but indeed, even responses to praise—including well-deserved compliments—are rather subdued. When Russians are complimented, they invariably thank the person offering the compliment (**Спаси́бо** or **Спаси́бо за комплиме́нт**), and often say something to show that the praise is not taken for granted. As an example, we saw Jim's reaction to Lena's compliment:

ЛЕ́НА. Вы хорошо́ говори́те по-ру́сски.
ДЖИМ. Нет, ещё не о́чень, но спаси́бо.

His response shows not only his Russian language skills, but also his understanding of this less obvious but very important aspect of Russian culture.

УПРАЖНЕ́НИЕ 4.3. **Комплиме́нты**

With a partner, practice giving and replying to compliments. Select replies from the list on the right, which are appropriate for many situations.

EXAMPLE: — Вы хорошо́ говори́те по-ру́сски!
             — Спаси́бо, но я говорю́ ещё не о́чень хорошо́.

1. — Вы хорошо́ игра́ете на гита́ре!
2. — Вы хорошо́ игра́ете в баскетбо́л!
3. — Вы аккура́тно (*neatly*) пи́шете!
4. — У вас хоро́шее произноше́ние (*pronunciation*)!
5. — У тебя́ золоты́е ру́ки!
6. — Ты прекра́сно танцу́ешь (*dance*)!
7. — Ты ма́стер на все ру́ки!
8. — Ты хорошо́ говори́шь по-ру́сски!
9. — Ты пи́шешь о́чень оригина́льно!

— Спаси́бо.
— Спаси́бо за комплиме́нт.
— Спаси́бо, но не о́чень.
— Нет, ещё не о́чень, но спаси́бо.

ГРАММАТИКА И ПРАКТИКА

"ONE CAN/CANNOT . . ." (PERMISSION AND PROHIBITION)

Джим, **мо́жно** зада́ть вам вопро́с?

Jim, may I ask you a question?

Бе́лка, стоп, **нельзя́**!

Belka, stop, don't!

To express permission and prohibition, use the following words with an infinitive phrase.

PERMISSION = **мо́жно**	PROHIBITION = **нельзя́**
Здесь мо́жно кури́ть? *May one smoke here?*	Нельзя́ гро́мко игра́ть. *You can't (aren't allowed to) play loudly.*

УПРАЖНЕНИЕ 4.4. Мо́жно и́ли нельзя́?

Complete the sentences below using **мо́жно** or **нельзя́**. More than one answer may be correct.

1. _____ гро́мко (*loudly*) игра́ть на роя́ле, когда́ сосе́ди спят.
2. _____ кури́ть (*smoke*) в ли́фте.
3. _____ спать на уро́ке.
4. _____ говори́ть по-ру́сски?
5. _____ спать на роя́ле.
6. — Здесь _____ игра́ть гро́мко? — Нет, _____.
7. Почему́ здесь _____ гуля́ть?

УПРАЖНЕНИЕ 4.5. У нас до́ма нельзя́...

What rules are there at your house? What rules *should* there be? Working with one or two other students, make up some rules of your own, following the examples in the previous exercise.

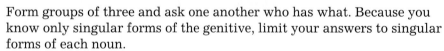

POSSESSION: У + NOUNS IN GENITIVE

> **У Ле́ны** есть соба́ка.   *Lena has a dog.*

As you have seen, **у** + genitive of pronouns (**у меня́, у вас, у них,** and so on) expresses *to have*. You can also use genitive *noun* forms after **у** to show possession:[8]

у + профе́ссор → у профе́ссора...	= the professor has . . .
у + сестра́ → у сестры́...	= (my) sister has . . .
у + Во́ва → у Во́вы...	= Vova has . . .
у + Джим → у Джи́ма...	= Jim has . . .

УПРАЖНЕНИЕ 4.6. Asking who has what

Form groups of three and ask one another who has what. Because you know only singular forms of the genitive, limit your answers to singular forms of each noun.

EXAMPLE: — У кого́ есть брат?
— У Ле́ны.

— У кого́ есть ба́бушка и де́душка?
— У Са́ши.

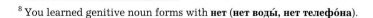

[8] You learned genitive noun forms with **нет** (**нет воды́, нет телефо́на**).

УПРАЖНЕНИЕ 4.7. **У тебя ...?**

Find three people in the room with at least one of the following:

симпати́чные сосе́ди
хоро́шая кварти́ра
интере́сная профе́ссия
больша́я ко́мната
тру́дная рабо́та
и́мпортная маши́на
но́вый телеви́зор

О РОССИИ

Going to college in Russia

Russian institutions of higher learning include both universities (**университе́ты**) and institutes (**институ́ты**). **Университе́ты** tend to concentrate on the pure sciences and the humanities, while **институ́ты** generally provide education for the professions, such as architecture, engineering, medicine, law, and acting.

Университе́ты and **институ́ты** are usually organized into divisions (**факульте́ты**). Each **факульте́т** provides specialized education from the very beginning of a course of study. As a result, Russians—unlike Americans—must select their future specialty before applying to an institution of higher learning. Moreover, Russian applicants must take a competitive entrance exam for the specific institution to which they apply because there are no national standardized college-entrance exams.

THE ART OF CONVERSATION: **ПОЧЕМУ́** AND **ЗАЧЕ́М**

— Стра́нная ты, Ле́нка.
— **Почему́** я стра́нная?
— Потому́ что молодо́й пиани́ст живёт ря́дом, а ты не зна́ешь, симпати́чный он и́ли нет.

"*You're a strange one, Lena.*"
"*Why am I strange?*"
"*Because a young pianist lives next door, and you don't know if he's nice or not.*"

— У них нет ва́нны, а у меня́ нет ду́ша.
— **Заче́м** ва́нна, **заче́м** душ, е́сли нет воды́?

"*They have no bathtub and I have no shower.*"
"*What do you need a bathtub or a shower for if there's no water?*"

Both **зачём** and **почему́** can be translated as *why* in English, and although there is overlap between them, there is also a subtle difference.

- **Почему́** is used to ask what caused or led up to a certain action, state, condition, and so on; it is most often connected with the past.
- **Зачём** is used to ask what the consequences or purposes of an action will or may be; it is most often connected with the future.

Seeking an explanation or reason (*connection with the past*)

— Почему́ Са́ша игра́ет так ти́хо?	*"Why is Sasha playing so softly?"*
— Потому́ что ба́бушка спит.	*"Because Grandmother is sleeping."*

Seeking the purpose or intent (*connection with the future*)

— Зачём ты звони́шь Та́не?	*"Why are you calling Tanya?"*
— Я хочу́ её ви́деть.	*"I want to see her."*

ДИАЛОГИ

ДИАЛОГ 4.1.   Что вы лю́бите?

(Discussing preferences)

— Что вы лю́бите де́лать?
— Слу́шать му́зыку.
— Я то́же. Вы лю́бите рок-му́зыку?
— Нет, я люблю́ кла́ссику.

ДИАЛОГ 4.2. **Мóжно йли нельзя́?**

(Asking permission)

— Здесь мóжно гуля́ть?
— Нет, нельзя́.
— А там?
— Там мóжно.

ДИАЛОГ 4.3. **Óчень прия́тно познакóмиться.**

(Getting acquainted)

— Вы здесь живёте?
— Да, вот моя́ кварти́ра.
— Так мы сосéди! Меня́ зовýт Мари́я Антóновна.
— А меня́ — Бори́с Васи́льевич. Óчень прия́тно познакóмиться.
— Óчень прия́тно.

УПРАЖНÉНИЕ 4.8. **Ваш диалóг**

Make up a dialogue in which you ask permission to do something.

УПРАЖНÉНИЕ 4.9. **Перевóд**

"What do you like to do?"
"Play volleyball."
"Me too."
"Can we play here?"
"No, we can't."

НОВЫЕ СЛОВА

Nouns

америка́н(е)ц[9]/ америка́нка	American
ва́нна	bathtub
ва́нная	bathroom
вода́	water
гость *m.*	guest
дверь *f.*	door
дирéктор	director
душ	shower
жéнщина	woman
истóрик	historian
кошма́р	nightmare
лифт	elevator
ма́льчик	boy

---

[9] Certain nouns such as **америка́нец** drop the final vowel when endings are added. This will be indicated in the glossaries by putting the vowel in parentheses.

пол	floor
по́лка	shelf
пра́ктика	practice
пробле́ма	problem
рука́ (*pl.* ру́ки)	1. hand; 2. arm
стена́	wall
университе́т	university
уро́к	1. lesson; 2. (*usually pl.*) homework

Pronouns

все (*pl.*)	everyone
всё	everything; all
никто́	no one; nobody
ничего́	nothing

Adjectives

несимпати́чный	unpleasant
никако́й	no . . . (at all); not any
плохо́й	bad
ужа́сный	horrible; terrible

Verbs

ви́деть (ви́ж-у, ви́д-ишь)	to see
говори́ть (говор-ю́, говор-и́шь)	1. to speak; to talk; 2. to say; to tell
гуля́ть (гуля́-ю, гуля́-ешь)	to go for a walk; to take a walk
есть (*with* у меня́, у тебя́, *and so on*)	(I, you, *and so on*) have
ждать (жд-у, ждёшь)	to wait
люби́ть (любл-ю́, лю́б-ишь)	1. to love; 2. to like
смотре́ть (смотр-ю́, смо́тр-ишь)	1. to look; 2. to watch (television, *and so on*)
спать (спл-ю, сп-ишь)	to sleep
учи́ться (уч-у́сь, у́ч-ишься)	to study; to be a student

Adverbs

внизу́	downstairs; below
заче́м	what (does one need . . .) for; why

куда́	where (to)
никогда́	never
обы́чно	usually
пло́хо	badly; (it's/that's) bad
по-ру́сски	(in) Russian
пото́м	later
прекра́сно	wonderfully; (it's/that's) wonderful
сейча́с	right now
то́лько	only

Other

е́сли	if
мо́жно	one can; one may
на (+ *prep.*)	1. on; 2. at, in
невозмо́жно	(it's/that's) impossible
нельзя́	1. one cannot; it is impossible; 2. one may not; it is forbidden
о (об) (+ *prep.*)	about

Idioms and Expressions

Вот ви́дишь!	You see!; See!
говори́ть по-ру́сски	to speak Russian
До́брый день!	Good day!; Good afternoon!
зада́ть вопро́с	to ask a question
золоты́е ру́ки (у *кого́*)	(one is) good with one's hands
игра́ть на роя́ле (на гита́ре)	to play the piano (guitar)
ка́жется *parenthetical*	it seems
ма́стер на все ру́ки	jack-of-all-trades
мо́жет быть	maybe; perhaps
Молоде́ц!	Good job!; Well done!
О́чень прия́тно познако́миться.	(It's/It was) very nice to meet you.
Пойдём!	Let's go!
Помоги́те!	Help!
Ты куда́?	Where are you going?
у меня́ (есть)..., у тебя́ (есть)..., *etc.*	I have . . . , you have . . . , *etc.*
Я сейча́с.	I'll be right there.

Topics

Apartment/room: **дом, эта́ж, кварти́ра, но́мер, ко́мната, ку́хня, дверь, окно́, пол, стена́; ва́нная, ва́нна, душ, вода́; ме́бель, стол, дива́н, кре́сло, по́лка, ла́мпа; сосе́д/ сосе́дка; внизу́**

Work: **дире́ктор, профе́ссор, журнали́ст/ журнали́стка, исто́рик; рабо́тать, рабо́та** (*work*), **пра́ктика; золоты́е ру́ки; ма́стер на все ру́ки, университе́т, банк** (*bank*), **магази́н, апте́ка** (*drugstore*), **по́чта** (*post office*)

STUDY **TIP**

Study Tips

1. *Always learn the* **я** *form and the* **ты** *form with each new infinitive.* This will tell you whether the verb is a -**ешь** or -**ишь** type, whether it has a stem change, and what its stress pattern is. This information will help you not only now but also in later lessons with other verb forms.
2. Every few days *go through the flash cards* you made for vocabulary and phrases of an earlier lesson, to refresh them in your memory.
3. *Build and use your own personal vocabulary* (your instructor can help you). You may want to say you collect stamps (**я собира́ю ма́рки**), have a pet crocodile (**у меня́ до́ма есть крокоди́л**), or live in a cave (**я живу́ в пеще́ре**—even if it's not true). Learn and use these expressions in class. Language learning means expressing ourselves, and we're all different. Through repeated use, others in the class will learn words and phrases from you, just as you will from them.
4. When homework or tests are corrected and returned, *go over any errors you made* to be sure you understand them; then make flash cards on those points and practice them so that you won't make the same errors again.
5. *Prepare for a test in the manner that you will be tested.* Before a written vocabulary test, practice writing out vocabulary words (especially English to Russian). Before an oral test, practice asking and answering questions with a friend. Before a test that will involve grammar, review the kinds of exercises in the textbook and the workbook that are likely to be on the test. If the test will involve English-to-Russian translation, practice translating sentences in the textbook or workbook from Russian to English and then translating them back into Russian without looking at the original.
6. *Periodically read into a tape recorder* and listen critically to yourself. You will hear where your pronunciation and phrasing are awkward or hesitant, and then you can practice those words and phrases in context.

5
УРОК

ДЖИМ В МОСКВЕ

а. Санкт-Петербу́рг. Балти́йский вокза́л (*Baltic Station*).
б. What three letters identify traffic police in Russia?
в. Бу́дущие (*future*) миллионе́ры?

In this chapter you will learn

- ▲ to give commands and make requests
- ▲ to use adjectives in describing location
- ▲ to discuss your major area of study
- ▲ to talk about things you can do or want to do
- ▲ to express strong feelings and opinions
- ▲ to use demonstrative pronouns for pointing things out
- ▲ to use relative clauses
- ▲ about the administrative structure of Russian universities
- ▲ about Russians' love for books
- ▲ about new place names in Russia
- ▲ about street businesses

ЧАСТЬ ПЕРВАЯ

УПРАЖНЕНИЕ 1.1.   Подготовка к чтению

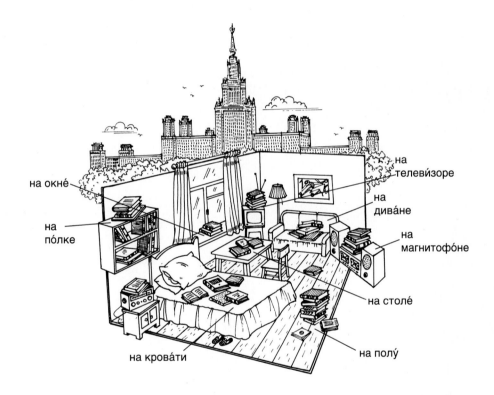

на окне́

на по́лке

на телеви́зоре

на дива́не

на магнитофо́не

на столе́

на полу́

на крова́ти

When you encounter a sentence containing words you don't know, you can often guess at their meaning. Skim the list of English words below. Then, using context and these words as clues, guess the meaning of the boldfaced words in the sentences. Which of the statements apply to you, to your dormitory, or to your apartment?

1. **Когда́** я до́ма, я слу́шаю ра́дио и́ли смотрю́ телеви́зор.

2. **Общежи́тие,** где я живу́, большо́е. Я живу́ на тре́тьем этаже́.

3. У меня́ в ко́мнате **везде́** кни́ги — на столе́, на **дива́не,** на телеви́зоре.

cassettes
dormitory
everywhere
garage
park (a car)
rent (a room)
when
sofa, divan
tape recorder, tape player

4. Я не живу́ в **общежи́тии**. Я **снима́ю** ко́мнату недалеко́ от университе́та.

5. У меня́ есть **магнитофо́н**. Я люблю́ слу́шать ру́сскую му́зыку. У меня́ есть ру́сские **кассе́ты**.

6. Я **парку́ю** маши́ну на у́лице, потому́ что у нас нет **гаража́**.

Чтение

А у тебя́?

во́ва. Джим, где ты живёшь?

джим. В Аме́рике, в Бо́стоне.

во́ва. Нет, не в Аме́рике, а здесь, в Москве́!

джим. У нас в университе́те есть **общежи́тие**.°   *dormitory*

во́ва. Общежи́тие хоро́шее?

джим. Хоро́шее.

во́ва. Далеко́ **от**° университе́та?   *from*

джим. Нет, **бли́зко**.°   *it's close*

ВО́ВА. А у тебя́ там есть телеви́зор?

ДЖИМ. Есть, но о́чень ма́ленький.

ВО́ВА. А что ты де́лаешь, **когда́**° ты до́ма? *when*

ДЖИМ. Чита́ю и́ли пишу́ диссерта́цию.†

ВО́ВА. У тебя́ больша́я ко́мната?

ДЖИМ. Ко́мната больша́я, но там **ме́ста** нет,° потому́ что **везде́**° *ме́ста... there's no room /*
      кни́ги — на **кни́жной по́лке,**° на столе́, на дива́не. *everywhere*
      кни́жной... bookshelf

ВО́ВА. А у нас до́ма везде́ **цветы́**°: на **балко́не,**† в **спа́льне,**° в ку́хне. *flowers / bedroom*
      Ле́нка о́чень лю́бит цветы́. Джим, а у тебя́ есть **маши́на**°? *car*

ДЖИМ. Здесь, в Москве́, нет, а до́ма есть.

ВО́ВА. У нас то́же есть маши́на, но нет гаража́.† Па́па парку́ет†
      маши́ну на у́лице. А у тебя́ есть гара́ж?

ДЖИМ. Нет. Я **снима́ю**° ко́мнату, и в моём до́ме нет гаража́, **поэ́тому**° *rent / so*
      я то́же парку́ю маши́ну на у́лице.

ВО́ВА. А у тебя́ в маши́не есть **ра́дио**†?

ДЖИМ. Есть. И **магнитофо́н**° есть. Я слу́шаю **ру́сские**† кассе́ты† в *tape player*
      маши́не.

ВО́ВА. Поэ́тому ты так хорошо́ говори́шь по-ру́сски!

УПРАЖНЕ́НИЕ 1.2.   **Вопро́сы и отве́ты**[1]

1. Где вы живёте?
2. У вас есть дом?
3. Где живу́т ва́ши роди́тели?
4. Вы лю́бите смотре́ть телеви́зор?
5. Что вы де́лаете, когда́ вы до́ма?
6. У вас до́ма есть кни́ги? Где они́?
7. У вас до́ма есть цветы́? Где они́?
8. У вас есть маши́на? А гара́ж?
9. Где вы слу́шаете ру́сские кассе́ты?
10. У вас до́ма говоря́т по-ру́сски и́ли по-англи́йски?

ГРАММА́ТИКА И ПРА́КТИКА

COMMAND FORMS (IMPERATIVES)

Профе́ссор говори́т: *The professor says,*
  — **Чита́йте** гро́мко!   *"Read loudly!"*

---

[1] Throughout this book, **«вы»** forms are used to help you become comfortable with formal style, but you should use **«ты»** forms when addressing other students.

By now you have encountered a number of command forms (imperatives) and may have noticed some patterns developing. See if you can add command forms that you know to the table below and picture a situation in which you would use them.

-й(те) ENDING (FOLLOWS VOWEL STEMS)	**-й(те)** ENDING (FOLLOWS CONSONANT STEMS)
Слу́шай(те)!	Пиши́(те)!
Чита́й(те)!	Помоги́(те)!
Проверя́й(те)!	Смотри́(те)!
Рабо́тай(те)!	Жди́(те)!
???	???

As you may have guessed, the **-те** suffix is used in **«на вы»** situations; in **«на ты»** situations, this suffix is absent. Take note of new imperatives as you hear and use them.[2]

УПРАЖНЕНИЕ 1.3.   Imperatives (императи́вы)

Match the situation on the left with a logical command form on the right.

1. You're stuck in an elevator.
2. In a dark movie theater, you step on someone's toe.
3. You're baby-sitting. You have put the kids to bed, but they keep talking.
4. You are in charge of a work crew.
5. You're a newspaper editor and you need your reporter's story in 20 minutes.

Извини́те!
Помоги́те!
Слу́шайте!
Рабо́тайте!
Спи́те!
Пиши́те!
Чита́йте!
Гуля́йте!
Говори́те!
Игра́йте!
Смотри́те!

PREPOSITIONAL CASE: ADJECTIVES

Везде́ кни́ги — на **кни́жной** по́лке, на столе́...

There are books everywhere—on the bookshelf, on the table . . . .

Adjectives (as well as possessive pronouns and adjectives used as nouns) also reflect the prepositional case.

---

[2] There is only one other common type of imperative, which will be presented later.

	NOMINATIVE	PREPOSITIONAL CASE ENDING (ADJECTIVES)	EXAMPLES
Masculine and Neuter	но́вый стол интере́сное письмо́ мой дом наш университе́т	**-ом (-ем, -ём)**	на но́вом столе́ в интере́сном письме́ в моём до́ме в на́шем университе́те
Feminine	кни́жная по́лка моя́ кни́га на́ша у́лица	**-ой (-ей)**	на кни́жной по́лке в мое́й кни́ге на на́шей у́лице

УПРАЖНЕНИЕ 1.4.   Где... ?

Answer the questions, using the correct preposition and form of the phrase on the right.

EXAMPLE: — Где магази́н?
           — В на́шем до́ме.

1. Где кни́ги?
2. Где цветы́?
3. Где маши́на?
4. Где гара́ж?
5. Где студе́нты?

но́вый гара́ж
на́ша у́лица
большо́й стол
наш университе́т
кни́жная по́лка

STUDY TIP

End-stressed nouns

Create a reference page in your notes where you record nouns like **гара́ж** and **стол** that are end-stressed when endings are added (**в гараже́, на столе́**).

WORD STUDY

-овать Verbs

Па́па **парку́ет** маши́ну на у́лице.   *Dad parks the car on the street.*

Infinitives ending in **-овать**, like **паркова́ть**, form a huge subgroup of **-ешь** verbs. The **-ов-** portion is changed to **-у-**, then regular **-ешь** endings are added.

парк-**ов**-а́ть   парк-**у́**-ю   парк-**у́**-ешь

Hundreds of these verbs are easily recognizable from English. What do the verbs below mean (several have an extra **-ир-** syllable)?

анализи́ровать   критикова́ть
атакова́ть   модернизи́ровать
изоли́ровать   организова́ть
импорти́ровать   фотографи́ровать
кома́ндовать   экспорти́ровать

Что импорти́рует Аме́рика? (Маши́ны, кни́ги, телеви́зоры, проду́кты...) А что экспорти́рует Аме́рика? (Компью́теры, при́нтеры...)

УПРАЖНЕНИЕ 1.5. В но́вом до́ме

Answer the questions using the cues provided, or make up answers of your own.

EXAMPLE: — Где ты парку́ешь маши́ну? (на́ша у́лица)
— На на́шей у́лице.

1. Где живёт профе́ссор Петро́вский? (наш дом)
2. Где живу́т ва́ши друзья́? (но́вый дом)
3. Где ваш гара́ж? (на́ша у́лица)
4. Где ва́ши ру́сские кассе́ты? (кни́жная по́лка)
5. Где живёт э́та краси́вая молода́я же́нщина? (кварти́ра № 10)
6. Где цветы́? (больша́я но́вая ва́за†)
7. Где рабо́тает ваш оте́ц? (большо́й магази́н на на́шей у́лице)

УПРАЖНЕНИЕ 1.6. Вы по́мните... ? (*Do you remember . . . ?*)

Ask a classmate the following questions and others like them:

1. Вы по́мните, в како́й кварти́ре живу́т Во́ва и Ле́на?
2. Вы по́мните, в како́й кварти́ре живёт профе́ссор Петро́вский?
3. Вы по́мните, как зову́т ба́бушку и де́душку Кругло́вых?
4. Вы по́мните, в како́й кварти́ре живёт Са́ша?
5. Вы по́мните, где живёт Джим?
6. Вы по́мните, где кни́ги в ко́мнате у Джи́ма?
7. Вы по́мните, где цветы́ в кварти́ре у Ле́ны?

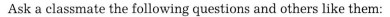

REFLEXIVE VERB SUFFIXES

— Джим **у́чится** у нас в университе́те.	*"Jim studies at our university."*
— Я **учу́сь** на факульте́те журнали́стики.	*"I am majoring in journalism."*

Some Russian verbs end with the suffixes **-ся** or **-сь,** which can have a reflexive function.

УПРАЖНЕНИЕ 1.7. На како́м факульте́те вы у́читесь?

Students always ask each other, "Where do you go to school? What's your major?" Choose from the examples below to answer the questions in Parts A and Б.

А. — Где вы у́читесь?
— Я учу́сь в... (name of your institution)
  Моско́вском университе́те
  медици́нском институ́те
  политехни́ческом (*polytechnical*) институ́те
  юриди́ческом институ́те (*law school*)

Б. — На како́м факульте́те вы у́читесь (он/она́ у́чится)?
— Я учу́сь (он/она́ у́чится) на...

биологи́ческом факульте́те
истори́ческом факульте́те
экономи́ческом факульте́те (*includes business as well as economics*)
хими́ческом факульте́те
филологи́ческом факульте́те (*languages and literatures*)
филосо́фском факульте́те
фи́зико-математи́ческом факульте́те
факульте́те иностра́нных языко́в (*foreign languages*)
факульте́те журнали́стики
факульте́те социоло́гии
факульте́те психоло́гии

О РОССИИ

Факульте́ты

Russian universities differ in structure from their American counterparts. They are divided into administrative units called **факульте́ты,** which represent broad academic disciplines (**физи́ческий факульте́т, биологи́ческий факульте́т,** and so on). A **факульте́т** may have further subdivisions, called **отделе́ния,** for more narrow areas of specialization: For example, **физи́ческий факульте́т** may have **отделе́ние фи́зики твёрдого те́ла** (*division of solid state physics*), **отделе́ние радиофи́зики** (*radiophysics*), **отделе́ние геофи́зики** (*geophysics*), and so on.

Because of structural differences between university systems, the following exchange can be interpreted in various ways:

— **На како́м факульте́те вы у́читесь?**

"What department are you in?"
"What's your major?"
"What are you majoring in?"
"What do you study?"

— **На биологи́ческом.**

"I'm in the biology department."
"Biology."
"Biology."/"I'm a biology major."
"Biology."

The professors within a given **факульте́т** or **отделе́ние** are grouped by specialty into **ка́федры** (e.g., **ка́федра фи́зики Земли́** [*Department of Physics of Earth*] and **ка́федра фи́зики атмосфе́ры** [*Department of Physics of Atmosphere*], are part of the **отделе́ние геофи́зики**). The American notion of "department" is most commonly translated as **ка́федра**:

— **На како́й ка́федре рабо́тает Пётр Никола́евич?**

"What department is Pyotr Nikolaevich in?"

— **На ка́федре микробиоло́гии**

"The microbiology department."

УПРАЖНЕНИЕ 1.8.   Вы не зна́ете но́мер телефо́на...?

Look at the picture of the university phone book. What is the phone number for history? Chemistry? Economics? Philosophy?

им. М.В. ЛОМОНОСОВА МОСК. ГОС. (МГУ); 117234, Воробьевы Горы, МГУ

	☎ 268 4785
Биологический фак-т	☎ 939 1000
Вычислительной математики и кибернетики фак-т	☎ 939 2776
Географический фак-т	☎ 939 2596
Геологический фак-т	☎ 939 2238
Исторический фак-т	☎ 939 1301
Подготовительные курсы	☎ 939 3566
Почвоведения фак-т	☎ 939 2137
Физический фак-т	☎ 939 2947
Филологический фак-т	☎ 939 1682
Философский фак-т	☎ 939 5596
Химический фак-т	☎ 939 1925
Экономический фак-т	☎ 939 1671
Юридический фак-т	☎ 939 3495
	☎ 939 2903

им. М.В. ЛОМОНОСОВА МОСК. ГОС. (МГУ); 121019, Моховая ул., 11

	☎ 203 6565
Журналистики фак-т; 121019, Моховая ул., 9	☎ 203 6641
Психологии фак-т; 121019, Моховая ул., 8, к. 5	☎ 203 6593
Стран Азии и Африки ин-т (ИСАА); 121019, Моховая ул., 11	☎ 203 6476

WORD STUDY

ЛО́ЖНЫЕ ДРУЗЬЯ́ (*False friends*)

На како́м **факульте́те** вы у́читесь?	*What are you majoring in?*

The Russian cognates presented so far have generally had meanings similar to their counterparts in English, but there are several **ло́жные друзья́** (*false friends*)—recognizable cognates whose meanings differ from their English counterparts. **Факульте́т** is a good example, and there are many others. **Туале́т** means *bathroom* or *restroom*, not *toilet* (**унита́з). Фами́лия** means *last name*, not *family* (**семья́). Симпати́чный** means *likable*, not *sympathetic* (**сочу́вственный**). Keep in mind that words borrowed from another language may assume meanings that differ from those in the source language.

Диалоги

ДИАЛОГ 1.1.   Где ты ýчишься?

(Asking where someone studies)

— Ѝгорь, на каком факультéте ýчится твоя́ сестра́?
— На факультéте журнали́стики.
— А где ты ýчишься?
— В шкóле.
— А где твоя́ шкóла?
— На нáшей ýлице.

ДИАЛОГ 1.2.   Покажи́ мнé, где...

(Telling where a place is)

— Где Тверскáя ýлица?
— В цéнтре (*downtown*).
— У тебя́ есть кáрта (*map*) Москвы́?
— Да, онá на кни́жной пóлке.
— Покажи́ (*show*) мне, где Тверскáя ýлица.
— Вóт онá.
— Но э́то ýлица Гóрького!
— Э́то однá и та же (*one and the same*) ýлица.

ДИАЛОГ 1.3.   У вас большáя кварти́ра?

(Discussing apartments)

— У вас большáя кварти́ра?
— Не óчень. Однá кóмната большáя и однá мáленькая.
— Что у вас в большóй кóмнате?
— Стол и стýлья, два крéсла, кни́жные пóлки и большóй роя́ль.

УПРАЖНЕНИЕ 1.9. **Ваш диалóг**

Create a dialogue in which you ask a stranger for directions to **Театрáльная плóщадь,** the square by **Большóй теáтр** that used to be called **плóщадь Свердлóва.**

УПРАЖНЕНИЕ 1.10. **Перевóд**

How do you ask . . .

1. Do you have a map of Kiev?
2. Where is Tverskaya Street?
3. Do you have a large apartment?
4. What are you majoring in?

ЧАСТЬ ВТОРАЯ

УПРАЖНЕНИЕ 2.1. **Подготовка к чтению**

Before reading the following selection, label in Russian as many objects as you can in the pictures on page 126. After reading the selection, label any additional objects you now know in Russian.

ЧТЕНИЕ

Джим пишет письмо

(*Jim is rereading a letter he's written to his American professor of Russian.*)

У Ильи Ильича замечательная **библиотека**.° Книги у него везде: и в **столовой**,° и в спальне, и на кухне. **Даже**° в туалете есть книжная полка. Книги у него не только в **книжном шкафу**,° но и на столе, на полу и даже на **кровати**.° Ещё у него есть старые **карты**°: Москва, Санкт-Петербург, **другие**° **города**,° **разные**° **страны**.° Он любит старые книги, старые карты и старые **документы**.[†] В столовой у него висят° репродукции[†] и старые карты. Он очень хорошо знает все улицы в Москве, их **названия**° — старые и новые, их **историю**.[†] Он замечательный гид°! Ходячая энциклопедия°!

home library
dining room / Even
книжном... bookcase
bed / maps
other / cities / various / countries
are hanging
names
guide / Ходячая... *A walking encyclopedia!*

УПРАЖНЕНИЕ 2.2.   Вопросы и ответы

1. У вас дома хорошая библиотека?
2. Какие книги есть у вас?
3. Где у вас дома стоят (*are*) книги?
4. Что у вас висит на стене?
5. У вас есть фотографии и репродукции? А карты?
6. В каком городе вы сейчас живёте?
7. Вы хорошо знаете улицы в вашем городе?

Студентки Санкт-Петербургского университета.

УПРАЖНЕНИЕ 2.3.   **Кто это?**

Which of the authors' names in the list below do you recognize?

Кафка Франц. ЗАМОК. Пер. с нем. Переплет. 1991.

КИСЛЕВ (совместно с издательством «Тарбут»). Обложка. 1993.

Козырев Михаил. ПЯТОЕ ПУТЕШЕСТВИЕ ГУЛЛИВЕРА. Обложка. 1991.

КОРИЧНЕВЫЙ ПУТЧ КРАСНЫХ. Обложка. 1992.

Кривич Михаил, Ольгин Ольгерт. ЖЕНСКИЙ ПОРТРЕТ В ТРИ ЧЕТВЕРТИ. Переплет. 1990.

Кривич Михаил, Ольгин Ольгерт. ТОВАРИЩ УБИЙЦА. Ростовское дело: Андрей Чикатило и его жертвы. Переплет. 1992.

Кристи Агата. МЕСТЬ НОФРЕТ. Пер. с англ. Переплет. 1992.

Кристи Агата, Тэй Джозефина, Маклой Элен. УБИЙСТВО ПОД РОЖДЕСТВО. Сборник. Пер. с англ. Переплет. 1990.

Лагин Лазарь. СТАРИК ХОТТАБЫЧ. Обложка. 1990.

Макбейн Эд. ЛЕГАВЫЕ. Пер. с англ. Переплет. 1993.

Макбейн Эд. 87-Й ПОЛИЦЕЙСКИЙ УЧАСТОК. Пер. с англ. Переплет. 1992.

Макдональд Росс. ДЕЛО ФЕРГЮСОНА. Пер. с англ. Переплет. 1992.

МЕТРОПОЛЬ. Альманах. Переплет. 1991.

Мирер Александр. ДОМ СКИТАЛЬЦЕВ. Переплет. 1992.

МУЗЕЙ ЧЕЛОВЕКА. Сборник. Обложка. 1990.

Набоков Владимир. ИСТРЕБЛЕНИЕ ТИРАНОВ. Обложка. 1991.

НЕИЗВЕСТНАЯ ЧЕРНАЯ КНИГА. Сборник (совместно с Яд–Вашем и Государственным архивом РФ). Обложка. 1993.

НЕЧЕЛОВЕК–НЕВИДИМКА. Сборник. Обложка. 1991.

НИКИФОРОВ ПАВЕЛ. Альбом. Обложка. 1993.

Оруэлл Джордж. СКОТСКИЙ ХУТОР. Пер. с англ. Обложка. 1989.

Пелевин Виктор. СИНИЙ ФОНАРЬ. Переплет. 1991.

По Эдгар Аллан. ПАДЕНИЕ ДОМА АШЕРОВ. Пер. с англ. Обложка. 1990.

О РОССИИ

Ру́сские и кни́ги

Many tourists and scholars have commented on how much Russians love books. They read on buses, trains and subways, at bus and subway stops, at home, and even—if they can manage it—on the job. Favorites include not only classics of Russian literature by such renowned authors as **Пу́шкин, Го́голь, Толсто́й, Достое́вский, Че́хов,** and **Пастерна́к,** but also translations from English of a wide array of foreign authors. Popular British and American authors include **Уи́льям Шекспи́р, Ва́льтер Скотт, Чарлз Ди́ккенс, Ге́рберт Уэллс, Джэк Ло́ндон, Ге́нри Лонгфе́лло, Фенимо́р Ку́пер, Э́рнест Хемингуэ́й,** and **Марк Твен.** Even in small towns, streets often bear the names of famous Russian authors, and the former homes of particularly revered writers are frequently turned into museums.

УПРАЖНЕНИЕ 2.4.   В Москве или в Санкт-Петербу́рге?

Below are tourist maps of Russia's largest cities. Which of the tourist attractions listed at the right are in Moscow and which are in St. Petersburg? Each sight has a brief explanation as to why it is famous (although several are famous for many reasons).

EXAMPLE: Моско́вский госуда́рственный университе́т нахо́дится (*is*) в Москве́.

Moscow

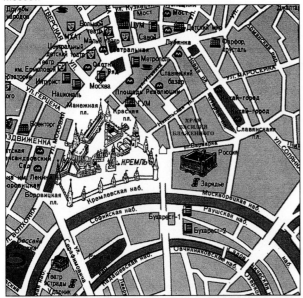

St. Petersburg

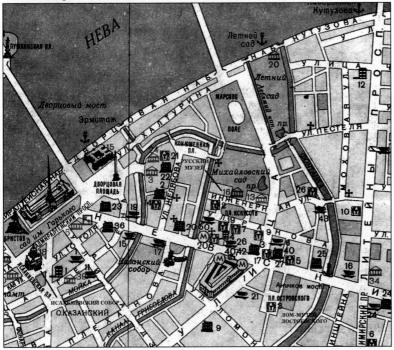

Эрмита́ж (a world-famous art museum containing mostly non-Russian art; located in the Winter Palace)

Кремль (the central, oldest part of the city; originally a fortress)

Кра́сная пло́щадь (a central square adjoining the Kremlin)

река́ Нева́ (a river crossed by many ornate wrought-iron bridges)

Большо́й теа́тр (the most famous Russian theater; home of the Bolshoi Ballet and Opera companies)

гости́ница «Росси́я» (one of the largest hotels in the world)

Храм Васи́лия Блаже́нного (the much-photographed cathedral on Red Square)

Исаа́киевский собо́р (a land-mark cathedral in late Russian neoclassic style)

Ру́сский музе́й (another museum containing Russian art)

О РОССИИ

Но́вые назва́ния в Росси́и (*New place names in Russia*)

Throughout the history of Russia and the former Soviet Union, place names have undergone widespread changes to reflect the ideology of the times. After the communist revolution of 1917, thousands of places were renamed along communist lines, but since the overthrow of the communist regime in 1991, many of these places have regained their former names. For example, **пло́щадь Го́рького** (*Gorky Square*), named for the twentieth-century author **Макси́м Го́рький,** has regained its prerevolutionary name—**Тверска́я у́лица**. Similarly, **Ленингра́д** has been changed back to **Санкт-Петербу́рг, Го́рький** to **Ни́жний Но́вгород,** and **Кали́нин** to **Тверь.**

ГРАММАТИКА И ПРАКТИКА

MORE ON PREPOSITIONAL CASE ENDINGS

Although the vast majority of nouns end in **-e** in the prepositional case, there are some common exceptions.

	NOMINATIVE	PREPOSITIONAL CASE ENDING	EXAMPLES
Some masculine nouns of places	пол шкаф	**-у́**	на полу́ в шкафу́
Feminine nouns ending in **-ь**	крова́ть дверь	**-и**	в крова́ти на двери́
Nouns ending in **-ия, -ие**	Герма́ния упражне́ние	**-ии**	в Герма́нии в упражне́нии

Note that masculine nouns ending in **-ь** have the normal **-е** ending:
роя́ль → на роя́ле.

STUDY TIP

Nouns Using -ý in the Prepositional

Create a reference page in your notes where you record nouns like **пол** and **шкаф** that take **-ý** in the prepositional case.

УПРАЖНЕНИЕ 2.5.   Где...?

Match the questions on the left with the correct locations on the right.

1. В како́м го́роде живёт и рабо́тает америка́нский президе́нт?
2. В како́й стране́ игра́ют в ре́гби†?
3. Где живу́т жира́фы†? А пингви́ны†?
4. В како́м го́роде нахо́дится (*is*) Колизе́й (*the Coliseum*)?
5. В како́й стране́ нахо́дится Пиза́нская ба́шня (*Tower of Pisa*)?
6. В како́й стране́ нахо́дится Эйфелева† ба́шня?
7. В како́м го́роде нахо́дится музе́й Эрмита́ж?
8. В како́й стране́ нахо́дятся дре́вние (*ancient*) пирами́ды?
9. В како́й кана́дской прови́нции нахо́дится Монреа́ль?
10. В како́й стране́ в Ю́жной Аме́рике нахо́дится река́ Амазо́нка?
11. В како́м го́роде нахо́дится Лувр?

____ в Австра́лии
____ в Вашингто́не
____ в Антаркти́де
____ в А́фрике
____ в Брази́лии
____ в Ита́лии
____ в Квебе́ке
____ в Ри́ме
____ в Еги́пте
____ во Фра́нции
____ на Аля́ске[3]
____ в Пари́же
____ в Санкт-Петербу́рге

УПРАЖНЕНИЕ 2.6.   Где живу́т ва́ши роди́тели?

Find out where your classmates' family members live by asking questions such as the following:

1. Где живу́т ва́ши роди́тели? А ба́бушка и де́душка?
2. У вас есть брат (бра́тья)? Где он живёт (они́ живу́т)?
3. У вас есть сестра́ (сёстры)? Где она́ живёт (они́ живу́т)?

---

[3] **Аля́ска** and **Гава́йи** are the only two American states that require **на** rather than **в**.

УПРАЖНЕНИЕ 2.7. **Prepositional endings of nouns and adjectives**

Answer these questions, using the words listed on the right.

1. Где живёт Джим в Москве?   кни́жная по́лка
2. В како́м го́роде живёт Джим в Аме́рике?   общежи́тие
    Бо́стон
3. Где у профе́ссора вися́т репроду́кции?   столо́вая
    спа́льня
4. Где у Джи́ма кни́ги?   крова́ть
5. Э́то Ле́на. Где она́ живёт?   балко́н
6. Где у неё цветы́?   наш университе́т
7. Где у́чится твой друг?   на́ша у́лица
8. Где ты спишь?

УПРАЖНЕНИЕ 2.8.   — Где Кра́сная пло́щадь?

Pretend that you are visiting a point on one of the maps in Упражне́ние 2.4. Point to it and take turns asking a classmate questions about locations of famous sights.

ACCUSATIVE CASE OF PRONOUNS

Я **вас** люблю́.   *I love you.*
Ле́на ви́дит **его́**.   *Lena sees him.*

You have learned to use accusative case forms of nouns, such as **кни́гу** (in **я чита́ю кни́гу**) and **диссерта́цию** (in **я пишу́ диссерта́цию**). But if you want to refer a second time to the same noun without naming it again, you need the correct pronoun form. The accusative case forms are similar to the genitive case forms you learned to use with **у меня́** constructions. You used accusative case pronouns to ask people's names: **Как вас (его́, её, тебя́) зову́т? Меня́ зову́т...**

The accusative forms of pronouns are shown in the table below. Using the verbs in the right column, provide examples of how you would use the pronouns:

NOMINATIVE	ACCUSATIVE	EXAMPLES
Use as the subject of a sentence: **Я** не понима́ю. (*I don't understand.*) Answers **Кто? Что?**	Use as the object of a verb: Ты ви́дишь **её?** (*Do you see her/it?*) Answers **Кого? Что?**[4]	**знать, чита́ть, ви́деть, слу́шать, понима́ть, люби́ть**
я	меня́	Я зна́ю его́. Он зна́ет меня́.
ты	тебя́	Ты ви́дишь меня́. Я ви́жу тебя́.
он, оно́	его́	Etc.
она́	её	
мы	нас	
вы	вас	
они́	их	

УПРАЖНЕНИЕ 2.9. **Кого́, что?**

Supply the appropriate accusative case pronoun in the sentences below.

1. У меня́ есть маши́на. Я парку́ю _____ на у́лице.
2. Вот ру́сские кассе́ты. Я слу́шаю _____ в маши́не.
3. Это профе́ссор Петро́вский. Вы _____ зна́ете?
4. — Вы лю́бите ста́рые фи́льмы[†]? — Да, я _____ о́чень люблю́.
5. Это сона́та[†] Мо́царта. Кто _____ игра́ет?
6. — Это мой аспира́нт. — Как _____ зову́т?
7. — Джим хорошо́ зна́ет ру́сский язы́к? — Да, он зна́ет _____ о́чень хорошо́.

УПРАЖНЕНИЕ 2.10. **People, places, and things**

See which pair or small group of students in the class can be the first to provide at least three different endings for the following sentences:

1. Я не зна́ю _____.
2. Ты понима́ешь _____?
3. Мы ви́дим _____.
4. Я никогда́ не слу́шаю _____.
5. Моя́ сестра́ (мать, ба́бушка) чита́ет _____.
6. Мой брат (па́па, де́душка) лю́бит _____.
7. Я хорошо́ по́мню _____.

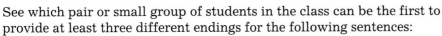

---

[4] The accusative case form of **что** is the same as its nominative.

ДИАЛОГИ

ДИАЛОГ 2.1. **В каком го́роде вы живёте?**

(Asking about hometowns)

— Прости́те, вы америка́нка?
— Да.
— А в како́м го́роде вы живёте?
— В го́роде О́лбани.
— Это большо́й го́род?
— Не о́чень.
— В како́м он шта́те?
— В шта́те Нью-Йо́рк.

ДИАЛОГ 2.2. **Вы не зна́ете, в како́й кварти́ре...?**

(Asking about residences)

— Вы не зна́ете, в како́й кварти́ре
  живёт Петро́в?
— Како́й Петро́в?
— Оле́г Миха́йлович.
— Вот здесь, нале́во, кварти́ра
  шесть.

ДИАЛОГ 2.3. **Вы не зна́ете, где...?**

(Finding a certain place)

— Вы не зна́ете, где Пионе́рские пруды́ (пруд = *pond*)?
— Это ста́рое назва́ние. Сейча́с э́то Патриа́ршие пруды́.
— А где они́?
— Они́ в друго́м райо́не, в це́нтре.†
— Спаси́бо.

УПРАЖНЕНИЕ 2.11.   **Ваш диало́г**

Create a dialogue in which you ask a stranger about the city or town he or she lives in.

УПРАЖНЕНИЕ 2.12.   **Перево́д**

"What city do you live in?"
"Seattle."
"What state is it in?"
"Washington."
"Is it a big city?"
"Yes, it's big."

ЧАСТЬ ТРЕТЬЯ

ЧТЕНИЕ

Би́знес[†] по-моско́вски[°]

Moscow style

(*Morning. People are leaving for work. The ground around the entrance is muddy.*)

ЛÉНА.	Какáя грязь°! Úжас!
CÁША.	Да, кошмáр!
ПРОФÉССОР.	(*Grumbling.*) Дом нóвый, а асфáльта† нет.
ЛÉНА.	Я **нигдé° не могý°** **купи́ть°** рези́новые° **сапоги́.°** Нет моегó **разме́ра.°**
CÁША.	Моегó тóже нет.

mud

nowhere / не... can't / buy / rubber / boots
size

(*A young man in a foreign-made jacket and overshoes walks up. He looks elegant despite the boots.*)

ВИ́КТОР.	У вас, кáжется, проблéмы?
ПРОФÉССОР.	Конéчно, у нас проблéмы. (*Pointing at his muddy shoes.*) Смотри́те!
CÁША.	Вы, конéчно, нас не понимáете, у вас есть сапоги́.
ВИ́КТОР.	Óчень хорошó понимáю и дáже могý **помóчь.°**
ВСЕ.	Как?
ВИ́КТОР.	У меня́ есть рези́новые сапоги́. Все размéры.
ПРОФÉССОР.	И мы мóжем купи́ть их?
ВИ́КТОР.	Нет, я их не **продаю́.°**
CÁША.	Но вы говори́те, что вы мóжете помóчь.
ВИ́КТОР.	Да, я **действи́тельно°** могý помóчь. Мой би́знес рабóтает **так°: кáждое° ýтро°** я жду вас здесь. Я **даю́°** вам сапоги́. На автóбусной останóвке вас ждёт мой **друг.°** Вы **отдаёте°** ему́ сапоги́ и плáтите° пятьсóт **рублéй.†**
СИ́ЛИН.	Пятьсóт рублéй! **Это дóрого°!**
ВИ́КТОР.	Вы **дýмаете,°** это дóрого? Нет, дороги́е **друзья́,°** это **недóрого.†** Пятьсóт рублéй — и у вас **чи́стые° тýфли°** и хорóшее **настроéние.°**
ЛÉНА.	А мой размéр у вас есть?
ВИ́КТОР.	Конéчно. У нас есть все размéры. И краси́вые **дéвушки° получáют°** сапоги́ **беспла́тно.°**
CÁША.	Это дискримина́ция†!
ВИ́КТОР.	Это **шýтка.°** (*To Lena.*) Но вы действи́тельно óчень краси́вая дéвушка.

help

я... I'm not selling them

really
like this / every / morning / give / (to) you
friend / return (to) him / pay / five hundred
Это... That's expensive!
think / friends
clean / shoes
mood

girls
get / for free

joke

УПРАЖНÉНИЕ 3.1. Вопрóсы и отвéты

1. Какóе у вас сегóдня (*today*) настроéние?
2. У вас обы́чно хорóшее и́ли плохóе настроéние?
3. Почемý у вас сегóдня хорóшее (плохóе, ужáсное) настроéние?
4. Автóбусная останóвка бли́зко от вáшего дóма? А магази́ны?
5. Вы живёте бли́зко и́ли далекó от (*from*) университéта?
6. Ваш дом большóй и́ли мáленький? Нóвый и́ли стáрый?
7. Вы снимáете кварти́ру?
8. У вас есть маши́на? Éсли да, то где вы её паркýете?
9. Где мóжно купи́ть хлеб, молокó и други́е продýкты?
10. А где мóжно купи́ть тýфли, сапоги́ и кроссóвки (*running shoes*)?
11. В магази́не обы́чно есть ваш размéр?

Би́знес на у́лице

Because the official system and its managers in Russia have traditionally been slow to meet consumers' needs, quick-witted people like Viktor have imaginatively filled the void. Until the late 1980s, their activity was technically illegal, but since 1991 the government has encouraged private initiative, if unevenly. Keenly sensing the laws of supply and demand, these young entrepreneurs are often surprisingly successful. Many Russians bitterly dislike their opportunism, flaunted wealth, and outright materialism. Some **бизнесме́ны** clearly have connections with organized crime, known generally in Russia as **ма́фия.**

Nevertheless, these **бизнесме́ны** fill important niches in the economy, and many observers expect them to become business leaders in the future, as the centrally controlled economy is replaced with a more responsive market economy.

ГРАММАТИКА И ПРАКТИКА

МОЧЬ, ХОТЕ́ТЬ + INFINITIVE

Я **могу́** помо́чь.   *I can help.*

The verb **мочь** (*to be able*) is very much like **писа́ть:** Both take **-ешь** endings, both have shifting stress, and both have conjugated stems that differ from the infinitive stem (**писа́ть: пиш-; мочь: мог-**). The **г-ж-г** mutation in conjugated forms of **мочь** also appears in other verbs you will learn.

я	мог-у́	мы	мо́ж-ем
ты	мо́ж-ешь	вы	мо́ж-ете
он/она́	мо́ж-ет	они́	мо́г-ут

When **мочь** is used with another verb, that verb is in the infinitive.

Я могу́ рабо́тать.	*I can work.*
Где мы мо́жем их купи́ть?	*Where can we buy them?*
Они́ мо́гут спать там.	*They can sleep over there.*

The verb **хоте́ть** (*to want* [*to*]) can have, like its English counterpart, either nouns or infinitives as complements. It is a very common verb, though highly irregular: It mixes **-ешь** and **-ишь** endings, and its stem consonant mutation and stress patterns are not typical.

FORM OF хотéть	WITH NOUNS (WANT *SOMETHING*)	WITH INFINITIVES (WANT *TO DO* SOMETHING)
я хоч-ý ты хóч-ешь	Я хочý нóвый карандáш. Ты хóчешь рýчку?	Я хочý слýшать рáдио. Ты хóчешь смотрéть телевúзор?
он, онá хóч-ет	Он (онá) хóчет машúну.	Онá (он) хóчет учúться в университéте.
мы хот-úм	Мы хотúм магнитофóн.	Мы хотúм открьíть окнó.
вы хот-úте	Вы хотúте сэндвич (*sandwich*)?	Вы не хотúте ждать её?
онú хот-я́т	Онú хотя́т нóвую квартúру.	Онú хотя́т снять (*rent*) кóмнату.

УПРАЖНЕНИЕ 3.2.   Forms of мочь, хотéть

Fill in the form of the verb required by the context.

1. Джим óчень _____ хорошó говорúть по-рýсски.
2. Я не _____ дýмать, когдá ты так грóмко игрáешь!
3. Олéг _____ нóвый телевúзор.
4. Мы _____ снять (*to rent*) кóмнату, éсли э́то возмóжно.
5. У меня́ есть ключ (*key*). Поэ́тому я _____ открьíть (*to open*) дверь.
6. Мы не _____ смотрéть телевúзор, потомý что он не рабóтает.

УПРАЖНЕНИЕ 3.3.   Что ты хóчешь?

You have just won $10,000 in a TV game show sponsored by a department store and have decided to buy your classmates one item each. Circulate around the class, making a list of who wants what.

EXAMPLE: — Что ты хóчешь?
          — Я хочý нóвый компью́тер.

INTENSIFIERS: ТАК, ТАКÓЙ

Поэ́тому ты **так** хорошó говори́шь по-рýсски!	*That's why you speak Russian so well!*

You already know one useful intensifier: **óчень**.

ÓЧЕНЬ WITH VERBS	Я óчень люблю́ америка́нский рок.	*I like American rock a lot!*
ÓЧЕНЬ WITH ADVERBS	— Как ты дýмаешь, э́то интере́сно? — Óчень интере́сно.	*"What do you think, is that interesting?"* *"Very interesting."*
ÓЧЕНЬ WITH ADJECTIVES (+/− NOUN)	Э́то óчень больша́я кýхня.	*That's a very large kitchen.*

Two even stronger intensifiers are **так** and **такóй** (**-а́я, -óе, -и́е**). **Так** is used with adverbs and verbs, and is often translated as *so, so very, so much*. **Такóй,** whose adjectival endings must be made to agree with the item being intensified, is used with nouns and adjectives.

ТАК WITH VERBS	Я так хочý егó ви́деть!	*I want to see him so much!*
ТАК WITH ADVERBS	Она́ так хорошó говори́т по-рýсски!	*She speaks Russian so well!*
ТАКÓЙ WITH ADJECTIVES (+/− NOUN)	Э́то така́я интере́сная кни́га! Лéна така́я краси́вая!	*It is such an interesting book!* *Lena is so beautiful!*
ТАКÓЙ WITH NOUNS	Э́то такóй кошма́р!	*It's a real nightmare!*

You can also express intense *negative* feelings or judgments this way.

Я óчень (так) не люблю́ смотрéть бейсбóл!	*I really don't like watching baseball.*

Так and **óчень** are essentially synonymous adverbs, with **так** being somewhat more emphatic: **Я так люблю́ хоккéй!** is a little stronger than **Я óчень люблю́ хоккéй.**

УПРАЖНЕНИЕ 3.4.   **Intensifiers**

Insert **о́чень, так,** or a form of **тако́й** to intensify the statements below.
More than one answer may be correct.

1. Во́ва _____ лю́бит слу́шать америка́нскую
   рок-му́зыку.
2. Профе́ссор Петро́вский _____ замеча́тельный гид!
3. У вас до́ма _____ хорошо́!
4. У меня́ _____ пробле́ма!
5. Я _____ не люблю́ паркова́ть маши́ну на у́лице.
6. Вы _____ хорошо́ говори́те по-ру́сски!
7. У вас _____ замеча́тельный дом!
8. Э́то _____ краси́вый го́род!
9. У него́ _____ интере́сная диссерта́ция!

УПРАЖНЕНИЕ 3.5.   **Кака́я у тебя́ мечта́? (*What do you dream about doing?*)**

Ask classmates about their fondest hope by asking **Кака́я у тебя́ мечта́?**
Here are some sample **мечты́: Я так хочу́…**
  жить в Санкт-Петербу́рге.
  учи́ться в Москве́.
  чита́ть кни́ги по-ру́сски.
  писа́ть интере́сные статьи́.
  игра́ть в Нью-Йо́ркском филармони́ческом орке́стре.
  рабо́тать в Библиоте́ке Конгре́сса.
  учи́ться на биологи́ческом факульте́те (*to major in biology*).
  ???

GENITIVE SINGULAR ADJECTIVES

Нет **моего́** разме́ра.   *They don't have my size.*

Adjectives that modify nouns in the genitive singular take genitive singular endings.

	NOMINATIVE	GENITIVE ADJECTIVE ENDINGS	EXAMPLES
Masculine and Neuter	ста́рый профе́ссор твоё письмо́	**-ого / -его**	У ста́**рого** профе́ссора япо́нская маши́на. Тут нет тво**его́** письма́.
Feminine	моя́ сестра́	**-ой / -ей**	У мо**е́й** сестры́ но́вый компью́тер.

Note that the **-г-** in **-ого / -его** is pronounced [**-в-**], as in the word **его́**. This is one of the very few cases in which spoken Russian and written Russian differ greatly.

УПРАЖНЕНИЕ 3.6.   Но́вая кварти́ра

You've just moved into an apartment and are telling a friend about it. Complete the descriptions below with the correct case endings. In the parentheses, indicate the case needed.

1. У нас больша́я но́вая кварти́ра. Ря́дом автобусная остано́вка, но нет хорош_____ магази́н_____ (_____).
2. В на́ш_____ до́м_____ (_____) больши́е о́кна.
3. В на́ш_____ кварти́р_____ (_____) больша́я кухня, но нет балко́н_____ (_____).
4. У мо_____ сестр_____ (_____) небольша́я, но краси́вая ко́мната.
5. Ря́дом живёт профе́ссор университе́та. У э́т_____ ста́р_____ профе́ссор_____ (_____) везде́ кни́ги, да́же в туале́т_____ (_____)!
6. У ка́жд_____ сосе́д_____ (_____) есть ме́сто в больш_____ гара́ж_____ (_____).
7. У нас то́же есть ме́сто в гара́ж_____ (_____), но у нас нет маши́н_____ (_____)!

УПРАЖНЕНИЕ 3.7.   Анто́нимы

Write down three adjective-noun phrases. Use only the singular: **краси́вая ко́шка, больша́я кварти́ра, но́вый компью́тер, стра́нный сосе́д**. Describe something you have (or wish you had). Then see how many other students can respond with a contrasting statement.

EXAMPLE: — У меня́ но́вый компью́тер. А у тебя́?
            — У меня́ ста́рый компью́тер.

The following contrasting adjective pairs may help:
но́вый — ста́рый
молодо́й — ста́рый
америка́нский — ру́сский (и́мпортный, япо́нский, and so forth)
лёгкий — тру́дный
большо́й — ма́ленький
симпати́чный — несимпати́чный
хоро́ший — плохо́й (и́ли ужа́сный)
чи́стый — гря́зный

Диалоги

ДИАЛОГ 3.1. Кака́я грязь!

(Expressing dismay)

— Кака́я грязь!
— Да, кошма́р! Дом но́вый, а асфа́льта нет.
— У нас то́же но́вый дом и то́же нет асфа́льта.
— Да, э́то ужа́сная пробле́ма.

ДИАЛОГ 3.2. Вы не зна́ете, где... ?

(Asking where to buy things)

— Вы не зна́ете, где мо́жно купи́ть рези́новые сапоги́?
— Вот наш магази́н. Там есть рези́новые сапоги́.
— Все разме́ры?
— Не зна́ю. Мой разме́р у них есть. Мо́жет быть, ваш то́же есть.

ДИАЛОГ 3.3. Кака́я краси́вая де́вушка!

(Discussing appearance)

— Кака́я краси́вая де́вушка!
— А ты зна́ешь, кто э́то?
— Нет...
— Э́то моя́ сосе́дка Та́ня. Она́ действи́тельно о́чень краси́вая.

УПРАЖНЕНИЕ 3.8. Ваш диало́г

Create a dialogue in which you find out from a friend where you can buy
something.

УПРАЖНЕНИЕ 3.9. Перево́д

"Are you in a good mood?"
"No, I have a terrible problem."
"What kind of problem?"
"I want to buy new boots, but they don't have my size."
"That's really a problem."

ЧАСТЬ ЧЕТВЁРТАЯ

УПРАЖНЕНИЕ 4.1. Подгото́вка к чте́нию

Working in pairs or small groups, look at the picture and scan the text for answers to the following questions. Write down key words in Russian that helped you find the answers.

1. How many people are in this scene and what are their names?
2. What is the problem?
3. Who tries to fix the problem?
4. Why does Татья́на Дми́триевна mention military service?
5. What kind of reputation is Jim getting in the apartment building, and why?

ЧТЕНИЕ

Не тот ключ?°

Не... *The wrong key?*

(*Tatyana Dmitrievna in front of her door, fiddling with her keys. The professor and Jim approach.*)

ПРОФЕ́ССОР.	**До́брый ве́чер,**° Татья́на Дми́триевна!
ТАТЬЯ́НА ДМ.	До́брый ве́чер, Илья́ Ильи́ч!
ПРОФЕ́ССОР.	Татья́на Дми́триевна, э́то Джим, мой америка́нский аспира́нт.
ТАТЬЯ́НА ДМ.	Очень прия́тно.
ДЖИМ.	Очень прия́тно познако́миться.

До́брый... *Good evening*

ПРОФЕ́ССОР.	**В чём де́ло,°** Татья́на Дми́триевна? Не мо́жете откры́ть° дверь? (*She nods.*) Мо́жет быть, у вас не тот ключ?
ТАТЬЯ́НА ДМ.	Нет, э́то мой ключ.
ПРОФЕ́ССОР.	**Э́тот° молодо́й челове́к°** мо́жет помо́чь. Да, Джим?
ДЖИМ.	Мо́жет быть. (*To Tatyana Dmitrievna.*) Да́йте мне, пожа́луйста, ваш ключ. (*He tries the key.*) По-мо́ему, э́то не тот ключ.
ТАТЬЯ́НА ДМ.	Вы зна́ете, он **иногда́° открыва́ет,°** иногда́ не открыва́ет.
ПРОФЕ́ССОР.	Джим, вот мой ключ. Попро́буйте.° (*Jim tries to open the door with the professor's key.*)
ДЖИМ.	Ваш ключ то́же не открыва́ет.
ТАТЬЯ́НА ДМ.	Что де́лать? У меня́ есть друго́й замо́к°...
ДЖИМ.	Заче́м друго́й замо́к? Илья́ Ильи́ч, да́йте мне, пожа́луйста, ва́ши инструме́нты.°
ПРОФЕ́ССОР.	Сейча́с, Джим. (*To Tatyana Dmitrievna.*) **Прости́те,°** Татья́на Дми́триевна, я **до́лжен°** принести́° Джи́му инструме́нты. (*He goes for the tools.*)
ТАТЬЯ́НА ДМ.	Джим, на како́м факульте́те вы у́читесь?
ДЖИМ.	На истори́ческом.[†] Ведь Илья́ Ильи́ч — исто́рик.
ПРОФЕ́ССОР.	(*Returns with tools.*) Вот, Джим, пожа́луйста. (*Jim tinkers with the key and lock.*)
ТАТЬЯ́НА ДМ.	Вы зна́ете, Илья́ Ильи́ч, мой сын сейча́с в **а́рмии,°** и я одна́. Я хочу́ одну́ ко́мнату сдать.° Вы не зна́ете, у вас в университе́те есть студе́нтки, **кото́рые°** хотя́т снять° ко́мнату?
ПРОФЕ́ССОР.	Я не зна́ю, Татья́на Дми́триевна. Мо́жет быть, Джим зна́ет. Джим, вы не зна́ете, у нас в университе́те есть студе́нтки, кото́рые хотя́т снять ко́мнату?
ДЖИМ.	У вас есть студе́нтка, Илья́ Ильи́ч. Та́ня... не **по́мню°** её фами́лию. Ка́жется, она́ хо́чет снять ко́мнату. (*To Tatyana Dmitrievna.*) Когда́ вы быва́ете до́ма?°
ТАТЬЯ́НА ДМ.	**Ве́чером.°** Я ка́ждый ве́чер до́ма.
ДЖИМ.	(*Opening the door.*) Смотри́те, тепе́рь ваш ключ открыва́ет.
ТАТЬЯ́НА ДМ.	Спаси́бо, Джим. **Большо́е спаси́бо!°**
ДЖИМ.	**Не́ за что.°**
ТАТЬЯ́НА ДМ.	Вы действи́тельно ма́стер на все ру́ки!

Glosses (right margin):
- В... *What's the matter*
- open
- *This* / молодо́й... *young man*
- *sometimes* / *opens*
- *Try.*
- *lock*
- *tools*
- *Excuse me*
- *have to* / *bring*
- *army* / *to rent out*
- *who* / *to rent*
- не... *I don't remember*
- Когда́... *When are you usually home?*
- *In the evening.*
- Большо́е... *Thank you very much!*
- Не́... *Don't mention it.*

УПРАЖНЕ́НИЕ 4.2.   Вопро́сы и отве́ты

1. Ваш ключ хорошо́ открыва́ет дверь?
2. Е́сли вы не мо́жете откры́ть дверь, кто мо́жет помо́чь?
3. Вы рабо́таете? Где?
4. У вас есть дом и́ли вы снима́ете кварти́ру? И́ли, мо́жет быть, вы живёте в общежи́тии?
5. У вас есть соба́ка? А ко́шка? Вы хоти́те соба́ку? А ко́шку?
6. Вы живёте оди́н (одна́)?
7. Там, где вы живёте, есть лифт?
8. На како́м факульте́те вы у́читесь?
9. Как вы ду́маете, вы ма́стер на все ру́ки?

POINTING THINGS OUT: ЭТОТ, ТОТ

Это моя́ но́вая кварти́ра.
Этот молодо́й челове́к
мо́жет помо́чь.

This is my new apartment.
This young man can help.

The demonstrative pronoun **э́то** (*this is, that is, these are, those are*) has been used in sentences of introduction and naming such as **Это мой брат, а э́то моя́ сестра́.** (*This [that] is my brother, and this [that] is my sister.*) In these sentences, **э́то** never changes form. But suppose you want to point something out, as in *This book is mine, and that book is hers.* Then the words *this* and *that* are adjectives, and their equivalents in Russian must reflect the gender and the number of the noun with which they are used. Compare the following:

Это мой дом.
This is (that's) my house.

Этот дом мой.
This (that) house is mine.

Это моё окно́.
This is (that's) my window.

Это окно́ моё.
This (that) window is mine.

Это моя́ кни́га.
This is (that's) my book.

Эта кни́га моя́.
This (that) book is mine.

Это мои́ ключи́.
These (those) are my keys.

Эти ключи́ мои́.
These (those) keys are mine.

The adjectival forms of **э́тот** can be translated as *this* or *that*, depending on their context. The forms of **тот** are translated as *that* and are used to contrast with the forms of **э́тот**. The form of **э́тот** or **тот** always agrees in case, number, and gender with the noun to which it refers. Compare the nominative case forms of **э́тот** with those of **тот**.

	THIS, THAT	THAT	EXAMPLES (NOMINATIVE)
Masculine	э́тот	тот	э́тот дом (*this house, building*) тот го́род (*that city*)
Feminine	э́та	та	э́та кни́га (*this book*) та газе́та (*that newspaper*)
Neuter	э́то	то	э́то письмо́ (*this letter*) то ме́сто (*that place*)
Plural (all genders)	э́ти	те	э́ти де́вочки (*these girls*) те ма́льчики (*those boys*)

УПРАЖНЕНИЕ 4.3.   Этот и тот

Choose the correct form of **этот** or **тот**.

1. _____ ка́рта о́чень краси́вая, а _____ о́чень некраси́вая.
2. Я не хочу́ чита́ть _____ журна́л.
3. _____ де́вушки хотя́т снять (*rent*) ко́мнату.
4. _____ ма́льчик о́чень симпати́чный.
5. _____ студе́нт живёт в на́шем до́ме, а _____ в общежи́тии.
6. _____ дом наш.
7. _____ кни́ги интере́сные, а _____ не о́чень интере́сные.
8. _____ общежи́тие но́вое, а _____ ста́рое.

УПРАЖНЕНИЕ 4.4.   Это ваш дом?

Jim is showing some pictures of his home and family to Vova. Provide the correct form of **это** or **этот,** and circle those that are adjectival.

джим. (1) _____ наш дом.

во́ва. Како́й большо́й! А (2) _____ ва́ша маши́на?

джим. Да, (3) _____ маши́на на́ша. И (4) _____ мотоци́кл† то́же наш.

во́ва. А где твоя́ ко́мната?

джим. Вот (5) _____ ко́мната — моя́. А (6) _____ ко́мната — на́ша столо́вая.

во́ва. А кто (7) _____? Твои́ роди́тели?

джим. Нет, (8) _____ не роди́тели. (9) _____ на́ши сосе́ди. А вот моя́ ма́ма.

во́ва. А кто (10) _____ лю́ди (*people*)?

джим. (11) _____ мой друг Ро́берт. А (12) _____ мой профе́ссор.

во́ва. Тако́й молодо́й — и уже́ профе́ссор!

THE WRONG (ONE):   НЕ ТОТ

Мо́жет быть, у вас **не тот** ключ?   *Maybe you have the wrong key?*

When negated, the forms of **тот** can express "the wrong one." In the preceding scene, the professor asks, **Мо́жет быть, у вас не тот ключ?** (*Perhaps you don't have the right key?*) A little later on, Jim says, **По-мо́ему, э́то не тот ключ** (*I think this is the wrong key*). How would you say, "I think that's the wrong house" or "I think this is the wrong book"?

УПРАЖНЕНИЕ 4.5.   Не тот

1. — Вот гара́ж. Твоя́ маши́на здесь? — Нет, э́то _____ гара́ж.
2. — Ключ, пожа́луйста. — Вот он. — Нет, э́то _____ ключ.
3. — Ваш друг живёт в э́том до́ме? — Нет, э́то _____ дом.
4. — Э́то их у́лица? — Нет, э́то _____ у́лица.
5. — Где моя́ статья́? — Вот она́. — Нет, э́то _____ статья́.
6. — Где мои́ кни́ги? — Вот они́. — Нет, э́то не _____ кни́ги.

CLAUSE LINKS: КОТО́РЫЙ

У вас в университе́те есть студе́нтки, **кото́рые** хотя́т снять ко́мнату?	*Do you have students at the university who want to rent a room?*

A relative clause is introduced by a form of the relative pronoun **кото́рый** (*who, which, that*). The number and the gender of **кото́рый** depend on what it refers to (its *antecedent*).

Ка́рта, **кото́рая** виси́т на стене́, о́чень ста́рая.	*The map (that is) hanging on the wall is very old.*

In this case, the antecedent **ка́рта** is feminine singular, so **кото́рая** must be feminine singular to agree with it. The ending of **кото́р-** is plural if the antecedent is plural.

Студе́нты, **кото́рые** живу́т здесь, говоря́т по-ру́сски.	*The students who live here speak Russian.*

Sometimes the words *which* and *that* are left out in English. Relative pronouns must always be included in Russian, however, and they are always preceded by a comma.[5]

УПРАЖНЕНИЕ 4.6. **Кото́рый**

Provide endings for **кото́рый.**

1. — Вот студе́нты, кото́р_____ живу́т в общежи́тии.
2. — А э́то же́нщина, кото́р_____ хо́чет жить в це́нтре.
3. — Цветы́, кото́р_____ стоя́т (*stand*) у вас на балко́не, о́чень краси́вые.
4. — Сосе́дка, кото́р_____ живёт на второ́м этаже́, о́чень несимпати́чная.
5. — Мой друг, кото́р_____ ждёт вас на авто́бусной остано́вке, — замеча́тельный челове́к.
6. — Вот ма́стер на все ру́ки, кото́р_____ живёт в на́шем до́ме.

MASCULINE PLURALS ENDING IN -á: ГОРОДА́, ПРОФЕССОРА́

други́е **города́**	*other cities*

Some common masculine nouns form their plurals by adding a stressed **-á** (or **-я́** if soft).

а́дрес	адреса́
го́род	города́
дом	дома́ (not to be confused with до́ма [*at home*])

---

[5] These examples all have **кото́рый** in the nominative. In future lessons you will learn how to use **кото́рый** in other cases.

ма́стер	мастера́
но́мер	номера́
профе́ссор	профессора́

A smaller group of nouns form their plurals by adding **-ья**. Sometimes a consonant change occurs in the stem as well:

муж	мужья́ (note the soft sign)
друг	друзья́ (note the consonant change and soft sign)

You should keep a list of these nouns as you encounter them.

УПРАЖНЕНИЕ 4.7.   Письмо́

Lena has received a letter from an American girl who wants to be her pen pal. The handwriting is so bad she can't read some words. Help Lena guess what they are.

Меня́ _____ Джойс. Я студе́нтка. Мои́ роди́тели живу́т в Чика́го, а я _____ в Хью́стоне. Я снима́ю _____ в большо́м до́ме. У меня́ одна́ _____ ко́мната и одна́ ма́ленькая. Больша́я ко́мната — э́то столо́вая, а _____ — спа́льня. В мое́й кварти́ре есть ку́хня, ва́нная и туале́т. Моя́ _____ больша́я, но там нет ме́ста, потому́ _____ везде́ кни́ги — в кни́жном _____, на столе́ и да́же на полу́. У меня́ _____ маши́на. В моём до́ме нет гаража́, поэ́тому я парку́ю _____ на у́лице.

ДИАЛОГИ

ДИАЛОГ 4.1.   Э́то не тот ключ.

(Identifying the correct item)

— Вы не мо́жете мне помо́чь? Я не могу́ откры́ть дверь.
— Мо́жет быть, у вас не тот ключ?
— Да, э́то действи́тельно не тот ключ.

ДИАЛОГ 4.2.   Я рабо́таю...

(Getting acquainted)

— Я живу́ ря́дом, вот моя́ кварти́ра. Меня́ зову́т Никола́й Васи́льевич Ти́хонов, я рабо́таю в университе́те.

— Óчень прия́тно. А меня́ зову́т Валенти́на Петро́вна Ю́рченко, я
рабо́таю в музе́е.
— Óчень прия́тно. А в како́м музе́е вы рабо́таете?
— В истори́ческом музе́е.
— Как интере́сно! Так вы исто́рик?
— Да.
— Я то́же исто́рик.

ДИАЛОГ 4.3.   На како́м факульте́те вы у́читесь?

(Discussing academic fields)

— Тама́ра, э́то Джек. Он у́чится у нас на факульте́те. Джек, э́то моя́
подру́га Тама́ра.
— Óчень прия́тно.
— Óчень прия́тно.
— Тама́ра, а на како́м факульте́те вы у́читесь?
— На биологи́ческом.

УПРАЖНЕНИЕ 4.8.   Ваш диало́г

Create a dialogue in which you introduce yourself to a new neighbor.
Find out something about his or her work or studies (or both).

УПРАЖНЕНИЕ 4.9.   Перево́д

"My name is _____. I live next door."
"Pleased to meet you. What apartment do you live in?"
"Here is my apartment."
"You couldn't help me, could you? My key doesn't work."
"Maybe it's the wrong key."

УПРАЖНЕНИЕ 4.10.   Интервью́: ру́сский тури́ст в Аме́рике

You are a reporter for a local newspaper and have been sent out by the
city editor to interview a visiting young Russian tourist for a human-
interest article. Have a classmate play the tourist, and ask him or her
questions like the following:

1. Как вас зову́т?
2. В како́м го́роде вы живёте?
3. Вы студе́нт(ка)?
4. Вы лю́бите му́зыку?
5. А спорт вы то́же лю́бите (не лю́бите)? Вы игра́ете в те́ннис? В
   баскетбо́л?
6. Вы игра́ете на роя́ле? На гита́ре?
7. Вы рабо́таете? Где?

Nouns

а́рмия	army
балко́н	balcony
библиоте́ка	library
го́род (*pl.*, города́)	city
де́вушка	girl; young woman
докуме́нт	document
друг (*pl.* друзья́)	friend
истори́ческий факульте́т	history department
исто́рия	history
ка́рта	map
ключ (*gen. sing.* ключа́)	key
кни́жная по́лка	bookshelf
кни́жный шкаф	bookcase
крова́ть *f.*	bed
магнитофо́н	tape recorder; tape player
ма́стер (*pl.* мастера́)	craftsman; handyman
маши́на	car
ме́сто	1. place; 2. space; room
назва́ние	name
настрое́ние	mood
общежи́тие	dormitory
ра́дио	radio
разме́р	size
рубль (*gen. sing.* рубля́) *m.*	ruble
сапо́г (*pl.* сапоги́)	boot
спа́льня	bedroom
столо́вая *noun, declines like adj.*	dining room
страна́	country
ту́фли (*sing.* ту́фля)	shoes
у́тро	morning
цвет(о́)к (*pl.* цветы́)	flower
челове́к (*pl.* лю́ди)	person
шу́тка	joke

Pronouns

Demonstrative

тот	that
э́тот	this; that

Interrogative / Relative

кото́рый	who; that; which

Adjectives

авто́бусный	bus (*adj.*)
до́лжен (должна́, должно́, должны́) (*used as predicate*)	must; have to
дорого́й	1. dear; 2. expensive
друго́й	other
ка́ждый	every; each
недорого́й	inexpensive
ра́зный	various
ру́сский	Russian
тако́й	such (a); so; a real
чи́стый	clean

Verbs

висе́ть (*usu. 3rd pers.* вис-и́т, вис-я́т)	to hang; to be hanging
дава́ть (да-ю́, да-ёшь)	to give
ду́мать	to think
купи́ть (*infin. only*)	to buy
мочь (мог-у́, мо́ж-ешь, мо́ж-ет, мо́ж-ем, мо́ж-ете, мо́г-ут)	to be able
отдава́ть (отда-ю́, отда-ёшь)	to return; to give (back)
открыва́ть	to open
получа́ть	to receive; to get
по́мнить (по́мн-ю, по́мн-ишь)	to remember
помо́чь (*cf.* мочь)	to help
продава́ть (прода-ю́, прода-ёшь)	to sell
снима́ть	to rent
хоте́ть (хоч-у́, хо́ч-ешь, хо́ч-ет, хот-и́м, хот-и́те, хот-я́т)	to want (to)

Adverbs

беспла́тно	free (of charge)
бли́зко	(it's/that's) near; (it's/that's) close
везде́	everywhere
ве́чером	in the evening

действи́тельно	really; actually
иногда́	sometimes
когда́	when
нигде́	nowhere
так	so; so much

Прости́те!	Excuse me!
Э́то до́рого.	That's expensive.
Я учу́сь... (на истори́ческом факульте́те).	I'm majoring in . . . (history).

Other

да́же *particle*	even
от (+ *gen.*)	from
поэ́тому	that's why; therefore; so

Idioms and Expressions

Большо́е спаси́бо!	Thank you very much!
В чём де́ло?	What's the problem?; What's the matter?
До́брый ве́чер!	Good evening!
молодо́й челове́к	young man
Не́ за что! (*in response to* Спаси́бо!)	Don't mention it!; No problem!
не тот...	the wrong . . .; not the right . . .

Topics

Home, apartment: у́лица; дом, общежи́тие, эта́ж, кварти́ра, ко́мната; столо́вая, спа́льня, ку́хня, туале́т; окно́, пол, стена́

Furniture: ме́бель; столо́вая, стол, сту́лья, кре́сло, дива́н, кни́жный шкаф, кни́жная по́лка, телеви́зор; спа́льня, крова́ть

Technology: ра́дио, телеви́зор, магнитофо́н, компью́тер, при́нтер

Geography: ка́рта; страна́, го́род; река́ (*river*), океа́н (*ocean*); назва́ние; Росси́я, Аме́рика; Москва́, Санкт-Петербу́рг, Нью-Йо́рк, Бо́стон

Location: где?; везде́, нигде́; здесь, тут, там; вот, вон; бли́зко, ря́дом, далеко́, недалеко́; напра́во, нале́во, внизу́

6 УРОК

ГОВОРИ МНЕ «ТЫ»

а. На по́чте в Москве́.   б. Вот ва́ша по́чта!   в. На по́чте в МГУ. How many of the services offered by this post office can you figure out from the sign?

In this chapter you will learn

- ▲ to talk about things done to or for someone
- ▲ to tell your age
- ▲ to express likes and dislikes
- ▲ to say whom you resemble
- ▲ to express past action
- ▲ to use numerals from 1 to 99
- ▲ to say that someone has to do something
- ▲ about switching between formal and informal speech forms
- ▲ to write Russian addresses, including those on envelopes

ЧАСТЬ ПЕРВАЯ

УПРАЖНЕНИЕ 1.1. Подгото́вка к чте́нию

Read the following questions and then scan the reading quickly (without looking up any words) for answers:

1. What are Lena and Sasha talking about at the beginning of the scene?
2. Why does Lena rebuke Vova?
3. How does Sasha characterize Lena?
4. What does Vova want of Kolya?

ЧТЕНИЕ

«ТЫ» И «ВЫ»

(*Sasha runs into Lena and Vova in the stairwell.*)

СА́ША.	До́брый день.
ЛЕ́НА.	Приве́т, Са́ша. **Скажи́те**,° э́то вы **вчера́**° игра́ли Ге́ршвина†?
СА́ША.	Да, и вчера́ и **сего́дня**.° Вам **нра́вится** Ге́ршвин?°

tell me / yesterday

today / Вам… Do you like Gershwin?

ЛЁНА.	О́чень. Я ду́мала, что вы игра́ете то́лько кла́ссику.† (*She pauses.*) Послу́шайте,† Са́ша, почему́ мы говори́м **друг дру́гу**[1] «вы»°? Говори́те мне «ты». Нет, не так! Говори́ мне «ты».
СА́ША.	Хорошо́. И вы мне говори́те «ты».
ВО́ВА.	Ха-ха-ха! **Оши́бка!**° Ты сказа́л «вы» и «говори́те».
СА́ША.	Да, действи́тельно. Лёна, говори́ мне «ты».
ВО́ВА.	Тепе́рь **пра́вильно**°! Студе́нты говоря́т друг дру́гу «ты». Са́ша, а ты на како́м **ку́рсе**°?
СА́ША.	На **второ́м**.°
ВО́ВА.	А рок-му́зыку ты игра́ешь?
ЛЁНА.	Во́ва, а почему́ *ты* говори́шь Са́ше «ты»? Ты **же**[2] зна́ешь, что **культу́рные**† **лю́ди**° говоря́т **ста́ршим**° «вы».
ВО́ВА.	Са́ша не «ста́рший». Он ещё то́лько на второ́м ку́рсе,° а я уже́ **в шесто́м кла́ссе**.°!
ЛЁНА.	Как не «ста́рший»? Он студе́нт, а ты **шко́льник**.° Америка́нец Джим зна́ет, что культу́рные лю́ди говоря́т ста́ршим «вы», а ты не зна́ешь.
ВО́ВА.	Лёнка, ты говори́шь, как на́ша **учи́тельница**.° Э́то о́чень **ску́чно**.°
ЛЁНА.	Ах, ску́чно? (*To Sasha.*) Како́й у меня́ культу́рный брат! До свида́ния, Са́ша. (*She closes the door in Vova's face.*)
СА́ША.	**Стро́гая**° у тебя́ сестра́.
ВО́ВА.	Она́ ду́мает, что она́ краси́вая, и поэ́тому **кома́ндует**.°
СА́ША.	Она́ действи́тельно о́чень краси́вая. (*He exits.*)

(*Just then, a neighbor exits from the elevator with a small boy, Kolya.*)

КО́ЛЯ.	Здра́вствуй, Во́ва.
ВО́ВА.	Тебе́ **ско́лько** лет°?
КО́ЛЯ.	Пять.
ВО́ВА.	А почему́ ты говори́шь мне «здра́вствуй»? Ты же зна́ешь, что ста́ршим на́до говори́ть «вы». Не «здра́вствуй», а «здра́вствуйте».
СОСЕ́ДКА.	Во́ва, но ты ещё ма́ленький.
ВО́ВА.	Э́то Ко́ля ещё ма́ленький, а я уже́ большо́й.° **Мне** уже́ **двена́дцать лет**.°
КО́ЛЯ.	Во́ва, а где твоя́ Бе́лка?
ВО́ВА.	Не «твоя́», а «ва́ша». Понима́ешь?
КО́ЛЯ.	Да. Тепе́рь я бу́ду говори́ть тебе́ «вы».° И Бе́лке то́же. Во́ва, а ско́лько лет ва́шей Бе́лке?

Margin glosses:

почему́... *why are we using* «**вы**» *with each other*

A mistake!

that's right
ты... *what year are you in*
second

people / (their) elders

на... *a second-year student*
в... *in the sixth grade*
schoolboy

teacher
boring

strict
bosses everyone around

Тебе́... *How old are you?*

grownup
Мне... *I'm already twelve years old.*

я... *I'll use* «**вы**» *with you.*

---

[1] **Друг дру́гу** is the dative case form of the phrase meaning *each other*. Only the second element changes, and it always takes masculine singular endings. If a preposition is involved, it goes between the two words: **Они́ всегда́ ду́мают друг о дру́ге.** (*They're always thinking about each other.*)

[2] **Же** is used for emphasis. Although in some contexts it can be translated by *surely, after all,* and so on, in most contexts the best way to convey its meaning is through intonation and/or emphatic verbal constructions (for example, **Я же говори́л тебе́ об э́том!** [I *did* tell you about it!]).

УПРАЖНЕНИЕ 1.2.   Вопро́сы и отве́ты

1. Вы лю́бите му́зыку Ге́ршвина? А му́зыку Мо́царта? А му́зыку Чайко́вского? А му́зыку Би́лли Джо́эла?
2. Вы игра́ете на гита́ре? На саксофо́не? На роя́ле?
3. Вы игра́ете кла́ссику? А джаз? А ка́нтри? А рок?
4. Кому́ вы говори́те «ты» — ва́шему дру́гу (отцу́, бра́ту, де́душке...)? Ва́шей подру́ге (*friend*), сестре́, ба́бушке, ма́тери... ?
5. Кому́ вы говори́те «вы» — ва́шему преподава́телю (*instructor*)? Ва́шему нача́льнику (*boss*) на рабо́те?
6. У вас есть брат и́ли сестра́ в шко́ле? В како́м он (она́) кла́ссе?
7. Вы на како́м ку́рсе?
8. У вас есть ста́ршая сестра́? Она́ энерги́чная? Симпати́чная? Ско́лько ей лет? Вы ей говори́те «ты» и́ли «вы»?
9. У вас есть ста́рший брат? Он тала́нтливый? Симпати́чный? Ско́лько ему́ лет? Вы ему́ говори́те «ты» и́ли «вы»?

О РОССИИ

«На ты» and «на вы»

For family members, the «**на ты**» form of address is the norm. Outside the family, whether a relationship is conducted «**на вы**» or «**на ты**» involves many factors such as age, status, gender, and intent. Children normally relate to one another «**на ты**», as do many people even into their early twenties. Their use of **ты** forms need not carry any special connotation other than that the speakers recognize themselves to be of approximately the same age and status. Children and young people almost always address adults (other than family members) «**на вы**», while adults will likely address children of school age «**на ты**». As young people enter adulthood they start being addressed «**на вы**» by adults. Among adults, **вы** forms are the norm; neighbors in an apartment complex and colleagues at work may know and talk to each other for years without ever switching to **ты** forms.

УПРАЖНЕНИЕ 1.3.   «На ты» и́ли «на вы»?

Would you address the following «**на ты**» or «**на вы**»?

1. же́нщина, кото́рая рабо́тает в магази́не
2. ма́ленький ма́льчик и́ли ма́ленькая де́вочка
3. ва́ша соба́ка
4. ваш преподава́тель
5. ваш бли́зкий друг (*close friend*)
6. ва́ша ба́бушка
7. ваш ста́рый сосе́д
8. администра́тор в ва́шем общежи́тии
9. шофёр такси́ (*taxi driver*)

Learning Individual Words

Except for scientific and technical vocabulary, remarkably few words in one language perfectly match their counterparts in another. Rather than exact translations, languages often have "approximate equivalents": A word in one language may mean more or less than its counterpart in another language. For example, there is no single Russian word for *student.* Russians must choose from at least three different words: **студе́нт** (*undergraduate student*), **аспира́нт** (*graduate student*), and **шко́льник** (*pupil in elementary through secondary school*). The reverse also occurs. There is no single English word for **рука́,** for example: In English you say either *hand* or *arm.* Sometimes there are no one-word equivalents at all: The particle **же,** which is used for intensification or emphasis, can be rendered only roughly by various phrases in English. This is why it is important to remember how a word is used as you learn it, rather than just memorizing lists.

ГРАММАТИКА И ПРАКТИКА

DATIVE CASE

The dative case shows a relationship between one person or thing and another: generally, *to whom* or *for whom* something is done.

> Я чита́ю журна́л **бра́ту.** *I'm reading a magazine to my brother.*

In this sentence, **я** is the subject, **чита́ю** is the verb, **журна́л**—in the accusative case—is the direct object of the verb, and **бра́ту**—in the dative case—is the indirect object.

Here is a summary of the basic dative case forms presented in this chapter.

DATIVE CASE FORMS[3]

	NOMINATIVE CASE FORMS (FOR REFERENCE)	DATIVE CASE ENDINGS	EXAMPLES
PRONOUNS	я ты он, оно́ она́		мне тебе́ ему́ ей

---

[3] Note the internal patterns: (a) the similarities in the pronouns (**мне-тебе́, ему́-кому́-чему́, нам-вам-им**) and (b) the repetition of **-ому/-ему** and **-ой/-ей** in the adjective and possessive pronoun endings.

	мы вы они́		нам вам им
	кто? что?		кому́? чему́?
NOUNS *Masculine and Neuter*	челове́к гость	**-у/-ю**	челове́ку го́стю
Feminine	сестра́ Ле́на[4]	**-е**	сестре́ Ле́не
ADJECTIVES *Masculine and Neuter*	дорого́й, дорого́е хоро́ший, хоро́шее	**-ому/-ему**	дорого́му хоро́шему
Feminine	дорога́я хоро́шая	**-ой/-ей**	дорого́й хоро́шей
POSSESSIVE PRONOUNS *Masculine and Neuter*	мой, моё ваш, ва́ше	**-ему**	моему́ ва́шему
Feminine	моя́ ва́ша	**-ей**	мое́й ва́шей

УПРАЖНЕНИЕ 1.4. Кто... кому́?

Who might say the following lines to whom? Choose the most likely
speaker and addressee combination for each line given. If you don't think
the right combination is provided, supply your own.

ЧТО ГОВОРИ́Т

1. _____ Мне о́чень нра́вится Ге́ршвин.
2. _____ Как вы хорошо́ игра́ете!
3. _____ Как ты прекра́сно говори́шь
   по-ру́сски!
4. _____ Како́й ты некульту́рный!
5. _____ Это така́я ужа́сная кварти́ра!
6. _____ Вы действи́тельно краси́вая
   де́вушка.
7. _____ Вы ходя́чая энциклопе́дия!
8. _____ У нас нет воды́, нет ду́ша,
   невозмо́жно откры́ть о́кна!
9. _____ Ты говори́шь, как на́ша
   учи́тельница. Это о́чень
   ску́чно!

КТО... КОМУ́?

а. Во́ва... Джи́му
б. Джим... Ле́не
в. Ле́на... Во́ве
г. Ле́на... Джи́му
д. Во́ва... Ле́не
е. Джим... профе́ссору
   Петро́вскому
ж. Си́лин... Ната́лье Ива́новне
з. ???

---

[4] Remember that masculine nouns ending in -a/-я (such as **па́па**) also take feminine endings.

УПРАЖНЕ́НИЕ 1.5.   **Кому́ он пи́шет?**

У Джи́ма есть брат, сестра́, ма́ма, оте́ц, де́душка, ба́бушка. Кому́ он пи́шет письмо́? Он пи́шет бра́ту,...

УПРАЖНЕ́НИЕ 1.6.   **Пода́рки, пода́рки**

Listed in the column on the left are people for whom you might buy a birthday or holiday gift. On the right are some suggested gifts. Pick at least five people and decide what you will give them, putting the gift and the recipient into the proper case forms. Feel free to add gifts and recipients of your own choosing.

EXAMPLE: Сестре́ я хочу́ купи́ть краси́вую ку́клу (*doll*).

КОМУ́?		ЧТО?
де́душка		шампа́нское
ма́ма		цветы́
преподава́тель		но́вая маши́на
ру́сского языка́	...я хочу́ купи́ть...	альбо́м Би́лли
(*Russian language*		Джо́эла
teacher)		кассе́та
Во́ва		компа́кт-диск
ста́рший (*older*)		кроссо́вки
(мла́дший) брат		???
ста́ршая (мла́дшая)		
сестра́		
оте́ц		
друг		
ба́бушка		
???		

TELLING YOUR AGE: СКО́ЛЬКО ВАМ (ТЕБЕ́) ЛЕТ?

— Ско́лько тебе́ лет?	*"How old are you?"*
— Мне двена́дцать лет.	*"I'm twelve years old."*

The dative case is used to express someone's age. One of three words is used to express "years old": **год** (used with numbers that end in **один**); **года** (used with numbers that end in **два, три,** or **четыре**); and **лет** (used with all other numbers). In conjunction with **Сколько,** the word **лет** is always used.

> — Сколько вам (тебе, ему, ей) лет?
> — Мне (ему, ей)...

год	года	лет
один **год**	два (три, четыре) **года**	одиннадцать **лет**
двадцать один **год**	двадцать два (двадцать три, двадцать четыре) **года**	двенадцать **лет**
тридцать один **год**	тридцать два (тридцать три, тридцать четыре) **года**	тринадцать **лет**
сорок один **год**	сорок два (сорок три, сорок четыре) **года**	четырнадцать **лет**
		пятнадцать **лет**
		шестнадцать **лет**
		семнадцать **лет**
		восемнадцать **лет**
		девятнадцать **лет**
		двадцать **лет**
		двадцать пять **лет**
		тридцать шесть **лет**
		сорок семь **лет**

УПРАЖНЕНИЕ 1.7.   **Сколько тебе лет?**[5]

Ask your classmates **Сколько тебе лет?** and give your own age when you are asked. Write down the age you hear, show it to the person whom you've asked to be sure you understood correctly, and repeat aloud the answer you heard (**Тебе девятнадцать лет, двадцать три года,** and so on).

THE ART OF CONVERSATION: APPROXIMATE AGE

If you are not sure of someone's age, simply put the "year" word in front of the numeral to render the idea of *about, approximately.*

Анне сорок пять **лет**.	*Anna is forty-five years old.*
Анне **лет** сорок пять.	*Anna is about forty-five years old.*

---

[5] Note that the formal version of this question **Сколько вам лет?** is socially inappropriate in most circumstances.

УПРАЖНЕНИЕ 1.8. Ско́лько лет ва́шей сестре́?

Using the dative case forms of ма́ма, па́па, брат, сестра́, ask others how old their family members are [for example, Ско́лько лет твоему́ (ва́шему) де́душке?[6]], and give answers about your own family.

LIKING SOMETHING: (МНЕ) НРА́ВИТСЯ

Вам нра́вится Ге́ршвин?	*Do you like Gershwin?*

A third use of the dative case is in **нра́вится (нра́вятся)** constructions. Sentences like these can be regarded as "turned around" from the English equivalent: The Russian sentence structure makes *Gershwin* the subject and places *you* in the dative: Literally, *Is Gershwin pleasing to you?* Remember to use **нра́вится** for singular subjects and **нра́вятся** for plural subjects.

Вам **нра́вится** ва́ша но́вая кварти́ра?	*Do you like your new apartment?*
Вам **нра́вятся** ва́ши но́вые сосе́ди?	*Do you like your new neighbors?*

УПРАЖНЕНИЕ 1.9. Что ему́ (ей) нра́вится?

By now you know our characters well enough to be able to talk about some of their likes and dislikes. For example, **Во́ве нра́вится Джим.** Make up some similar sentences; include information about your own likes and dislikes if you wish (**Мне нра́вится ва́ша маши́на**). Note that the singular **нра́вится** can be used with infinitives (**Во́ва говори́т, что Ле́не нра́вится кома́ндовать**). The following are some things you might talk about:

---

[6] Masculine nouns that end in **-a** take feminine endings when declined, but adjectives and past-tense verb forms used with them follow biology and take masculine endings. This applies to many nouns denoting males such as па́па and де́душка as well as to masculine nicknames such as Са́ша, Ми́ша, and Алёша.

1. но́вая рок-му́зыка
2. краси́вые цветы́
3. му́зыка Мо́царта
4. игра́ть кла́ссику
5. слу́шать Ге́ршвина
6. э́тот большо́й и краси́вый дом
7. кварти́ры в но́вом до́ме
8. ???

УПРАЖНЕНИЕ 1.10. Что тебе́ (вам) нра́вится?

Find out who likes what in your class by asking your classmates, **Тебе́ (вам) нра́вится (нра́вятся)... ?**[7] Use **вам** when addressing your instructor.

1. рок-му́зыка
2. класси́ческая му́зыка
3. ру́сские фи́льмы
4. игра́ть в баскетбо́л
5. смотре́ть америка́нский футбо́л
6. жить в на́шем го́роде
7. учи́ться в на́шем университе́те (в на́шей шко́ле)
8. класси́ческие фи́льмы
9. га́мбургеры в Макдо́нальдсе
10. му́зыка Чайко́вского
11. ???

Диалоги

Age and other basics

ДИАЛОГ 1.1. Ско́лько лет твоему́ дру́гу?

— Ско́лько лет твоему́ дру́гу?
— Два́дцать три.
— Где он у́чится?
— В университе́те.
— На како́м факульте́те?
— На хими́ческом.
— А на како́м ку́рсе?
— На второ́м.

---

[7] Here are some phrases you might want to use in answering these questions (a simple **да** or **нет** sometimes seems a little brusque): **Да, мне нра́вится...** or **Да, мне о́чень нра́вится... ; Нет, мне не о́чень нра́вится...** or the very strongly negative **Нет, мне совсе́м не нра́вится...** (*I don't like . . . at all*).

ДИАЛОГ 1.2.   Ей то́лько пятна́дцать лет.

— Твоя́ сестра́ о́чень краси́вая.
— Она́ то́же так ду́мает.
— Ско́лько ей лет?
— Она́ ещё ма́ленькая, ей то́лько пятна́дцать лет.

УПРАЖНЕНИЕ 1.11.   Ваш диало́г

Create a dialogue in which you are showing a classmate a picture of your (real or imagined) family. Your classmate takes an immediate interest in your siblings, remarking that they are good-looking and asking their ages and other things about them: likes and dislikes, whether they are students, what they are majoring in, and so on.

УПРАЖНЕНИЕ 1.12.   Перево́д

"How old is your sister?"
"She's twenty-one."
"Is she a student?"
"Yes, she goes to school in Denver."
"What's she majoring in?"

ЧАСТЬ ВТОРАЯ

УПРАЖНЕНИЕ 2.1.   Подгото́вка к чте́нию

Та́ня and **Све́та** are answering an ad about a room they might want to rent. What would you want to find out in such a situation? Come up with five ideas; then, after reading the selection, see how many of your questions **Та́ня** and **Све́та** asked.

Вы сдаёте° комнату?

renting out

(*Sveta and Tanya have come to see about renting a room.*)

СВЕТА. Здравствуйте. Вы Татьяна Дмитриевна и вы сдаёте комнату, да?

ТАТЬЯНА ДМ. Да, я Татьяна Дмитриевна. **Откуда**° вы знаете, что я сдаю комнату?

how

ТАНЯ. Я была вчера в университете и **видела**° Джима, американского аспиранта. Он сказал мне, что вы сдаёте комнату.

saw

ТАТЬЯНА ДМ. Да-да, **заходите,**° пожалуйста.

come in

СВЕТА. Спасибо.

ТАТЬЯНА ДМ. Это моя комната, а эту комнату я сдаю.

СВЕТА И ТАНЯ. Какая хорошая комната!

СВЕТА. И мебель есть: кровати, полки, стулья, книжный шкаф.

ТАНЯ. А стол?

ТАТЬЯНА ДМ. **К сожалению,**° у меня только один стол. Вы знаете, у меня **идея.**† Повесьте в подъезде объявление.° У нас симпатичные соседи. Может быть, у них есть **лишний**° стол.

К... Unfortunately

Повесьте... Put up a sign near the entryway.

spare

СВЕТА. Да, это хорошая идея.

ТАТЬЯНА ДМ. Я рада, что комната вам нравится.

СВЕТА. Нам нравится комната и нравится хозяйка.° Джим правильно сказал, что вы очень симпатичная женщина. Мы сейчас снимаем комнату **недалеко от**° университета, но нам там **совсем не**° нравится. А у вас очень хорошо, везде книги.

landlady

недалеко... not far from
совсем... not at all .

ТАТЬЯНА ДМ. Да, мы — мой сын и я — очень любим книги.

СВЕТА. Ваш сын? Он тоже здесь живёт?

ТАТЬЯНА ДМ. Да, но сейчас он в армии, поэтому я сдаю его комнату.

СВЕ́ТА.	(*Noticing a photograph on the wall.*) Э́то он на фотогра́фии†?
ТАТЬЯ́НА ДМ.	Да, э́то он.
СВЕ́ТА.	Како́й симпати́чный! И о́чень **похо́ж на вас**.° **Жаль**,° что он далеко́. Извини́те, Татья́на Дми́триевна, вы ещё не зна́ете, как нас зову́т. Я Све́та Ле́бедева.
ТА́НЯ.	А я Та́ня Жили́нская. Я учу́сь в университе́те на истори́ческом факульте́те.
ТАТЬЯ́НА ДМ.	О́чень прия́тно. Так вы студе́нтка моего́ сосе́да, Ильи́ Ильича́?
ТА́НЯ.	Да. Он замеча́тельный **преподава́тель**.° Студе́нты о́чень лю́бят его́.
ТАТЬЯ́НА ДМ.	А вы, Све́та, где у́читесь?
СВЕ́ТА.	В медици́нском† **институ́те**.† У меня́ и роди́тели, и брат — **врачи́**.° Я учу́сь на второ́м ку́рсе и **немно́го**† рабо́таю. На **ско́рой по́мощи**.°
ТАТЬЯ́НА ДМ.	Ну, де́вушки, я ра́да, что вам нра́вится на́ша кварти́ра. **Зна́чит**,° **всё в поря́дке**.° И у нас есть наш со́бственный° врач!
СВЕ́ТА.	Всё хорошо́! Татья́на Дми́триевна, а ско́лько э́то **сто́ит**°?
	(*Tatyana Dmitrievna smiles and takes the girls into the living room.*)

о́чень... he looks a lot like you / Too bad

instructor (in college)

doctors
ambulance service

So / всё... everything's fine
наш... our own

cost

УПРАЖНЕ́НИЕ 2.2.   **Вопро́сы и отве́ты**

1. Вы живёте в своём (*own*) до́ме и́ли снима́ете кварти́ру?
2. Где живёт ваш друг (ва́ша подру́га)?
3. Снима́ть кварти́ру в ва́шем го́роде — до́рого и́ли недо́рого?
4. Вам нра́вится ва́ша кварти́ра?
5. Кака́я ме́бель у вас в ко́мнате?
6. Где вы у́читесь? На како́м факульте́те?
7. Вы рабо́таете? Где?
8. Вы живёте далеко́ от университе́та и́ли недалеко́?
9. Вы похо́жи на мать и́ли на отца́?

ГРАММА́ТИКА И ПРА́КТИКА

THE ART OF CONVERSATION: "YOU LOOK LIKE YOUR . . . ."

Ваш сын о́чень похо́ж на вас.   *Your son looks a lot like you.*

The phrase **похо́ж на** + accusative means *to look like, to resemble*. It does not include a verb, but rather a short-form adjective. This type of adjective has short endings: The masculine ends in a consonant, the feminine usually ends in **-а,** and the plural usually ends in **-ы (-и** when the **«вúжу»** rule applies). You already learned another short-form adjective in Lesson 2 (**рад, рáда, рáды**).

Джим **похóж** на мать.	*Jim resembles his mother.*
Лéна **похóжа** на отцá.	*Lena looks like her father.*
Моú дéти **похóжи** на меня́.	*My children look like me.*

УПРАЖНЕНИЕ 2.3.   На когó ты похóж (похóжа)?

Review words for relatives, then try to find three people in class who think they resemble a relative or who have a relative who looks like them.

PAST TENSE

To form the past tense of almost all verbs (both **-ешь** and **-ишь** types), simply delete the **-ть** infinitive ending and add one of four past-tense endings.

	ENDING	EXAMPLES
MASCULINE SINGULAR (**я, ты, он**)	**-л**	рабóтал, стоя́л (*stood*), купи́л
FEMININE SINGULAR (**я, ты, онá**)	**-ла**	рабóтала, стоя́ла, купи́ла
NEUTER SINGULAR (**онó**)	**-ло**	рабóтало, стоя́ло, купи́ло
FORMAL OR PLURAL (**мы, вы, онú**)	**-ли**	рабóтали, стоя́ли, купи́ли

WAS, WERE

Although the *present* tense equivalent of *to be* is not normally expressed in Russian (**я студéнт**), the *past* tense forms derived from the infinitive **быть** are obligatory.

он был
онá былá (Note stressed feminine ending)
онó бы́ло
онú бы́ли

The equivalents of *was* and *were* are used in sentences like **Онá былá дóма** (*She was at home*) and **Э́то бы́ло ужáсно** (*That was terrible*). Unlike English, however, Russian has no compound past-tense forms such as *was reading, have read, had read,* and *had been reading*. A compound past form like *He was watching television* and a simple past form like *He watched television* are both expressed by **Он смотрéл телевúзор.** The Russian past tense is always indicated by the ending of the verb, and no helping verbs (*have, had, has been, had been*) are needed.

УПРАЖНЕНИЕ 2.4.   Где вы бы́ли вчера́?

Ask your neighbor where he or she was yesterday and where his or her sister, brother, friend, parents, or someone else was.

УПРАЖНЕНИЕ 2.5.   А что они́ де́лали вчера́?

Contrast today's activities with yesterday's, using the phrases provided; then make up five of your own.

1. Сего́дня Джим игра́ет на роя́ле, а вчера́...
2. Сего́дня мы смо́трим телеви́зор, а вчера́...
3. ???

а. слу́шать рок-му́зыку (класси́ческую му́зыку, ра́дио...)
б. игра́ть в бейсбо́л (те́ннис, баскетбо́л...)
в. смотре́ть телеви́зор (фильм...)
г. чита́ть кни́ги (газе́ты, журна́лы...)
д. гуля́ть в па́рке

УПРАЖНЕНИЕ 2.6.   Что вы де́лали вчера́?

Tell three things you did yesterday (**чита́л/а кни́гу, слу́шал/а ра́дио, смотре́л/а телеви́зор,** and so on) and ask what others did (**Вчера́ вы... ?**).

НРА́ВИТЬСЯ AND ЛЮБИ́ТЬ

As is the case with the English verbs *to like* and *to love,* the Russian verbs **нра́виться** and **люби́ть** overlap somewhat in meaning. **Люби́ть** denotes a greater depth of feeling toward, and/or a longer-term attachment to, the person or thing in question.

Вади́м **лю́бит** свою́ жену́.	*Vadim loves his wife.*
Са́ша **лю́бит** свою́ рабо́ту.	*Sasha loves his work.*
Я **люблю́** ры́бу.	*I love fish.*
Мы **лю́бим** игра́ть в баскетбо́л.	*We love to play basketball.*

Нра́виться is the only choice for describing first impressions. To express a very positive first impression, or a very positive attitude toward something familiar but not truly "loved," **о́чень нра́виться** is used.

Мне **нра́вится** э́та но́вая рок-гру́ппа.	*I like this new rock band.*
Мне **о́чень нра́вятся** мои́ но́вые сосе́ди.	*I really like my new neighbors.*
Мне **о́чень нра́вится** твоё но́вое пла́тье!	*I just love your new dress!*

In some instances, **люби́ть** and **о́чень нра́виться** are virtually interchangeable.

> Я **люблю́** класси́ческую му́зыку.
> Мне **о́чень нра́вится** класси́ческая му́зыка.

УПРАЖНЕНИЕ 2.7. Ты лю́бишь чита́ть?

Suppose you're looking for a roommate. Choose three of the following activities (or suggest different ones) that you like to do. Then try to find a classmate who enjoys at least two of them.

слу́шать рок-му́зыку	гуля́ть в па́рке
игра́ть в бейсбо́л	игра́ть в баскетбо́л
смотре́ть телеви́зор	игра́ть в те́ннис
чита́ть кни́ги	???

УПРАЖНЕНИЕ 2.8. Тебе́ нра́вится класси́ческая му́зыка?

Find at least one classmate who likes each of the following things or activities:

рок-му́зыка	игра́ть в баскетбо́л
класси́ческая му́зыка	смотре́ть америка́нский
ру́сские фи́льмы	футбо́л
???	жить в на́шем го́роде
	учи́ться в на́шем
	университе́те (на́шей
	шко́ле)
	слу́шать ле́кции
	смотре́ть фи́льмы у́жасов
	???

УПРАЖНЕНИЕ 2.9. Guessing cognates

How many of the following cognates can you guess the meaning of? Read them aloud to a classmate (notice that the stress is always on the last vowel preceding the **-ия** ending).

авиа́ция	ликвида́ция	электрифика́ция
коми́ссия	рекоменда́ция	профе́ссия
депре́ссия	реа́кция	конденса́ция
делега́ция	экспеди́ция	тради́ция
навига́ция	инстру́кция	колле́кция
града́ция	диску́ссия	

WORD STUDY

-ция/-сия Nouns

Hundreds of Russian nouns ending in **-ция/сия** correspond directly to English nouns ending in -*tion*/-*sion*. You have already encountered at least four:

> **дискримина́ция**
> **диссерта́ция**
> **репроду́кция**
> **пе́нсия**

Диалоги

Expressing likes and dislikes

ДИАЛОГ 2.1. Каку́ю му́зыку ты лю́бишь?

— Тебе́ нра́вится э́та му́зыка?
— Совсе́м не нра́вится.
— А каку́ю му́зыку ты лю́бишь?
— Я люблю́ кла́ссику.

ДИАЛОГ 2.2. Тебе́ нра́вится...?

— Где ты снима́ешь кварти́ру?
— Недалеко́ от университе́та.
— Тебе́ там нра́вится?
— Да, кварти́ра хоро́шая, авто́бусная остано́вка ря́дом. И хозя́йка мне нра́вится, она́ о́чень симпати́чная же́нщина.

УПРАЖНЕНИЕ 2.10. Ваш диало́г

Create a dialogue in which you answer an ad for a room to rent. You and the prospective landlord or landlady discuss the room.

УПРАЖНЕНИЕ 2.11. Перево́д

"Do you live far from the university?"
"No, not very far. And you?"
"Not far at all. Do you like your apartment?"
"Yes, and I also like my new neighbors."

ЧАСТЬ ТРЕТЬЯ

УПРАЖНЕНИЕ 3.1. Подгото́вка к чте́нию

The new mail carrier (**почтальо́н**) is confused. As you read this selection, try to figure out who gets what.

1. Кому́ «Изве́стия»?
2. Кому́ пе́нсия?
3. Кому́ «Коммерса́нт»?
4. Кому́ два письма́ и бандеро́ль?
5. Кому́ «Литерату́рная газе́та»?

На́ша по́чта°

mail

(*The neighbors are waiting for the mail delivery.*)

СЕРГЕ́Й ПЕТР.	До́брый день. Как ва́ше **здоро́вье**,°[8] Алекса́ндра Никола́евна? Скажи́те, по́чта уже́ была́?	Как... *How are you*
БА́БУШКА.	Нет ещё. Я жду почтальо́на.°	*mail carrier*

(*A mail carrier approaches.*)

ПРОФЕ́ССОР.	Пожа́луйста, да́йте мою́ по́чту. Пя́тая† кварти́ра.	
СЕРГЕ́Й ПЕТР.	И на́шу. Шеста́я† кварти́ра.	
СА́ША.	И на́шу. Деся́тая† кварти́ра.	
ПОЧТАЛЬО́Н.	Пя́тая кварти́ра. Два письма́ и **бандеро́ль**.° **Тяжёлая**.° **Наве́рно**,° кни́ги. (*Gives it to the professor.*)	*package / It's heavy.* *Most likely*
ВО́ВА.	Илья́ Ильи́ч, каки́е краси́вые **ма́рки**°!	*stamps*
ПРОФЕ́ССОР.	(*He takes out the letter and offers the envelope to Vova.*) Пожа́луйста, Во́ва, э́то тебе́.	

---

[8] **Как ва́ше здоро́вье?** is appropriate only when addressing people middle-aged and older. It is generally not used with younger people, among whom the equivalent is **Как дела́?**

ВÓВА.	Спаси́бо! Илья́ Ильи́ч, а тут на **конве́рте**° а́дрес.[9]	*envelope*
ПРОФÉССОР.	У меня́ есть э́тот а́дрес, в записно́й кни́жке.°	записно́й... *address book*
ПОЧТАЛЬÓН.	Деся́тая кварти́ра. Вам письмо́ и **пе́нсия**.[†] Нет, две пе́нсии.	
БА́БУШКА.	Пе́нсия — э́то хорошо́.	

(The mail carrier hands out letters and newspapers.)

СА́ША.	Извини́те, мы получа́ем «Изве́стия°», а э́то «Моско́вские но́вости»°.	*Izvestiia* «Моско́вские... *Moscow News*
ЛÉНА.	А я получа́ю «Моско́вские но́вости», а э́то «Изве́стия».	
ПРОФÉССОР.	Извини́те, а где моя́ «Литерату́рная[†] газе́та»?	
СЕРГÉЙ ПЕТР.	Вот она́, у меня́. А где мой «Коммерса́нт°»?	*Businessman*
ПРОФÉССОР.	У меня́.	
ПОЧТАЛЬÓН.	**Не волну́йтесь**.° Ваш дом но́вый, и я на по́чте рабо́таю **неда́вно**.° Я ещё не всё зна́ю. Пи́сьма ва́ши? Не чужи́е°?	*Don't worry.* Я... *I only recently started working at the post office. /* *someone else's*
ВСЕ.	Нет, нет!	
ПОЧТАЛЬÓН.	**Замеча́тельно!**° Гла́вное° — э́то пи́сьма. А газе́ты — э́то не пробле́ма. Вы, де́вушка, отдаёте молодо́му челове́ку «Изве́стия», а он отдаёт вам «Моско́вские но́вости». Вы, **мужчи́ны**,° отдаёте друг дру́гу газе́ты. (*To Silin.*) Вам — «Коммерса́нт», (*to the professor*) а вам — «Литерату́рная газе́та». Тепе́рь всё в поря́дке. (*She finds yet another letter.*) Скажи́те, кто э́то — Си́лин В. С.?	*Great! / The main thing* *gentlemen*
СЕРГÉЙ ПЕТР.	Я Си́лин, но мои́ инициа́лы[†] — С. П.	
ПОЧТАЛЬÓН.	Нет, тут на конве́рте Си́лину В. С.	
БА́БУШКА.	Серге́й Петро́вич, э́то же ваш Во́ва!	
СЕРГÉЙ ПЕТР.	Действи́тельно, Во́ва! И уже́ инициа́лы! Как **бы́стро**° **расту́т**° на́ши **де́ти**°!	*quickly* *grow up / children*

---

[9] Return addresses are not included on Russian personal letters, so before Vova takes the envelope, he checks to make sure Ilya Ilyich has this address.

Вопро́сы и отве́ты

1. Вы лю́бите получа́ть по́чту? Вы получа́ете мно́го по́чты?
2. Вы получа́ете пи́сьма? От кого́?
3. Вы пи́шете пи́сьма? Кому́?
4. Вы лю́бите получа́ть пи́сьма? А писа́ть пи́сьма вы лю́бите?
5. Каки́е газе́ты и́ли журна́лы вы получа́ете?
6. Вы получа́ете «Моско́вские но́вости»?
7. Вы получа́ете иногда́ чужу́ю (*other people's*) по́чту?
8. У вас молодо́й и́ли ста́рый почтальо́н?
9. Ваш почтальо́н — мужчи́на или же́нщина?

О РОССИИ

ussians address envelopes in the following manner: the country comes first, then the postal code, city, street, and finally the addressee, whose name is in the dative case. The return address is usually placed directly below the addressee. Note the following abbreviations commonly used in writing addresses: **г. = го́род, ул. = у́лица, д. = дом, корп. = ко́рпус** (*a separate building within a building complex*), **кв. = кварти́ра.** When you send a letter to Russia from the United States, it is appropriate to put the complete address in Russian in the manner described above, then add *To: [city], Russia* in English at the bottom.

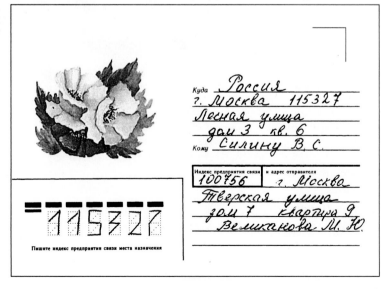

УПРАЖНЕНИЕ 3.3.   **Addressing envelopes**

Address envelopes to the following recipients:

1. И. И. Сергéев, ýлица Тверскáя, дом 24, квартúра 362, Москвá
   123100
2. Н. В. Жилúнская, Кондрáтьевский проспéкт, дом 15, кóрпус 2,
   квартúра 134, Санкт-Петербýрг 195197

ГРАММАТИКА И ПРАКТИКА

NUMERALS 1–4 AND CASES

У меня́ то́лько **оди́н стол.**	*I have only one table.*
В э́той ко́мнате **две крова́ти.**	*In that room there are two beds.*
Вам **два письма́** и бандеро́ль.	*Two letters and a package for you.*
Три рубля́! Э́то недо́рого!	*Three rubles! That's not expensive!*
Четы́ре кварти́ры предлага́ют нам столы́.	*Four apartments are offering us tables.*

All the sentences above have in common a numeral that expresses quantity. With the exception of **оди́н**, *cardinal* numbers in Russian are followed by the genitive case of the items being counted.[10]

NUMBER	WHAT HAPPENS	EXAMPLES
1 (оди́н, одна́, одно́)	Like **э́тот**, the form of this number changes to match the gender of the noun.	У меня́ оди́н стол, одна́ ла́мпа и одно́ кре́сло.
2 (два, две)	а. **Два** precedes masculine and neuter nouns; **две** precedes feminine nouns. б. The items being counted are in genitive singular.	У меня́ два бра́та и две сестры́. На столе́ два письма́. В ко́мнате две крова́ти.
3 (три), 4 (четы́ре)	The items being counted are in genitive singular.	В коридо́ре три студе́нта. В э́том до́ме четы́ре кварти́ры.

---

[10] It is this "numeral governance" that requires **оди́н год** (nominative) but **два, три, четы́ре го́да** (genitive). The word **лет** used with other numbers is a special genitive plural.

УПРАЖНЕНИЕ 3.4.   **Scavenger hunt**

Using the numerals **оди́н, два/две, три, четы́ре,** find out who in your class has the following items at home. To do so, first state how many you have and then ask **А у тебя́?**

EXAMPLE: — У меня́ до́ма два телефо́на. А у тебя́?
              — У меня́ оди́н телефо́н. *or* У меня́ нет телефо́на.

1. телеви́зор
2. компью́тер
3. сестра́
4. брат
5. ко́шка
6. соба́ка
7. телефо́н

8. маши́на
9. ла́мпа
10. кре́сло
11. спа́льня
12. туале́т
13. при́нтер

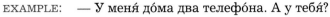

GENITIVE MEANINGS

Где остано́вка **авто́буса**?   *Where's the bus stop?*
Ты не зна́ешь его́ **но́мер**   *Do you happen to know his*
телефо́на?   *phone number?*

In addition to showing possession, the genitive case can be used to link two nouns, as *'s* and *of* phrases often do in English:

POSSESSION: маши́на профе́ссора   *the professor's car*
             сапоги́ Джи́ма   *Jim's boots*

OTHER: а́дрес Ни́ны   *Nina's address*
             муж мое́й сестры́   *my sister's husband*
             пала́та представи́телей   *the House of Representatives*

УПРАЖНЕНИЕ 3.5.   Но́вые фра́зы

The following phrases contain words you know (or can guess) to link two nouns, the second of which is the genitive case. What do they mean in English? Note that some express possession or ownership, whereas others show some other linkage.

но́мер телефо́на	рабо́та журнали́ста
а́дрес профе́ссора	дом-музе́й Толсто́го
кварти́ра ба́бушки	орке́стр телеви́дения
шко́ла бра́та	музе́й исто́рии авиа́ции
му́зыка Мо́царта	

CARDINAL NUMERALS 40–90

Here are six new numbers.

40	со́рок
50	пятьдеся́т
60	шестьдеся́т
70	се́мьдесят
80	во́семьдесят
90	девяно́сто

Note that the numbers 50–80 ("five tens, six tens," and so on) have a **-ь-** in the middle of the word, and that the stress is on the last syllable for 50 and 60, but on the first syllable for 70 and 80.

О РОССИИ

Но́мер телефо́на

Russian telephone numbers are not standardized. In large cities (Москва́, Санкт-Петербу́рг), they consist of seven digits, which are written and spoken XXX-XX-XX. In smaller cities (such as На́бережные Челны́, population about 300,000, located about 150 miles east of Каза́нь on the Ка́ма river), they may be made up of only six numbers, which are written and spoken XX-XX-XX. Finally, in many small towns and villages (such as Баба́ево, population under 50,000, located about 300 miles north of Moscow and about 200 miles east of St. Petersburg), phone numbers consist of only five numbers. Such numbers are usually read X-XX-XX.

УПРАЖНЕНИЕ 3.6. Но́мер телефо́на

You are doing an internship at the **КАМА́З** truck factory (**Ка́мский автоби́льный заво́д**) in **На́бережные Челны́**. A colleague from the factory is giving you the phone numbers of some of your co-workers. Write down the names and numbers as a classmate reads them aloud to you in Russian, then change the names and numbers around (or make up new ones) and dictate them for your classmate to write down.

Андре́й	22-47-83
Валенти́на	91-17-74
Лари́са	65-36-59
Константи́н	70-39-12
Юрий	19-51-48
Зо́я	90-62-86

УПРАЖНЕНИЕ 3.7. Како́й ваш но́мер телефо́на?

Compile a list of the actual phone numbers of five of your classmates. (Although Russians usually give seven-digit phone numbers as XXX-XX-XX, imagine that you are in a noisy café, so your classmates must give you their numbers this way: X-X-X-XX-XX.)

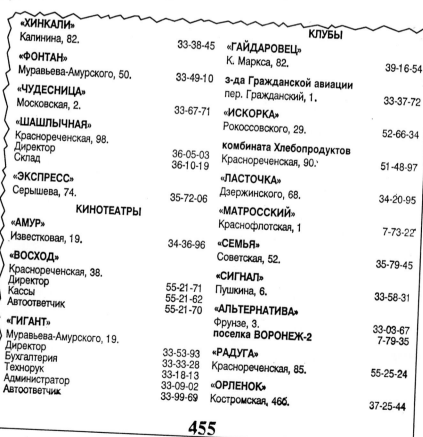

«ХИНКАЛИ»			КЛУБЫ
Калинина, 82.	33-38-45	**«ГАЙДАРОВЕЦ»**	
«ФОНТАН»		К. Маркса, 82.	39-16-54
Муравьева-Амурского, 50.	33-49-10	**з-да Гражданской авиации**	
«ЧУДЕСНИЦА»		пер. Гражданский, 1.	33-37-72
Московская, 2.	33-67-71	**«ИСКОРКА»**	
«ШАШЛЫЧНАЯ»		Рокоссовского, 29.	52-66-34
Краснореченская, 98.		**комбината Хлебопродуктов**	
Директор	36-05-03	Краснореченская, 90.	
Склад	36-10-19		51-48-97
«ЭКСПРЕСС»		**«ЛАСТОЧКА»**	
Серышева, 74.	35-72-06	Дзержинского, 68.	34-20-95
КИНОТЕАТРЫ		**«МАТРОССКИЙ»**	
«АМУР»		Краснофлотская, 1	7-73-22
Известковая, 19.	34-36-96	**«СЕМЬЯ»**	
«ВОСХОД»		Советская, 52.	35-79-45
Краснореченская, 38.		**«СИГНАЛ»**	
Директор		Пушкина, 6.	33-58-31
Кассы	55-21-71		
Автоответчик	55-21-62	**«АЛЬТЕРНАТИВА»**	
	55-21-70	Фрунзе, 3.	33-03-67
«ГИГАНТ»		поселка ВОРОНЕЖ-2	7-79-35
Муравьева-Амурского, 19.		**«РАДУГА»**	
Директор	33-53-93	Краснореченская, 85.	55-25-24
Бухгалтерия	33-33-28		
Технорук	33-18-13	**«ОРЛЕНОК»**	
Администратор	33-09-02	Костромская, 46б.	37-25-44
Автоответчик	33-99-69		

455

Диалоги

ДИАЛОГ 3.1. Ваш па́спорт?

(Asking for your mail in a post office)

— Пожа́луйста, да́йте мою́ по́чту.
— Фами́лия?
— Ольхо́вская.
— Ваш па́спорт?
— Вот он, пожа́луйста.
— Вот ва́ша по́чта. Два письма́
  и две газе́ты.

ДИАЛОГ 3.2. По́чта уже́ была́?

(Asking about mail)

— По́чта уже́ была́?
— Да, вот она́. Письмо́ па́пе, письмо́ мне и два письма́ тебе́.
— А кому́ бандеро́ль?
— Бандеро́ль то́же тебе́. Она́ тяжёлая. Наве́рно, кни́ги.
— Да, э́то а́нгло-ру́сский слова́рь (*dictionary*).

УПРАЖНЕНИЕ 3.8. Ваш диало́г

Create a three- or four-way dialogue in which you help a new mail carrier distribute mail in your apartment building.

УПРАЖНЕНИЕ 3.9. Перево́д

"Has the mail come already?"
"Yes. There's a letter and a package for you."
"And who is this package for?"
"For me. From Grandma. I think it's a gift."

ЧАСТЬ ЧЕТВЁРТАЯ

УПРАЖНЕНИЕ 4.1. Подго́товка к чте́нию

Skim this reading quickly without looking up any words and see if you can find answers to the following questions:

1. What are Sveta and Tanya looking for?
2. Why do they go to apartment 10?
3. How much money will they spend?

ЧТЕНИЕ

Э́то вам пода́рок°!

present

(*Sveta and Tanya are looking at their ad.*)

> Две студе́нтки хотя́т
> купи́ть стол и сту́лья.
> Е́сли вы продаёте стол
> и́ли сту́лья, пожа́луй-
> ста, напиши́те **свой**°   *your*
> но́мер **телефо́на**† (и́ли
> но́мер кварти́ры и **вре́-**
> **мя,**° когда́ вы до́ма).   *time*

СВЕ́ТА. Смотри́, Та́ня, на́ши сосе́ди продаю́т столы́. Четы́ре кварти́ры! Кака́я кварти́ра тебе́ нра́вится?

ТА́НЯ. Мне нра́вится деся́тая, потому́ что она́ ря́дом, в на́шем подъе́зде.

СВЕ́ТА. Хорошо́, **я не возража́ю.**°   я... I have no objections

(They go up the stairs and ring the doorbell of apartment 10. Sasha opens the door.)

СВЕ́ТА. Прости́те, вы продаёте стол?

СА́ША. У нас есть ли́шний стол, но мы его́ не продаём.

ТА́НЯ. Извини́те, э́то, наве́рно, оши́бка.

СА́ША. Нет, э́то не оши́бка. Мы не продаём стол, а отдаём его́ беспла́тно.

СВЕ́ТА. Беспла́тно? Почему́?

СА́ША. Потому́ что моя́ ко́мната ма́ленькая. Там **стоя́т**° роя́ль   are
и э́тот стол, и у меня́ ма́ло ме́ста. Писа́ть я могу́ на роя́ле, а игра́ть на столе́ я не могу́. Поэ́тому я отдаю́ вам стол.

СВЕ́ТА. Вы музыка́нт?

СА́ША. Да, я учу́сь в консервато́рии.[†] Дава́йте познако́мимся. Меня́ зову́т Са́ша.

СВЕ́ТА. А меня́ Све́та. А э́то моя́ **подру́га**[†] Та́ня. Мы живём в седьмо́й[†] кварти́ре, снима́ем ко́мнату.

СА́ША. А почему́ мы тут **стои́м**°? Заходи́те, пожа́луйста! *(He*   are standing
shows the young women the table.) Вы **берёте**° стол? Он   are taking
о́чень хоро́ший.

СВЕ́ТА. Берём, коне́чно.

ТА́НЯ. Большо́е вам спаси́бо.

СА́ША. Пожа́луйста! Я могу́ вам помо́чь?

СВЕ́ТА. Спаси́бо, коне́чно!

(They drag the table to the elevator and go down to the second floor. Sveta rings, and Tatyana Dmitrievna opens the door.)

СВЕ́ТА. Татья́на Дми́триевна, познако́мьтесь, э́то Са́ша. Он живёт в деся́той кварти́ре. Э́тот стол — его́ пода́рок нам!

ТАТЬЯ́НА ДМ. Стол? Замеча́тельно! Тепе́рь у вас всё есть. Спаси́бо, Са́ша.

СА́ША. Не́ за что. Но «спаси́бо» — э́то не всё. Но́вая кварти́ра, но́вые сосе́ди, но́вый стол — мо́жно **пра́здновать**°   celebrate
новосе́лье.°   housewarming

СВЕ́ТА. **Прекра́сная**° иде́я! Са́ша не то́лько **да́рит**° нам стол, но   Excellent / gives *(as a present)*
и предлага́ет° иде́и. Мне э́то о́чень нра́вится!   offers

ТА́НЯ. Мне то́же! Е́сли Татья́на Дми́триевна не возража́ет...

(Everyone looks at Tatyana Dmitrievna.)

ТАТЬЯ́НА ДМ. Я то́же ду́маю, что э́то прекра́сная иде́я!

УПРАЖНЕНИЕ 4.2.   Вопро́сы и отве́ты

1. Кака́я ме́бель есть у вас в ко́мнате?
2. У вас есть ли́шняя ме́бель?
3. Как вы ду́маете, Са́ша хоро́ший челове́к?
4. Вы лю́бите получа́ть пода́рки? От кого́ вы получа́ете пода́рки?
5. Вы лю́бите де́лать пода́рки (*give gifts*)? Кому́ вы де́лаете пода́рки?

ГРАММАТИКА И ПРАКТИКА

ORDINAL NUMERALS: 1–99

Ordinal numbers express order or rank. Being adjectives, they agree in gender, case, and number with the nouns they modify.

	CARDINAL NUMERALS		ORDINAL NUMERALS
1	оди́н	1st	пе́рвый, -ая, -ое, -ые
2	два, две	2nd	второ́й, -а́я, -о́е, -ы́е
3	три	3rd	тре́тий, -ья, -ье, -ьи (Note the spelling.)
4	четы́ре	4th	четвёртый, -ая, -ое, -ые
5	пять	5th	пя́тый, -ая, -ое, -ые
6	шесть	6th	шесто́й, -а́я, -о́е, -ы́е
7	семь	7th	седьмо́й, -а́я, -о́е, -ы́е
8	во́семь	8th	восьмо́й, -а́я, -о́е, -ы́е
9	де́вять	9th	девя́тый, -ая, -ое, -ые
10	де́сять	10th	деся́тый, -ая, -ое, -ые
11	оди́ннадцать	11th	оди́ннадцатый, -ая, -ое, -ые
12	двена́дцать	12th	двена́дцатый, -ая, -ое, -ые
21	два́дцать оди́н	21st	два́дцать пе́рвый
32	три́дцать два	32nd	три́дцать второ́й
43	со́рок три	43rd	со́рок тре́тий, *and so on*

Note the following "round ten" ordinal forms:

20	два́дцать	20th	двадца́тый
30	три́дцать	30th	тридца́тый
40	со́рок	40th	сороково́й
50	пятьдеся́т	50th	пятидеся́тый
60	шестьдеся́т	60th	шестидеся́тый
70	се́мьдесят	70th	семидеся́тый
80	во́семьдесят	80th	восьмидеся́тый
90	девяно́сто	90th	девяно́стый

УПРАЖНЕНИЕ 4.3.   Вы по́мните, где живёт...?

Where do the characters in our story live? Ask one another about them, using ordinals in the answers.

> EXAMPLE: — Ты по́мнишь, где живёт профе́ссор Петро́вский?
> — Да, он живёт на тре́тьем этаже́, в пя́той кварти́ре.

УПРАЖНЕНИЕ 4.4.   Matching

Match the items in the left-hand column with those on the right.

1. _____ Пе́рвый челове́к в
   ко́смосе
2. _____ Тре́тий день (*day*)
   неде́ли (*week*)
3. _____ Шесто́й ме́сяц (*month*)
   го́да
4. _____ Второ́й ме́сяц го́да
5. _____ Пе́рвая же́нщина в
   ко́смосе
6. _____ Деся́тая бу́ква
   англи́йского алфави́та
   (*alphabet*)
7. _____ Пя́тая бу́ква ру́сского
   алфави́та
8. _____ Четвёртый ме́сяц
   уче́бного го́да (*school
   year*)
9. _____ Шестна́дцатый
   америка́нский
   президе́нт

а. J
б. Валенти́на Терешко́ва
в. дека́брь
г. среда́
д. Д
е. Ю́рий Гага́рин
ж. Авраа́м Ли́нкольн
з. февра́ль
и. ию́нь

УПРАЖНЕНИЕ 4.5.   На како́м этаже́ вы живёте?[11]

Ask classmates what floor they live on and find out who lives on the highest floor.

> EXAMPLE: — На како́м этаже́ вы живёте?
> — На второ́м.

THE ART OF CONVERSATION: EXTENDED MEANINGS OF **У**-PHRASES

У вас о́чень хорошо́, везде́
кни́ги.

*Your place is great—(there
are) books everywhere.*

---

[11] Russian and American floor-numbering systems are usually the same: **пе́рвый эта́ж** = *first,*
or *ground, floor.*

У меня́ роди́тели и брат — врачи́.	*My parents and brother are doctors.*
У нас сего́дня новосе́лье.	*We're having a housewarming party today.*

In sentences such as the above the **y** + noun or pronoun construction establishes a relationship between a person and his or her home, family, or place of work.

DATIVE + HÁДО + INFINITIVE = *MUST, HAVE TO*

Ле́не на́до писа́ть статью́.	*Lena has to write an article.*

The formula above shows the most common way to express what someone must do. If no person (in the dative case) is expressed, the meaning becomes generic: *one must, you have to.*

На́до писа́ть оригина́льно.	*You have to write creatively.*

УПРАЖНЕНИЕ 4.6.   How to do something

Combine the numbered situations with the requisite abilities or actions below. Various combinations are possible.

1. To get good grades . . .	**а.** на́до мно́го чита́ть.
2. To be a historian . . .	**б.** на́до писа́ть хорошо́ и интере́сно.
3. To become a famous pianist . . .	**в.** на́до мно́го знать.
4. To earn money . . .	**г.** на́до мно́го рабо́тать.
5. If one is a journalist . . .	**д.** на́до мно́го игра́ть.

УПРАЖНЕНИЕ 4.7.   Что на́до де́лать?

Match the situation on the left with a likely response or rejoinder on the right.

1. _____	За́втра день рожде́ния (*birthday*) моего́ отца́.	**а.**	Ему́ на́до игра́ть ти́хо.
2. _____	Све́те и Та́не не нра́вится их кварти́ра.	**б.**	Им на́до снять но́вую (кварти́ру).
3. _____	Са́ша игра́ет на роя́ле но́чью (*at night*).	**в.**	Вам на́до купи́ть ру́чку.
4. _____	У Ле́ны большо́е зада́ние.	**г.**	Ей на́до писа́ть статью́.
5. _____	Джим хо́чет хорошо́ говори́ть по-ру́сски.	**д.**	Ей на́до гото́вить обе́д (*prepare dinner*).
6. _____	У ба́бушки бу́дут (*will be*) го́сти.	**е.**	Ему́ на́до слу́шать кассе́ты.
7. _____	У меня́ нет ру́чки.	**ж.**	Тебе́ на́до купи́ть ему́ пода́рок.

THE ART OF CONVERSATION: НЕ НА́ДО... AND НЕ НА́ДО!

Russians use **не на́до** (without a dative) in two ways.

• As a softened prohibition.

> Не на́до здесь   *You really shouldn't take*
>   фотографи́ровать.   *pictures here.*

• As an admonition (note that, as in English, if context makes the meaning clear, an infinitive is unnecessary).

> Ви́ктор, не на́до!   *Viktor, don't (do that)!*

ДИАЛОГИ

ДИАЛОГ 4.1.   Я могу́ дать тебе́...

(Giving things to others)

— Тебе́ нра́вится твоя́ но́вая
   кварти́ра?
— О́чень нра́вится.
— Там есть ме́бель?
— Всё есть, то́лько нет стола́.
— У меня́ есть ли́шний стол. Он
   большо́й, о́чень хоро́ший. Я
   могу́ дать его́ тебе́.
— Спаси́бо.

ДИАЛОГ 4.2.   Спроси́ у них (*ask them*), пожа́луйста...

(Doing favors for others)

— В мое́й но́вой кварти́ре есть стол, сту́лья, ла́мпы, но нет кре́сла.
— У меня́ нет ли́шнего кре́сла, но я зна́ю, что мои́ сосе́ди продаю́т
   ме́бель. Мо́жет быть, у них есть кре́сло.
— Спроси́ у них, пожа́луйста.
— Хорошо́.

ДИАЛОГ 4.3.   Ско́лько сто́ит вон та ла́мпа?

(Making a purchase)

— Ско́лько сто́ит вон та
  ла́мпа?
— Кака́я ла́мпа?
— Та, кото́рая сто́ит в углу́ (*corner*).
— Э́та ла́мпа сто́ит о́чень
  до́рого.

УПРАЖНЕНИЕ 4.8.   Ваш диало́г

You and another student have decided to rent a small apartment. Discuss
what furniture you each have and what you need to buy.

УПРАЖНЕНИЕ 4.9.   Перево́д

"Excuse me, are you selling these chairs?"
"Yes. They're not new, so they're not very expensive."
"I like them very much. I want to buy them. How much are they?"

Новые слова

Nouns

бандеро́ль *f.*	package (containing printed matter)
врач (*gen. sing.* врача́)	physician; doctor
вре́мя (*gen. sing.* вре́мени) *neut.*	time
год (*prep. sing.* в году́, *pl.* го́ды, *gen. pl.* лет)	year
де́ти *pl.*	children
здоро́вье	health
иде́я	idea
институ́т	institute
конве́рт	envelope
курс	year (of study in college)
лю́ди *pl.*	people
ма́рка	stamp
оши́бка	mistake
пе́нсия	pension
пода́р(о)к	gift; present
подру́га	(female) friend
подъе́зд	entryway; entrance; doorway
по́мощь *f.*	help
по́чта	1. mail; 2. post office
преподава́тель *m.*	instructor; teacher
ста́ршие *noun, declines like adj. (pl. only)*	one's elders
телефо́н	telephone
шко́льник	schoolboy
шко́льница	schoolgirl
язы́к (*gen. sing.* языка́)	language

Pronouns
Reflexive Possessive

свой	one's

Adjectives

культу́рный	cultured
ли́шний, (ли́шняя, ли́шнее, ли́шние)	spare; extra
прекра́сный	excellent; wonderful
тяжёлый	heavy

Numerals

Cardinals

трина́дцать	thirteen
четы́рнадцать	fourteen
пятна́дцать	fifteen
шестна́дцать	sixteen
семна́дцать	seventeen
восемна́дцать	eighteen
девятна́дцать	nineteen
два́дцать	twenty
три́дцать	thirty
со́рок	forty
пятьдеся́т	fifty
шестьдеся́т	sixty
се́мьдесят	seventy
во́семьдесят	eighty
девяно́сто	ninety

Ordinals

пе́рвый	first
второ́й	second
тре́тий, (тре́тья, тре́тье, тре́тьи)	third
четвёртый	fourth
пя́тый	fifth
шесто́й	sixth
седьмо́й	seventh
восьмо́й	eighth
девя́тый	ninth
деся́тый	tenth
оди́ннадцатый	eleventh
двена́дцатый	twelfth
трина́дцатый	thirteenth
четы́рнадцатый	fourteenth
пятна́дцатый	fifteenth
шестна́дцатый	sixteenth
семна́дцатый	seventeenth
восемна́дцатый	eighteenth
девятна́дцатый	nineteenth
двадца́тый	twentieth
тридца́тый	thirtieth
сороково́й	fortieth
пятидеся́тый	fiftieth
шестидеся́тый	sixtieth
семидеся́тый	seventieth
восьмидеся́тый	eightieth
девяно́стый	ninetieth

Verbs

брать (бер-у́, бер-ёшь)	to take
быть (*past* был, была́, бы́ло, бы́ли)	to be
ви́деть (ви́ж-у, ви́д-ишь)	to see
дари́ть (дар-ю́, да́р-ишь)	to give (as a present)
нра́виться (*usu. 3rd pers.* нра́в-ится, нра́в-ятся) (+ *dat.*)	to please (someone)
пра́здновать (пра́здну-ю, пра́здну-ешь)	to celebrate
сказа́ть (*past* сказа́л, -а, -о, -и)	to say; to tell
сто́ить (*usu. 3rd pers.* сто́-ит, сто́-ят)	to cost
стоя́ть (сто-ю́, сто-и́шь)	1. to stand; 2. to be (located)

Adverbs

бы́стро	quickly; fast
вчера́	yesterday
наве́рно	most likely; probably
неда́вно	recently
недалеко́	not far
немно́го	a little
пра́вильно	correctly; that's right; that's correct
сего́дня	today
ско́лько	how many; how much

Other

жаль	it's/that's a pity; (it's/that's) too bad
же *particle* (*used for emphasis*)	surely; after all
зна́чит *parenthetical*	so; then
недалеко́ от (+ *gen.*)	not far from

Idioms and Expressions

В како́м ты кла́ссе?	What grade are you in?
Всё в поря́дке.	Everything is in order; Everything's fine.
друг дру́га (**друг дру́гу, друг о дру́ге**, *and so on*)	(to, about, and so on) each other; (to, about, and so on) one another
Замеча́тельно!	Great!
Заходи́(те)!	Come in!
к сожале́нию *parenthetical*	unfortunately
Как ва́ше здоро́вье?	How are you?
На како́м вы ку́рсе?	What year (of college) are you in?
Не волну́йся! (**Не волну́йтесь!**)	Don't worry!
недалеко́ от (+ *gen.*)	not far from
Отку́да вы зна́ете?	How do you know?
похо́ж (похо́жа) на (+ *acc.*)	resembles; looks like
Ско́лько тебе́ лет?	How old are you?
ско́рая по́мощь	ambulance service
совсе́м не...	not at all
Я на второ́м ку́рсе.	I'm a second-year student.
Я не возража́ю.	I have no objections.

Topics

When: **неда́вно; вчера́, сего́дня, иногда́, никогда́, пото́м, сейча́с; ве́чером**

Mail, Post office: **по́чта, рабо́тать на по́чте, почтальо́н; а́дрес, но́мер до́ма, но́мер кварти́ры, фами́лия, инициа́лы; получа́ть по́чту; письмо́, бандеро́ль, конве́рт, ма́рка**

7

УРОК

ОТЛИЧНАЯ КОМПАНИЯ

а. «Бу́дет мно́го госте́й!»   б. Го́сти.   в. Банке́т.

In this chapter you will learn

to talk about studying

the days of the week and parts of the day

to express future action

about an important feature of Russian verbs called aspect

to report what someone else has said

to express knowing how to do something

to tell time on the hour

some irregular past-tense verb forms

about visiting Russians at home

about gender relations in Russia

about Aleksandr Pushkin

ЧАСТЬ ПЕРВАЯ

Чтение

Отли́чная° компа́ния°

Excellent / group

(*Sasha Kruglov rings the doorbell of apartment 7. Tatyana Dmitrievna opens the door.*)

СА́ША. До́брый ве́чер, Татья́на Дми́триевна. Ва́ши де́вушки до́ма?

ТАТЬЯ́НА ДМ. До́брый ве́чер, Са́ша. Де́вушки до́ма. Заходи́те.

(*Sasha knocks at Sveta and Tanya's door.*)

СА́ША. Мо́жно?

СВЕ́ТА. Заходи́, Са́ша.

СА́ША. Приве́т, де́вушки.

СВЕ́ТА И ТА́НЯ. Приве́т, Са́ша.

СА́ША. **Как пожива́ете?**°   *Как... How are you doing?*

СВЕ́ТА. Хорошо́ пожива́ем, спаси́бо. И стол твой то́же хорошо́ пожива́ет. О́чень **удо́бный**° стол. **Ещё раз**° спаси́бо тебе́. А как у тебя́ дела́?   *comfortable / Once again*

СА́ША.	Всё хорошо́. Све́та, а что э́то за ка́рточки?°
СВЕ́ТА.	Э́то **англи́йские**° слова́, кото́рые я **учу́**.° **Спра́ва**° — слова́, кото́рые я зна́ю, я их уже́ **вы́учила**.° **Сле́ва**° — слова́, кото́рые ещё на́до вы́учить.
СА́ША.	**Поня́тно.**° Интере́сная систе́ма.† А когда́ ва́ше новосе́лье°?
ТА́НЯ.	**И́ли** в **суббо́ту и́ли** в **воскресе́нье**.° **Пя́тница**° — то́же **удо́бный**° **день**,° но в пя́тницу Све́та рабо́тает.
СВЕ́ТА.	Да, в **понеде́льник**,° в **сре́ду**° и в пя́тницу я ве́чером рабо́таю.
СА́ША.	**Пра́вда?**° А где ты рабо́таешь?
СВЕ́ТА.	На ско́рой по́мощи.
СА́ША.	А что ты там де́лаешь?
СВЕ́ТА.	Я медици́нская сестра́.°
СА́ША.	Но **ведь**[1] ты у́чишься то́лько на второ́м ку́рсе?
СВЕ́ТА.	**Ве́рно**,° но **до**° институ́та я **зако́нчила**° медици́нское учи́лище.° У меня́ дипло́м† медсестры́.°
СА́ША.	Молоде́ц! Ты рабо́таешь то́лько ве́чером?
СВЕ́ТА.	Нет, мне **прихо́дится**° рабо́тать ве́чером и **но́чью**.° А **у́тром**° и **днём**° у меня́ **заня́тия**.°
СА́ША.	Та́ня, а ты то́же рабо́таешь?
ТА́НЯ.	Сейча́с я не рабо́таю. **Ле́том**° я рабо́тала **почти́**° два **ме́сяца**.° А сейча́с нет вре́мени, на́до мно́го **занима́ться**.°
СА́ША.	Понима́ю — я то́же мно́го занима́юсь. **Ла́дно**,° де́вочки, я не хочу́ вам **меша́ть**.° Так когда́ бу́дет новосе́лье? Я **предлага́ю**° в суббо́ту. Хорошо́?
СВЕ́ТА.	Хорошо́. В семь **часо́в**°? Как ты ду́маешь, Та́ня?
ТА́НЯ.	В семь часо́в — э́то **удо́бно**.°

что... *what sort of cards are those?*
English / am studying / On the right
have learned / On the left
I see.
housewarming
И́ли... *Either on Saturday or on Sunday. / Friday*
convenient / day
Monday / Wednesday

Really?

медици́нская... *nurse*

That's true / before / finished
медици́нское... *special school for nurses / медици́нской сестры́*
мне... *I have to / at night*
in the morning / in the afternoon / classes
in the summer / almost
два... *two months*
to study
All right
to bother
suggest
семь... *seven o'clock*
э́то... *that's convenient*

---

[1] **ведь** is a particle used for emphasis.

САША. Мо́жно **пригласи́ть**° на́шу сосе́дку† Ле́ну Си́лину? Вы   *to invite*
не возража́ете? Она́ то́же студе́нтка и живёт ря́дом, в
6-ой кварти́ре.

ТА́НЯ. Коне́чно, не возража́ем. А где она́ у́чится?

САША. В университе́те, на факульте́те журнали́стики.

СВЕ́ТА. Три де́вушки и оди́н Са́ша...

САША. Я ду́маю, кого́ ещё мо́жно пригласи́ть.

ТА́НЯ. Мо́жно пригласи́ть Джи́ма. Э́то америка́нец, аспира́нт
профе́ссора Петро́вского.

САША. Прекра́сная иде́я! Ита́к,° Све́та, Та́ня, Ле́на, Джим и я.   *So (then)*
Отли́чная компа́ния!

УПРАЖНЕ́НИЕ 1.1.   **Вопро́сы и отве́ты**

1. Вы рабо́таете и́ли то́лько у́читесь?
2. Где вы у́читесь? На како́м ку́рсе?
3. Где вы рабо́таете?
4. Почему́ вам на́до рабо́тать?
5. Где ча́сто рабо́тают америка́нские студе́нты?
6. Вы снима́ете ко́мнату? Кварти́ру? Живёте в общежи́тии?
Живёте до́ма?
7. Ва́ши роди́тели рабо́тают? Где рабо́тает ваш оте́ц/ва́ша мать?
8. Где у́чится ваш брат (ва́ша сестра́, ваш друг, ва́ша подру́га)?

РАБО́ТА И ОБУЧЕ́НИЕ

- ◆ Автошкола. 233-40-65
- ◆ Автошкола. 279-94-39
- ◆ Курсы англ. яз. 236-21-38 с 16-20
- ◆ Р-та 1480$. 314-23-10, 315-48-25
- ◆ Помощь шк. в учебе. Подг. в ВУЗ. Курсы ин. яз. 498-95-07
- ◆ Фирме требуются коммерчес-кие агенты для торгово-заку-почной деятельности. 233-11-49
- ◆ Еженедельник "Вести для Вас" приглашает рекламных агентов с опытом работы. Собеседова-ние по будням (кр. пон., вт.) в 15.00 по адресу редакции.
- ◆ Еженедельник "Вести для Вас" приглашает курьеров для рас-пространения газеты по офисам коммерческих организаций. 499-89-10, 362-89-68
- ◆ Еженедельнику "Вести для Вас" требуются энергичные люди для работы в качестве бригадиров. 499-89-10, 362-89-68

ПРИГЛАШАЕМ НА РАБОТУ
(можно по совместительству) по конкурсу
электронщиков и программистов.
Для владеющих английским языком возможна
работа в Западной Европе.
Присылать конверт с обратным адресом,
телефон, желательно резюме и фото.
125047 , Москва , а/я 19."ПАНОРАМА".

ГРАММАТИКА И ПРАКТИКА

TO STUDY: УЧИ́ТЬ AND ЗАНИМА́ТЬСЯ

Э́то англи́йские слова́,
    кото́рые я **учу́**.
Сейча́с нет вре́мени, на́до
    мно́го **занима́ться**.

*These are English words
    that I'm studying.
There's no time now, I have
    to study a lot.*

Use **учи́ть** + accusative to mean *to memorize* or, colloquially, *to study* (*something specific*). Use **занима́ться** (without an object) to mean *to study* (*in general*), *to do homework*.

УПРАЖНЕ́НИЕ 1.2. **Talking about studying**

Are your study habits at all like those of your classmates? Interview a classmate and be prepared to tell about what you learned. Use questions like the following:

1. Где ты обы́чно занима́ешься? В библиоте́ке? До́ма? У дру́га?
2. Где твои́ друзья́ обы́чно занима́ются?
3. Ты лю́бишь занима́ться?
4. Како́й язы́к (и́ли каки́е языки́) ты учи́л (учи́ла) в шко́ле?
5. Что ещё ты учи́л (учи́ла) в шко́ле?
6. Где ты занима́лся (занима́лась) вчера́ ве́чером?
7. Что ты учи́л (учи́ла) вчера́ ве́чером?
8. Ты смо́тришь телеви́зор, когда́ ты занима́ешься?
9. Когда́ ты обы́чно занима́ешься — у́тром, днём, ве́чером и́ли но́чью?
10. Когда́ ты вчера́ учи́л (учи́ла) ру́сский язы́к — у́тром, днём, ве́чером и́ли но́чью?

ДНИ НЕДЕ́ЛИ: DAYS OF THE WEEK

У нас бу́дет новосе́лье и́ли в
    суббо́ту и́ли в **воскресе́нье**.

*We'll have our housewarming
    either on Saturday or on
    Sunday.*

НОЯ́БРЬ				
пн		4	11	18	25
вт		5	12	19	26
ср		6	13	20	27
чт		7	14	21	28
пт	1	8	15	22	29
сб	2	9	16	23	30
вс	3	10	17	24	

The days of the week are not capitalized in Russian unless they are the first word in a sentence.

NOMINATIVE FORMS	TO SAY *ON* + A PARTICULAR DAY OF THE WEEK, USE **в** + ACCUSATIVE.
понеде́льник (*cf.* неде́ля)	в понеде́льник [фпан-]
вто́рник (*cf.* второ́й)	во вто́рник [вафто́р-]
среда́ (середи́на = *middle*)	в сре́ду [фсре́-]
четве́рг (*cf.* четы́ре)	в четве́рг [фчит-]
пя́тница (*cf.* пять)	в пя́тницу [фпя́т-]
суббо́та (*cf. sabbath*)	в суббо́ту [фсуб-]
воскресе́нье	в воскресе́нье [ввас-]

FUTURE TENSE: *WILL BE*

А когда́ **бу́дет** новосе́лье?   *And when will the housewarming be?*

Although forms of **быть** are seldom used in the present tense, they are used in the future tense, where **быть** undergoes a stem change followed by regular **-ешь** endings.

я	бу́д **-у**	мы	бу́д **-ем**
ты	бу́д **-ешь**	вы	бу́д **-ете**
он, она́, оно́	бу́д **-ет**	они́	бу́д **-ут**

УПРАЖНЕНИЕ 1.3.   Что бу́дет в университе́те в суббо́ту?

What interesting events will occur on your campus next week? Fill in the following table with as many events as you can, then compare your list with those of your classmates. Some suggestions are provided on page 192 to help you get started.

EXAMPLE: — Что бу́дет в университе́те в суббо́ту?
                   — В суббо́ту бу́дет баскетбо́льный матч.

понеде́льник	
вто́рник	
среда́	
четве́рг	
пя́тница	
суббо́та	
воскресе́нье	

баскетбо́льный матч
рок-конце́рт
семина́р профе́ссора Петро́вского (or some other professor)
францу́зский фильм
футбо́льный матч
ле́кция о Толсто́м
деба́ты[†]

INTRODUCTION TO ASPECT: THE PRESENT AND PAST TENSES

Све́та всё у́тро **учи́ла**
англи́йские слова́. Вот слова́,
кото́рые она́ **вы́учила.**

Sveta studied English (vocab)
words all morning. Here
are the words that she
learned.

Russian verbs reflect a feature called *aspect*. There are two aspects: *imperfective* (such as **учи́ла**, from the imperfective infinitive **учи́ть**) and *perfective* (such as **вы́учила**, from the perfective infinitive **вы́учить**[2]). English has a similar feature. The sentence below shows action in progress and corresponds to the Russian imperfective aspect; the sentence on the right shows one-time completed action and corresponds to the Russian perfective aspect.

*I saw her as she **was crossing***
the street.

*She **crossed** the street and*
entered the building.

The first thing to learn is the meaning of aspect. Most of the verbs you have learned so far have been of the imperfective aspect, which typically denotes an ongoing, repeated, or habitual action. Verbs of the imperfective aspect *describe;* they are often used in general contexts.

Студе́нты **говоря́т** друг дру́гу «ты».
Ле́том я **рабо́тала** почти́ два ме́сяца.
Я **учу́сь** в консервато́рии.
Ле́на **пи́шет** статью́.
Са́ша **игра́л** Гершвина.
Вы **берёте** стол?
Све́та всё у́тро **учи́ла** англи́йские слова́.

In contrast to the imperfective aspect, verbs of the perfective aspect have limited meaning: A perfective verb conveys a single, particular event that has been (or will be) completed. So far you have seen just a few of these verbs.

---

[2] When the perfective is shown by the prefix **вы́-**, that prefix is always stressed.

Ошибка! Ты **сказа́л** «вы» и «говори́те».

Вот слова́, кото́рые Све́та **вы́учила.**

Пожа́луйста, **да́йте** мою́ по́чту.

До институ́та я **зако́нчила** медици́нское учи́лище.

Мо́жно **пригласи́ть** на́шу сосе́дку?

Note that the past-tense and imperative forms of perfective verbs have the same endings as those of imperfective verbs. Aspect is reflected in stems, not endings.

THE PERFECTIVE ASPECT: ONE-TIME COMPLETION

Она́ **учи́ла** их всё у́тро, но
вы́учила то́лько пять слов.

*She studied them all morning,
but learned only five words.*

To grasp the perfective aspect, concentrate on its fundamental meaning: a single completed action. Use the perfective to convey the sense of one-time completion; use the imperfective in nearly all other situations. In the example above, the verb in the first part of the sentence (**учи́ла**) describes an ongoing action and is therefore imperfective; the verb in the second half of the sentence (**вы́учила**) focuses on a one-time completed action and is therefore perfective.

Imperfective

— Что ты де́лал
вчера́ ве́чером?
— Я писа́л статью́.

"What did you do
last night?"
"I was writing an
article."

Perfective

— Ты написа́л
её?
— Коне́чно,
написа́л.

"Did you finish
writing it?"
"Of course I
finished it."

УПРАЖНЕНИЕ 1.4.   Identifying "one-time completion"

Nine of the following sentences describe one-time completed action in the past or future that would most likely be rendered in Russian with the perfective aspect. Which are they? (Do not try to translate the sentences.)

1. I usually get up at 6:00.
2. But this morning I overslept.
3. I got up at 7:30.

4. My cat was waiting for his breakfast.
5. My roommate was reading the paper.
6. I fed the cat and drank a cup of coffee.
7. As I drove to campus I listened to the news on the radio.
8. I arrived at 8:15.
9. Then I realized that I'd forgotten the history paper . . .
10. that I had written last night.
11. When I got to class my instructor asked, . . .
12. "Will you bring it tomorrow?"
13. "For sure," I said.
14. I usually don't forget things.

THE IMPERFECTIVE ASPECT: ONGOING, REPEATED, OR HABITUAL/CHARACTERISTIC ACTIONS OR STATES

— В понеде́льник, в сре́ду и в пя́тницу ве́чером я **рабо́таю** на ско́рой по́мощи.	*"On Monday, Wednesday, and Friday evenings I work at the ambulance service."*
— А что ты там **де́лаешь**?	*"And what do you do there?"*

The imperfective aspect is associated with ongoing, repeated, or habitual/characteristic actions or states in the present, past, or future tense. Words and expressions such as **иногда́, ка́ждый день, никогда́, обы́чно,** and **ча́сто** convey repetition or frequency and are commonly associated with the imperfective aspect.

УПРАЖНЕНИЕ 1.5.   **Жизнь Джи́ма**

Read the following paragraphs in which Jim is telling Lena about his life in America and in Russia. Underline the imperfective verbs and try to link them to other words or phrases associated with ongoing, repeated, or habitual/characteristic actions or states.

Когда́ я учи́лся в шко́ле, я ма́ло занима́лся. У меня́ всегда́ бы́ло свобо́дное (*free*) вре́мя. Я игра́л в баскетбо́л, смотре́л телеви́зор и мно́го чита́л. Когда́ я учи́лся в колле́дже, я мно́го занима́лся. Я ка́ждый день рабо́тал в библиоте́ке, а ве́чером занима́лся до́ма. Иногда́ я приглаша́л дру́га, и мы вме́сте смотре́ли телеви́зор. Ещё я игра́л в те́ннис и мно́го чита́л. Я всегда́ люби́л чита́ть о поли́тике. Мы получа́ли газе́ту «Бо́стон Гло́уб», и я чита́л её ка́ждый день.

Сейча́с я то́же мно́го чита́ю, но не газе́ты, а кни́ги по исто́рии (*history books*). Иногда́ я смотрю́ телеви́зор. У меня́ никогда́ нет

вре́мени, поэ́тому в те́ннис я игра́ю не о́чень ча́сто, а в баскетбо́л
совсе́м не игра́ю. Но я люблю́ слу́шать му́зыку. У меня́ есть кассе́ты
и компа́кт-ди́ски, и я слу́шаю хоро́шую му́зыку ка́ждый день.

ASPECT: IMPERFECTIVE AND PERFECTIVE COUNTERPARTS

Nearly all Russian verbs have an imperfective form, and most of these have a perfective counterpart that conveys the meaning of specific, one-time completion of that action in the past or future. *Note that perfective verbs have no present tense.* Below are three common pairs of imperfective and perfective counterparts.

IMPERFECTIVE INFINITIVE	PERFECTIVE INFINITIVE
писа́ть — *to write, to be writing*	**написа́ть** — *to finish writing (a particular thing)*
чита́ть — *to read, to be reading*	**прочита́ть** — *to read (something) all the way through, to finish reading (something)*
учи́ть — *to study, to be studying (something specific)*	**вы́учить** — *to learn, to memorize (something specific)*

УПРАЖНЕНИЕ 1.6.   **Selecting the correct aspect**

Choose the aspect that fits the context and fill in the correct verb form using the three pairs of verbs above. Use only the present tense or the past tense. Where you have used the perfective aspect, be prepared to explain how the context suggests one-time completion.

Кварти́ра Татья́ны Дми́триевны. 8 часо́в ве́чера. Что де́лают Татья́на Дми́триевна, Та́ня и Све́та? Татья́на Дми́триевна (1) _____ журна́л, Та́ня (2) _____ письмо́, а Све́та (3) _____ англи́йские слова́.

Све́те нра́вится англи́йский язы́к, она́ (4) _____ по-англи́йски и (5) _____ англи́йские слова́ ка́ждый день. Вчера́ она́ (6) _____ англи́йскую статью́ и (7) _____ 30 слов.

Та́ня уже́ (8) _____ два письма́ и сейча́с (9) _____ письмо́ свое́й подру́ге Кристи́не, кото́рая живёт в Нью-Йо́рке. Вчера́ ве́чером Та́ня то́же (10) _____ пи́сьма. У неё есть друзья́, кото́рые живу́т в Петербу́рге, и она́ ча́сто (11) _____ им. Татья́на Дми́триевна лю́бит чита́ть. Она́ мно́го (12) _____ . Она́ (13) _____ газе́ты и журна́лы ка́ждый день. Вчера́ она́ (14) _____ в газе́те «Моско́вские но́вости» интере́сную статью́.

УПРАЖНЕНИЕ 1.7. **Recognizing aspect**

Decide which of the following sentences show perfective context and which show imperfective context. In the space after each verb, indicate whether that verb is perfective (*P*) or imperfective (*I*). If the verb is perfective, explain how the context suggests completion.

1. Так я учу́ (_____) англи́йские слова́.
2. Спра́ва — слова́, кото́рые я зна́ю (_____). Я их вчера́ вы́учила (_____).
3. Сле́ва — слова́, кото́рые ещё на́до вы́учить (_____).
4. В сре́ду и в пя́тницу ве́чером я рабо́таю (_____).
5. Что ты там де́лаешь (_____)?
6. Но ты ведь у́чишься (_____) то́лько на второ́м ку́рсе.
7. Ве́рно, но до институ́та я зако́нчила (_____) медици́нское учи́лище.
8. Ле́том я рабо́тала (_____) два ме́сяца, а сейча́с на́до мно́го занима́ться (_____).

ДИАЛОГИ

ДИАЛОГ 1.1. Ма́ша до́ма?

(Visiting a friend at home)

— До́брый ве́чер, А́нна Никола́евна. Ма́ша до́ма?

— До́брый ве́чер, Ли́да. Ма́ша до́ма, проходи́, пожа́луйста.

— Спаси́бо. А что она́ де́лает?

— Пи́шет курсову́ю.

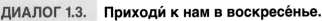

ДИАЛОГ 1.2. Когда будет… ?

(Negotiating a date)

— Нина, когда у вас будет новоселье?
— Я ещё не знаю. Наверно, в пятницу или в субботу.
— Пятница — это удобный день. И суббота тоже. Я хочу пригласить моего друга Сашу. Можно?
— Конечно.

ДИАЛОГ 1.3. Приходи к нам в воскресенье.

(Offering and accepting invitations[3])

— Приходи к нам (*to our place*) в воскресенье.
— Спасибо. А кого ещё вы приглашаете?
— Мы хотим пригласить Люду, Катю, Машу, Серёжу и Олега.
— Отличная компания! Можно пригласить ещё Джима, нашего аспиранта? Он в Москве недавно.
— Прекрасная идея! Пригласи его, пожалуйста!

УПРАЖНЕНИЕ 1.8. Ваш диалог

Create a dialogue in which you and a friend have just rented a new apartment and are deciding whom to invite to your housewarming party.

УПРАЖНЕНИЕ 1.9. Перевод

"Excuse me, is Petya home?"
"Yes. He's studying. Come in."
"Thanks. Hi, Petya! What are you doing?"
"Hi, Kolya. I'm studying biology. On Monday there'll be a test (**контрольная**)."

---

[3] Contemporary Russian has no simple equivalent of the English word *party* to refer to a wide range of private social gatherings.

ЧАСТЬ ВТОРАЯ

ЧТЕНИЕ

Это невероятно, но...°

Это... *You're not going to believe this, but . . .*

(*Sasha rings the Silins' doorbell. Lena opens the door.*)

СА́ША.	Здра́вствуй, Ле́на. У тебя́ уже́ рабо́тает телефо́н?
ЛЕ́НА.	Да. Мы жда́ли пять дней, но он **на́чал**° рабо́тать то́лько сего́дня у́тром. А у тебя́?
СА́ША.	Наш телефо́н на́чал рабо́тать пять **мину́т**† **наза́д.**° Како́й у тебя́ но́мер, Ле́на?
ЛЕ́НА.	Наш но́мер 155-20-06 (сто пятьдеся́т пять, два́дцать, ноль шесть). О́чень лёгкий но́мер. Мне два́дцать лет, и на́ша кварти́ра шеста́я. А како́й у тебя́ но́мер?
СА́ША.	Э́то невероя́тно, но... Мне то́же два́дцать лет, я живу́ в кварти́ре де́сять, и мой но́мер телефо́на 155-20-10 (сто пятьдеся́т пять, два́дцать, де́сять)!
ЛЕ́НА.	**Не мо́жет быть!**°

began

ago

Не... *Unbelievable!*

СА́ША.	**Че́стное сло́во!° Позвони́°** мне, пожа́луйста!	Че́стное... *Honest! / Call*
ЛЕ́НА.	Хорошо́, сейча́с позвоню́.	

(Sasha runs off. The telephone rings in the Kruglovs' apartment. Sasha answers.)

СА́ША.	**Алло́,†** слу́шаю.	
ЛЕ́НА.	Са́ша, э́то я. Твой телефо́н действи́тельно 155-20-10 (сто пятьдеся́т пять, два́дцать, де́сять)! А я **снача́ла°** поду́мала, что э́то шу́тка.	*at first*
СА́ША.	Послу́шай, Ле́на, наве́рно, ты зна́ешь — у на́шей сосе́дки Татья́ны Дми́триевны живу́т две студе́нтки — Све́та и Та́ня. Они́ неда́вно сня́ли ко́мнату и бу́дут пра́здновать новосе́лье. Они́ пригласи́ли меня́, а я приглаша́ю тебя́.	
ЛЕ́НА.	Но я их не зна́ю.	
СА́ША.	**Э́то нева́жно.°** Все мы студе́нты,° сосе́ди, живём в одно́м до́ме и да́же в одно́м подъе́зде.	Это... *That doesn't matter. /* Все... *We're all students*
ЛЕ́НА.	**А э́то удо́бно?°**	А это... *Is that okay?*
СА́ША.	Коне́чно, удо́бно.	
ЛЕ́НА.	А когда́ э́то бу́дет?	
СА́ША.	В суббо́ту.	
ЛЕ́НА.	**В кото́ром часу́?°**	В котором... *At what time?*
СА́ША.	В семь.	
НАТА́ЛЬЯ ИВ.	*(From the other room.)* Ле́на, тебе́ **пора́°** в университе́т, ты **опозда́ешь°** на заня́тия.	*it is time (to go)* *will be late*
ЛЕ́НА.	*(To Natalya Ivanovna.)* У меня́ сего́дня нет заня́тий. *(To Sasha.)* Са́ша, извини́, э́то ма́ма. Суббо́та удо́бный день.	
СА́ША.	Зна́чит, **договори́лись°!**	*it's settled*

УПРАЖНЕНИЕ 2.1.   Кто где рабо́тает (живёт, у́чится, занима́ется...)?

Use the items listed below to complete the sentences about the characters in our story. Then make up sentences telling about yourself and your classmates.

в библиоте́ке	в кварти́ре № 10	на истори́ческом факульте́те	у профе́ссора
в Москве́	в до́ме № 3	на второ́м ку́рсе	у сосе́дки
в университе́те	до́ма	на ско́рой	у Та́ни и Све́ты
в шко́ле		по́мощи	на рабо́те
в консервато́рии			на конце́рте

1. Све́та и Та́ня живу́т _____.
2. Ле́на живёт _____.
3. Новосе́лье бу́дет _____.
4. Ле́на у́чится _____.
5. Све́та рабо́тает _____.
6. Све́та у́чится _____.
7. Джим у́чится _____.
8. Ве́чером студе́нты занима́ются _____.
9. ???

ГРАММАТИКА И ПРАКТИКА

ASPECT: ОН НА́ЧАЛ ГОВОРИ́ТЬ...

Он **на́чал рабо́тать** в во́семь часо́в.	*He began working at 8 o'clock.*
Он **ко́нчил рабо́тать** в пять часо́в.	*He finished working at 5 o'clock.*
Когда́ он **начина́ет рабо́тать**?	*When does he begin working?*
Когда́ он **конча́ет рабо́тать**?	*When does he finish working?*

When the verbs **начина́ть** (imperfective), **нача́ть** (perfective) (*to begin*) and **конча́ть** (imperfective), **ко́нчить** (perfective) (*to finish*) are followed by another verb, the second verb is always an imperfective infinitive.[4]

КОГДА́? PARTS OF THE DAY

Когда́ бу́дет новосе́лье — сего́дня **ве́чером**?	*When will the housewarming be—tonight?*

To answer **когда́** questions, you often need one of the four quarters of the day.

у́тром — *in the morning*, from about four or five A.M. until noon
днём — *in the afternoon*, from noon until six P.M.
ве́чером — *in the evening*, from six P.M. until midnight
но́чью — *at night*, from midnight until about four or five A.M.

У́тром Све́та у́чится в институ́те.

Днём Све́та рабо́тает на ско́рой по́мощи.

---

[4] *Imperfective* and *perfective* will be abbreviated *impfv.* and *pfv.* in this textbook.

Вéчером Свéта занимáется дóма.   Нóчью Свéта спит.

УПРАЖНЕНИЕ 2.2.   **Когдá э́то бýдет (бы́ло)?**

Complete the table below to provide the Russian for each of the following:

this afternoon   tomorrow morning
this evening   tomorrow afternoon
yesterday morning   tomorrow evening
yesterday afternoon
last night

	сегóдня	вчерá	зáвтра (*tomorrow*)
ýтром	сегóдня ýтром *this morning*		
днём			
вéчером			
нóчью[5]			

---

[5] The common English expression *last night,* as in *What did you do last night?* is normally expressed as **вчерá вéчером.** Therefore, **сегóдня вéчером** means *tonight,* and **зáвтра вéчером** *tomorrow night.* Use **нóчью** only to describe the hours between midnight and dawn.

УПРАЖНЕНИЕ 2.3. Что ты делал (делала) вчера вечером?

Ask a classmate what she or he was doing last night. Your partner may answer using some of the following phrases:

быть на лекции
заниматься в библиотеке
играть в волейбол (карты...)
писать курсовую
работать в (на)...

слушать радио
 (компакт-диски,...)
смотреть телевизор
учить новые слова
читать журналы

ASPECT IN THE FUTURE

В субботу они **будут
праздновать** новоселье.

*On Saturday they'll celebrate
their housewarming.*

Just as in the past tense, aspect in the future treats one-time completed action (the perfective aspect) as distinct from an ongoing, repeated, or habitual/characteristic action or state (the imperfective aspect).

УПРАЖНЕНИЕ 2.4. Determining aspect in the future

A friend of yours is telling you about her plans for the weekend. Five of her statements refer to specific, one-time completed actions that would probably be rendered in Russian with the future perfective. Which are they? (Do not try to translate the sentences.)

1. I'll be working late on Friday night.
2. We'll close the shop at midnight.
3. When I get home I'll feed the cat.
4. On Saturday I'll sleep until noon.
5. I'll spend all Saturday afternoon shopping.
6. In addition to groceries, I'll buy a gift for my friend.
7. We'll be celebrating her birthday on Saturday night.
8. I'll get her a new CD.
9. What will we do at the party?
10. We'll be dancing, singing, playing cards, and eating.
11. Then on Sunday afternoon I'll definitely finish writing my history term paper no matter what.
12. And on Sunday evening I'll study my Russian in the library.

THE IMPERFECTIVE FUTURE: FORM

Сегодня вечером я **буду
заниматься** в библиотеке.

*Tonight I'm going to study
in the library.*

The imperfective future, which describes ongoing, repeated, or habitual/characteristic actions or states not yet taking place, consists of a future form of the infinitive **быть** (**буду, будешь,** and so on) followed by an imperfective infinitive.

УПРАЖНЕНИЕ 2.5. Что ты бу́дешь де́лать сего́дня ве́чером?

Ask a classmate what he or she will be doing this evening. The classmate may answer with some of the following phrases:

занима́ться в библиоте́ке
игра́ть в волейбо́л (ка́рты, баскетбо́л...)
писа́ть курсову́ю
рабо́тать в (на)...
слу́шать ра́дио (компа́кт-ди́ски, ру́сские кассе́ты)
смотре́ть телеви́зор
учи́ть но́вые слова́
чита́ть журна́лы

УПРАЖНЕНИЕ 2.6. Где ты бу́дешь ле́том? Что ты бу́дешь де́лать?

A friend is telling you about his or her summer plans. Tell your friend what you will be doing during the summer.

1. — Я бу́ду во Флори́де.
    — Ты бу́дешь во Флори́де, а мы бу́дем в...
2. — Я бу́ду загора́ть (*sunbathe*) на пля́же (*beach*).
    — Ты бу́дешь загора́ть на пля́же, а я бу́ду...
3. — Я бу́ду смотре́ть ковбо́йские† фи́льмы.
    — Ты бу́дешь смотре́ть ковбо́йские фи́льмы, а я бу́ду...
4. — Я бу́ду ка́ждый день учи́ть англи́йские слова́.
    — Ты бу́дешь учи́ть английские слова́, а мы бу́дем...
5. — Я бу́ду чита́ть интере́сные кни́ги.
    — Ты бу́дешь чита́ть интере́сные кни́ги, а я бу́ду...
6. — Я бу́ду ка́ждый день смотре́ть телеви́зор.
    — Ты бу́дешь ка́ждый день смотре́ть телеви́зор, а мы бу́дем...

THE PERFECTIVE FUTURE: FORM

Ле́на, тебе́ пора́ в университе́т, ты **опозда́ешь** на заня́тия.	*Lena, it's time for you (to leave for) the university. You'll be late to class.*

The future tense of the perfective looks like the present tense of the imperfective: The endings are the same **-ешь** and **-ишь** endings you have already learned, and there is no **быть** auxiliary.[6] But the meaning of the perfective future is clearly different from that of the present, and for that reason it is important to distinguish between the two types of infinitives.

---

[6] When talking about verb conjugations, some textbooks refer to the present tense of imperfective verbs and the future tense of perfective verbs as the "nonpast forms" because they take the same endings.

PRESENT (ALWAYS IMPERFECTIVE)	PERFECTIVE FUTURE
снима́ть Мы **снима́ем** кварти́ру. *We're renting an apartment.*	снять Мы **сни́мем** кварти́ру. *We'll rent an apartment.*
звони́ть Она́ **звони́т** мне ка́ждый день. *She calls me every day.*	позвони́ть Она́ **позвони́т** мне сего́дня ве́чером. *She'll call me tonight.*
приглаша́ть Я ча́сто **приглаша́ю** дру́га в кино́. *I often invite a friend to the movies.*	пригласи́ть Я **приглашу́** дру́га в кино́. *I'll invite a friend to the movies.*

УПРАЖНЕНИЕ 2.7. **Сего́дня ве́чером я...**

What do you plan to get done this evening? See if your classmates intend to accomplish the same things as you.

> EXAMPLE: Сего́дня ве́чером я вы́учу слова́. А ты?

> куплю́ пода́рок ма́ме (бра́ту, сестре́, отцу́...)
> напишу́ курсову́ю (письмо́ роди́телям, письмо́ дру́гу...)
> позвоню́ де́душке (ба́бушке, дру́гу, подру́ге...)
> посмотрю́ (*cf.* смотре́ть) но́вости (*the news*) по телеви́зору
> приглашу́ дру́га на новосе́лье
> прочита́ю (*cf.* чита́ть) статью́ о Росси́и (об Ива́не Гро́зном [*Ivan
>   the Terrible*])
> сде́лаю дома́шнее зада́ние

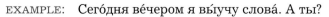

ASPECT AND TENSE: SUMMARY

The imperfective has present, past, and future tenses; the perfective has only past and future tenses. The table below shows how aspect and tense interact.

TENSE	IMPERFECTIVE ASPECT Expresses ongoing, repeated, or habitual action or state.	PERFECTIVE ASPECT Expresses one-time completion.
Present	я пишу́	Does not exist.
Past	я писа́л (писа́ла)	я написа́л (написа́ла)
Future	я бу́ду писа́ть	я напишу́

ДИАЛОГИ

ДИАЛОГ 2.1.   Вы давно́ тут живёте?[7]

(Getting acquainted—questions and small talk)

— Та́ня, познако́мьтесь, э́то Ми́ша и его́ друг
  Ко́ля. Они́ снима́ют ко́мнату у на́шей сосе́дки.
— Ми́ша, вы давно́ тут живёте?
— Нет, не о́чень. Мы сня́ли ко́мнату ме́сяц наза́д.
— Вам тут нра́вится?
— Да, нам нра́вятся и ко́мната и хозя́йка. И
  авто́бусная остано́вка бли́зко.

ДИАЛОГ 2.2.   Ни́на до́ма?

(Asking for someone on the phone)

— Алло́, я слу́шаю.
— До́брый день. Скажи́те, пожа́луйста, Ни́на до́ма?
— Её нет. Она́ в университе́те.
— Вы не зна́ете, когда́ она́ бу́дет до́ма?
— Позвони́те, пожа́луйста, ве́чером.
— Хорошо́, спаси́бо. До свида́ния.

ДИАЛОГ 2.3.   Мне о́чень жаль...

(Turning down an invitation)

— Ни́на, в воскресе́нье в университе́те
  конце́рт рок-му́зыки. Я тебя́
  приглаша́ю.
— Спаси́бо, но в воскресе́нье я не могу́.
— О́чень жаль. Конце́рт бу́дет о́чень
  хоро́ший.
— Мне то́же о́чень жа́ль, но в
  воскресе́нье у нас бу́дут го́сти,
  и мне на́до быть до́ма.

---

[7] When an action begun in the past continues into the present, the present tense is used: **Я
живу́ здесь уже́ пять лет.** *I have lived (have been living) here five years.*

УПРАЖНЕНИЕ 2.8. Ваш диало́г

Create a dialogue in which you and a friend discuss your respective plans
for the evening. (Depending on whether you plan to finish something,
you may be using the perfective future, the imperfective future, or both.)

УПРАЖНЕНИЕ 2.9. Перево́д

"Hi, Sasha. What are you doing?"
"I'm calling my friend. He recently rented an apartment."
"Do you already know his telephone number?"
"Of course. And if his telephone isn't working yet, I'll call him
  tomorrow."

ЧАСТЬ ТРЕТЬЯ

ЧТЕНИЕ

Что принести°?

bring

(*The telephone rings in Tatyana Dmitrievna's apartment. Tanya
lifts the receiver.*)

ТА́НЯ. Алло́, я слу́шаю.

ДЖИМ. До́брое у́тро. Э́то Джим. Мо́жно попроси́ть° Та́ню?   Мо́жно... *May I speak to . . .*

ТА́НЯ. Здра́вствуй, Джим. Э́то я. Как хорошо́, что ты звони́шь. Мы
  неда́вно о тебе́ говори́ли.

ДЖИМ. Обо мне? А почему́?

ТА́НЯ. Потому́ что Све́та и я бу́дем пра́здновать новосе́лье и
  приглаша́ем тебя́.

ДЖИМ. Спаси́бо. А когда́ бу́дет новосе́лье?

ТА́НЯ. В суббо́ту, в семь часо́в ве́чера. Пожа́луйста, **не опа́здывай**.°   не... *don't be late*

ДЖИМ. Я никогда́ не опа́здываю. Что принести́?

ТА́НЯ.	Спаси́бо, ничего́ не ну́жно. Сыр,° колбасу́ и вино́° мы уже́ купи́ли. А **гото́вить**° ты, наве́рно, не **уме́ешь.**°	*cheese / wine* *to cook / не... don't know how*
ДЖИМ.	Я? Не уме́ю гото́вить? Та́ня, ты меня́ обижа́ешь.° Мои́ друзья́ говоря́т, что я гото́влю совсе́м **непло́хо**.° Когда́ я **жду**° госте́й, я обы́чно гото́влю карто́фельный сала́т,° **сала́т из тунца́,**° а иногда́ я да́же гото́влю пи́ццу.†	*offend* *pretty well / expect* карто́фельный... *potato salad* / сала́т... *tuna salad*
ТА́НЯ.	Джим, э́то замеча́тельно! **Сде́лай,**° пожа́луйста, пи́ццу. Мы все о́чень лю́бим пи́ццу, но не уме́ем её гото́вить.	*Make*
ДЖИМ.	Хорошо́, сде́лаю.	
ТА́НЯ.	А как ты **научи́лся**° гото́вить? У нас мужчи́ны не лю́бят и не уме́ют гото́вить.	*learn (how to)*
ДЖИМ.	В Аме́рике **мно́гие**† мужчи́ны хорошо́ гото́вят. В семье́ муж и жена́ **ча́сто**° гото́вят **обе́д вме́сте.**° Зна́ешь, два **го́да**° наза́д я снима́л кварти́ру с двумя́ други́ми студе́нтами° — па́рнем° и де́вушкой. Ка́ждое воскресе́нье мы гото́вили обе́д. Они́ о́чень хорошо́ гото́вили. **Мне бы́ло сты́дно,**° что я не уме́ю гото́вить, и я научи́лся.	*often / dinner / together / year* с двумя́... *with two other students* *guy* Мне... *I was ashamed*
ТА́НЯ.	У вас па́рни и де́вушки мо́гут снима́ть кварти́ру вме́сте?	
ДЖИМ.	Да, мно́гие э́то де́лают.	
ТА́НЯ.	Как интере́сно! А у нас э́то не **при́нято.**° Ты **обяза́тельно**° до́лжен **рассказа́ть**° мне об э́том. Но не сейча́с. Сейча́с гла́вное — э́то новосе́лье. У тебя́ есть гита́ра†?	у... *we don't do that here / absolutely* *tell*
ДЖИМ.	Коне́чно.	
ТА́НЯ.	**Отли́чно!**°	*Excellent!*
ДЖИМ.	Я всё **по́нял.**° Мы — я, пи́цца и гита́ра — бу́дем у вас **ро́вно**° в семь часо́в ве́чера в суббо́ту.	*understood / exactly*
ТА́НЯ.	Мы ждём!	

УПРАЖНЕ́НИЕ 3.1. **Вопро́сы и отве́ты**

1. Вы уме́ете гото́вить? Вы хорошо́ гото́вите?
2. Что вы уме́ете гото́вить?
3. Как вы научи́лись гото́вить?
4. Вы лю́бите гото́вить?
5. Что вы обы́чно гото́вите на за́втрак (*breakfast*)? На обе́д?
6. Вы уме́ете гото́вить пи́ццу?
7. Вы лю́бите борщ? А блины́ (*crêpes*)? Вы уме́ете гото́вить борщ и́ли блины́?

О РОССИИ

Visiting Russians at home

When Jim goes to the **новосéлье,** he will probably take not only his guitar and homemade pizza, but also a small gift for the hosts. Flowers are customary, but only in odd numbers (three and higher), and never yellow (even numbers are considered bad luck, and yellow is a symbol of parting or betrayal). Most likely the hosts will invite their guests to the table soon after their arrival, as a cocktail hour is not a customary part of Russian entertaining. The meal generally begins with a selection of appetizers, immediately followed by several varied and plentiful courses. Elaborate toasts may be made throughout the meal.

УПРАЖНЕНИЕ 3.2. Recognizing aspect

Indicate which of the following sentences are perfective and which are imperfective. In the space after each verb, write *P* (perfective) or *I* (imperfective).

1. Мóжно пригласи́ть (_____) Тáню?
2. Как хорошó, что ты звони́шь (_____).
3. Мы недáвно о тебé говори́ли (_____).
4. Свéта и я бýдем прáздновать (_____) новосéлье и приглашáем (_____) тебя́.
5. Ты прочитáла (_____) э́ту кни́гу?
6. Ты ведь, навéрно, не умéешь (_____) готóвить (_____)?
7. А как ты научи́лся (_____) готóвить?
8. Когдá я учи́лся (_____) в университéте, я снимáл (_____) кварти́ру с двумя́ други́ми студéнтами.
9. Я всё пóнял (_____).

ГРАММАТИКА И ПРАКТИКА

REPORTED SPEECH

a. — Я принесý гитáру. "*I'll bring (my) guitar.*"

б. Джим сказáл: — Я принесý гитáру. *Jim said, "I'll bring (my) guitar."*

в. Джим сказáл, что он **принесёт** гитáру. *Jim said that he would bring (his) guitar.*

The first example gives Jim's exact words. The second example gives his words in the form of a direct quote. The third example, which shows reported speech, gives the substance of what Jim said without directly quoting him. Whereas reported speech in English often requires changes in verb tense (as in the third example), reported speech in Russian retains the original aspect and tense used by the speaker (in this case, perfective aspect, future tense). The only change is that of person (in this case, from **я** to **он**).[8]

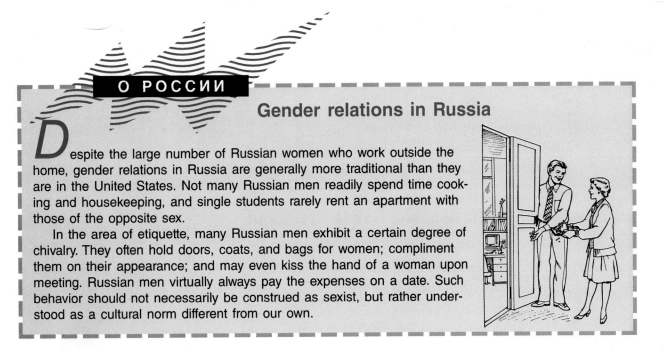

О РОССИИ

Gender relations in Russia

Despite the large number of Russian women who work outside the home, gender relations in Russia are generally more traditional than they are in the United States. Not many Russian men readily spend time cooking and housekeeping, and single students rarely rent an apartment with those of the opposite sex.

In the area of etiquette, many Russian men exhibit a certain degree of chivalry. They often hold doors, coats, and bags for women; compliment them on their appearance; and may even kiss the hand of a woman upon meeting. Russian men virtually always pay the expenses on a date. Such behavior should not necessarily be construed as sexist, but rather understood as a cultural norm different from our own.

УПРАЖНЕНИЕ 3.3.   **Что она́ говори́т?**

A friend is telling you over the phone about the kind of day she expects to have. Tell a classmate what your friend is saying to you.

EXAMPLE: — Сего́дня у меня́ мно́го рабо́ты. →
            Ле́на говори́т, что сего́дня у неё мно́го рабо́ты.

1. — Мне на́до написа́ть письмо́ ба́бушке.
2. — Пото́м мне на́до вы́учить но́вые слова́.
3. — Когда́ я вы́учу но́вые слова́, я позвоню́ Та́не.
4. — Я приглашу́ её в кино́.

---

[8] As in English, other appropriate changes are made as well; for example, **мой** or **наш** might logically have to change to **его́** or **их,** respectively.

5. — В 3 часа́ мне на́до быть в университе́те.
6. — Там бу́дет интере́сная ле́кция.
7. — По́сле ле́кции бу́дет диску́ссия.
8. — Пото́м мне на́до купи́ть пода́рок сестре́.
9. — Я куплю́ ей компа́кт-ди́ски.
10. — Ве́чером я бу́ду до́ма. Я бу́ду смотре́ть телеви́зор.

МЫ НЕДА́ВНО О ТЕБЕ́ ГОВОРИ́ЛИ: PREPOSITIONAL CASE OF PRONOUNS

The preposition **o** takes the prepositional case. Here are the forms of prepositional case pronouns (note that **o** becomes **обо** before **мне,** making the combination easier to pronounce).

NOMINATIVE	PREPOSITIONAL	NOMINATIVE	PREPOSITIONAL
я	обо мне́	мы	о нас
ты	о тебе́	вы	о вас
он, оно́	о нём	они́	о них
она́	о ней		
кто	о ком	что	о чём

УПРАЖНЕНИЕ 3.4.   Мы неда́вно о тебе́ говори́ли

Fill in the blanks with appropriate prepositional case pronouns.

> EXAMPLE: — Са́ша, мы говори́ли о тебе́ вчера́ ве́чером.
> — Обо ____мне́____ ? А почему́?

1. — Э́то твой рюкза́к?
   — Да, спаси́бо. В _____ все мой кни́ги!
2. — О чём э́та кни́га?
   — О поэ́зии. Я ма́ло зна́ю о _____ .
3. — Ты написа́ла ба́бушке о бра́те и сестре́?
   — А заче́м мне о _____ писа́ть?
4. — Расскажи́ мне о своём ста́ршем бра́те.
   — Что ты хо́чешь знать о _____ ?
5. — Мари́на и Па́вел пи́шут тебе́?
   — Нет, я ничего́ о _____ не зна́ю.
6. — Тебе́ нра́вится э́тот расска́з?
   — Да, о́чень. В _____ мно́го ю́мора.
7. — О чём вы говори́ли?
   — Не о *чём*, а о _____ . О тебе́.

УПРАЖНЕНИЕ 3.5.   О чём вы ча́сто ду́маете?

As a psychologist you must explore the inner life of your patients (class-mates) by asking the following questions:

1. О чём вы ча́сто ду́маете?
2. О ком вы ча́сто ду́маете?
3. О ком вы ча́сто говори́те?

TO KNOW AND TO KNOW HOW: ЗНАТЬ AND УМЕ́ТЬ

Джим зна́ет Ле́ну.
Джим уме́ет гото́вить.

Used by itself, the English verb *to know* refers to knowing someone or something. It is also used in the expression *to know how* (*to do something*). Russian distinguishes between these two meanings by using **знать** in the former case and **уме́ть** (a regular **-ешь** verb) in the latter.

УПРАЖНЕ́НИЕ 3.6.   Джим зна́ет (уме́ет)...

Which of our characters knows (or knows how to do) each of the following? More than one answer may be correct.

1. _____ уме́ет игра́ть на роя́ле.
2. _____ зна́ет, где живёт Ле́на.
3. _____ уме́ет гото́вить пи́ццу.
4. _____ зна́ет все у́лицы Москвы́ и их исто́рию.
5. _____ зна́ет но́мер телефо́на Ле́ны.
6. _____ уме́ет чини́ть (*to fix*) лифт.

УПРАЖНЕ́НИЕ 3.7.   Minisurvey: знать and уме́ть

How many of your classmates know how to play the guitar? How many know who wrote *War and Peace* (**«Война́ и мир»**)? Who knows how to make borsch (**борщ**)? Pizza (**пи́цца**)? Make up a question in Russian to ask at least 10 classmates and report your results.

TIME ON THE HOUR

— Когда́ бу́дет новосе́лье?

    "When will the housewarming be?"

— **В семь часо́в** ве́чера.

    "At seven o'clock in the evening."

To ask "At what time?" you can use **Когда́?** or the more specific expression **Во ско́лько?** or **В кото́ром часу́?** To respond with a time on the hour, Russians combine the preposition **в** with the numeral in the accusative (which is like the nominative in form) and the word **час** in the correct form.

в час[9]
в два (три, четы́ре)   +   часа́ (genitive singular)
в пять (шесть, семь...)   +   часо́в (genitive plural)

Thus, **в два часа́** means *at two o'clock* and **в де́сять часо́в** means *at ten o'clock*.

EXPRESSING A.M. AND P.M.

Like most other European nations, Russia uses a 24-hour clock for official purposes (for example, on train, plane, and bus schedules). But in everyday conversation, the following time-of-day designators are used.

8 часо́в **утра́**	*8 A.M.*
час **дня**	*1 P.M.*
7 часо́в **ве́чера**	*7 P.M.*
2 часа́ **но́чи**	*2 A.M.*

Do not confuse these forms—which are the genitive case—with the adverbial forms **у́тром, днём, ве́чером, но́чью.** Use **утра́, дня, ве́чера,** and **но́чи** as you would A.M. and P.M. when giving a particular time of day: **10 часо́в утра́** (*10 A.M.*) and **10 часо́в ве́чера** (*10 P.M.*).

УПРАЖНЕНИЕ 3.8.   Когда́ ты обы́чно...?

Tell when you ordinarily do the following things. Give a specific hour if it makes sense (for example, **в семь часо́в утра́**); otherwise use a general part of the day (for example, **у́тром**).

1. Когда́ ты обы́чно смо́тришь телеви́зор?
2. Когда́ ты обы́чно игра́ешь в баскетбо́л?
3. Когда́ ты обы́чно занима́ешься?
4. Когда́ ты обы́чно гото́вишь обе́д?
5. Когда́ ты обы́чно говори́шь по телефо́ну?
6. Когда́ ты обы́чно получа́ешь по́чту?

[9] *At one o'clock* is simply **в час,** without **оди́н.** (**Оди́н час** means *one hour.*)

10 ИЮНЯ   СУББОТА

ПЕРВЫЙ КАНАЛ

7.30 «Телеутро»
8.45 Слово пастыря
9.00, 15.00, 1.40 Новости
9.20 «Лего-го!»
9.50 «СЕКРЕТЫ МОЕГО ЛЕТА». Телесериал для детей
10.25 Утренняя почта
11.00 «Смак»
11.15 Здоровье. «Помоги себе сам»
11.50 Провинция. «Русская линия»
12.20 «Радуга»
12.40 Век кино. «ШПИОН В ЧЕРНОМ». (Великобритания)
14.05 Мультфильм
14.25 «Зеркало»
15.20 «Большие гонки»
15.50 К 50-летию Победы. «Будь проклята война». Док. фильм. Фильм 2-й «Сожженная земля»
16.40 В мире животных
17.20 «Смехопанорама»
18.00, 21.00 Время
18.25 Брэйн-ринг
19.15 «ЖАНДАРМ И ИНОПЛАНЕТЯНЕ». Худ. фильм (Франция)
20.45 Спокойной ночи, малыши!
21.45 «ПРИКЛЮЧЕНИЯ ЧАСТНОГО ДЕТЕКТИВА НЕСТОРА БУРМЫ». Телесериал
22.30 «Что? Где? Когда?»
23.35 «До и после»
0.30 «Визит к «Кинотавру»...». Дневник кинофестиваля
0.40 Теннис. Открытый чемпионат Франции. Финал

***

2.05 «ЛЕТНОЕ ПРОИСШЕСТВИЕ». Телефильм. 1-я серия
3.10 «Белорусская эстрада»

РТР

8.00, 14.00, 20.00, 23.00 Вести
8.20 Звезды говорят
8.25 Программа передач
8.30 «Продленка»
8.45 «От винта»
9.00 Пилигрим
9.45 Парламентская неделя
10.30 Футбол без границ
11.15 До Москвы — далеко
12.00 Любимые комедии. «ПЕС БАРБОС И НЕОБЫЧАЙНЫЙ КРОСС», «САМОГОНЩИКИ»
12.45 «В эфире — невидимки»
13.10 Мировая деревня
13.40 Крестьянский вопрос
14.20 Де-факто
14.35 Домашний экран. «МЕГРЭ И ПОРЯДОЧНЫЕ ЛЮДИ». Худ. фильм из сериала «Расследования комиссара Мегрэ». Часть 1-я (Франция)
15.30 Баскетбол. Финал НБА. Передача из США
16.30 Киноафиша
16.45 Праздник каждый день
16.55 Футбол. Чемпионат России. «Спартак» (Москва) — «Локомотив» (Москва)
18.55 «Музыка на десерт»
19.10 Кто мы? «Не в силе Бог, а в правде»
20.25 Киномарафон. «ПУГАЛО». Худ. фильм (США)
22.40 Танц-экспресс
23.30 Река времени
23.35 Автомиг
23.40 «Золотые страницы «Грэмми». Музыкальная программа

2x2 ТЕЛЕКАНАЛ

6.30 Религиозная программа
8.00 Телегазета 2x2
8.15 О строительстве, ремонте и житейских мелочах
8.45 Секреты С. Зверева
9.00 Информационная программа «С 9 до 11»
«Конан». Мультсериал (США)
11.00, 12.00, 13.00, 14.00, 15.00, 16.00, 17.00, 17.54, 23.01 «Новости 2x2»
11.05 «Экспедиция». Док. сериал (Венесуэла)
12.10 «Комильфо»
12.30 «Мой чемпион»
13.05 «ДЖОН РОСС». Худ. фильм. 1-я и 2-я серии (США)
14.12 «КАЖДЫЙ ОХОТНИК ЖЕЛАЕТ ЗНАТЬ». Худ. фильм
15.35 «ТОПАЗ». Телесериал (Венесуэла)
16.42 «КАССАНДРА». Телесериал (Венесуэла)
23.11 Экспресс-камера
23.22 «КОМИССАР ШИМАНСКИЙ». Телесериал (Германия)
1.17 «Спид-инфо-видео»
1.37 «Музыкальные новости BIZ TV»

МТК МОСКОВСКАЯ ПРОГРАММА

18.00 Прогноз погоды
18.04 «КОБРА». Телесериал
19.00 Подмосковье
19.30 Причал № 6
20.00 Автосфера
20.30 Без долгов
20.45 Окно
21.30 Все это кино
21.55 Прогноз погоды
22.00 Новости недели

РТР РОССИЙСКИЕ УНИВЕРСИТЕТЫ

8.00 Возвращение к Богу. М. Моргулис
8.30 «Данило и Ненила». Мультфильм. Фильм 1-й и 2-й
СЕМЕЙНЫЙ КАНАЛ
Ведущий — журналист А. Бедеров
8.55 Анонс Семейного канала
9.00 Футбол-класс
9.15 Десять уроков рисования
9.35 «И это кино». 10-я серия (Франция)
10.00, 14.35, 17.20 Гостиная Семейного канала
10.20 Домовладелец
10.35 СИВ. «Новости кино»
10.55 Нужные вещи
11.15 Медицина для Вас
11.30, 14.30, 17.45 СИВ. Новости
11.35 Научные субботы
12.10 «Открытое письмо». Док. фильм
12.55 Пенсион
13.00 «ШКОЛЬНЫЙ УЧИТЕЛЬ». Сериал (Франция)
13.50 В семейный блокнот
14.15 «Коктейль» для любопытных
15.00 Волейбол. Мировая лига. Россия — Япония
16.10 «Пригласительный билет»
16.55 Удачный день
17.00 СИВ. «Мода: от Кардена до комода»

(НТВ logo)

18.00 Детям. «Том и Джерри в детстве», «Семейка Флинстоун». Мультсериалы (США)
19.00 Сегодня
19.35 Телеигра. «Ключи от форта Байяр» (Франция)
20.50 Детям и взрослым. «Авиаторы». Мультфильм
21.00 Сериал по выходным. «ВОЗВРАЩЕНИЕ АРСЕНА ЛЮПЕНА» (Франция)
22.05 «Куклы»
22.25 Кино 80-х. «ЧЕРНАЯ РОЗА — ЭМБЛЕМА ПЕЧАЛИ, КРАСНАЯ РОЗА — ЭМБЛЕМА ЛЮБВИ». Худ. фильм (02:11:27)
0.45 «Третий глаз»
1.30 «Его жена — курица», «Когда-то давно», «Укрощение велосипеда», «Козел-музыкант». Мультфильмы для взрослых

5 САНКТ-ПЕТЕРБУРГ

7.30 Христос во всем мире
8.00 — 11.00 «ДОБРОЕ УТРО»
9.30 «Живем...»
11.00 Стиль жизни
11.15 Информ-ТВ. Европейский калейдоскоп
11.45 «Жар-птица». Телефильм-балет
12.30 Объектив. «Красок звучные ступени», «Экспертиза века». Док. фильмы
13.10 «Моя музыка». А. Лиепа и его княгинюшка
13.40 Теледоктор
13.55 Программа теледня
14.00 Тест
14.15 Киноканал «Осень». «БЕЛАЯ ПТИЦА С ЧЕРНОЙ ОТМЕТИНОЙ». Худ. фильм
16.00 Футбол. Чемпионат России. «Зенит» (СПБ) — «Луч» (Владивосток)
17.45 «Пусть приплывут дельфины». Телефильм
18.05 «Полосатый хит»
18.45 Программа телевечера
18.50 Экономика и мы
19.05 Телеблиц
19.10 Большой фестиваль
19.30, 22.40 Информ-ТВ
19.50 «Песни нашей памяти»
20.10 Детектив на телеэкране. «Побег». Телеспектакль
22.20 «Наобум»
22.55 Программа телезавтра
23.00 «Оранж-ТВ» представляет канал: «Не хочешь — не смотри»
0.00 «Хрустальный ключ». Фестиваль видеоклипов
0.20 «ЗАМОК ПОМПОН РУЖ». Телесериал (Германия)

tv6 МОСКВА

8.00 Дорожный патруль
8.10 Кинотеатр ТВ-6. «ДОНСКАЯ ПОВЕСТЬ»
9.45 Сказки братьев Гримм: «Бременские музыканты»
10.10 «Ералаш»
10.25 Детский сеанс. «АНДРЕЙ И ЗЛОЙ ЧАРОДЕЙ». Мультсериал
11.40 Доброе утро с Л. Лейкиным
12.00 «Вояджер». 11-я серия
13.00 Воен-ТВ
13.30 Кинотеатр ТВ-6. «ФАНТАЗИИ ФАРЯТЬЕВА»
16.00 Ток-шоу «Я САМА». «Вот я своего и добилась...»
17.00 Звезды эстрады. Ангел. В.Казаченко
18.40 «Пульс моды» (MTV)
19.00 «Хорошо забытое...»: «Песня-74»
20.00 Катастрофы недели
20.30 Кинотеатр ТВ-6. Сатирический киножурнал «Фитиль»
«ДАЙТЕ ЖАЛОБНУЮ КНИГУ». Худ. фильм
22.20 Кинотеатр ТВ-6. «КУЛАЧНЫЙ БОЕЦ»
0.00 Дорожный патруль
0.10 «На грани» (MTV)
0.55 Ночной сеанс. «АНАТОМИЯ ЛЮБВИ» (Польша) (до 2.20)

 Диалоги

Разгово́ры по телефо́ну

ДИАЛОГ 3.1. Мо́жно попроси́ть…?

(Asking to speak to someone who is absent)

— До́брый день (До́брое у́тро/До́брый ве́чер). Мо́жно попроси́ть Ва́сю?
— До́брый день (До́брое у́тро/До́брый ве́чер). Ва́си нет, он в университе́те.
— А когда́ он бу́дет до́ма?
— Позвони́те ве́чером (че́рез час, за́втра у́тром).

ДИАЛОГ 3.2. Попроси́те, пожа́луйста…

(Identifying yourself as the person requested)

— До́брое у́тро. Попроси́те, пожа́луйста, Ве́ру.
— Приве́т, Макси́м. Э́то я. Как хорошо́, что ты звони́шь.
— А что?
— Принеси́, пожа́луйста, ве́чером гита́ру.

ДИАЛОГ 3.3. Приглаше́ние[†]

(Making an invitation)

— В воскресе́нье мои́ друзья́ бу́дут пра́здновать новосе́лье. Они́ пригласи́ли меня́, а я приглаша́ю тебя́.
— А э́то удо́бно? Ведь я их не зна́ю.
— Коне́чно, удо́бно.
— Что принести́?
— Мо́жно принести́ сыр и колбасу́. И́ли лимона́д (*soda pop*).

УПРАЖНЕНИЕ 3.9. Ваш диало́г

Create a dialogue in which you invite a friend (either in person or on the phone) to go to a housewarming party with you, stating the place, the day, and the time.

УПРАЖНЕНИЕ 3.10. **Перево́д**

"When are your friends going to celebrate their housewarming?"
"On Friday at eight P.M. They said I could invite a friend. I'm inviting you."
"Is that okay? I don't know them."
"Of course it's okay."

ЧАСТЬ ЧЕТВЁРТАЯ

ЧТЕНИЕ

Све́та пи́шет ма́ме

14-XI

Дорога́я ма́мочка[†]!

    Получи́ла ли ты° моё **после́днее**° письмо́? Всё ли в поря́дке до́ма? **Неде́лю**° наза́д мы — Та́ня и я — сня́ли о́чень хоро́шую ко́мнату. На́шу **хозя́йку**° зову́т Татья́на Дми́триевна, она́ рабо́тает в библиоте́ке. Нам о́чень нра́вятся и хозя́йка, и на́ша ко́мната. Когда́ мы сня́ли ко́мнату, там бы́ло всё, что **ну́жно,**° но не́ было стола́. Мы пове́сили объявле́ние в подъе́зде,° и наш сосе́д Са́ша Кругло́в (он

Получи́ла... *Did you receive / last (in a series)*
A week
landlady

we needed

пове́сили... *put up a sign in the entryway*

14 - XI

Дорогая мамочка!
Получила ли ты моё последнее письмо? Всё ли в порядке дома? Неделю назад мы - Таня и я - сняли очень хорошую комнату. Нашу хозяйку зовут Татьяна Дмитриевна, она работает в библиотеке. Нам очень нравится и хозяйка, и наша комната. Когда мы сняли комнату, там было всё, что нужно, но не было стола. Мы повесили объявление в подъезде, и наш сосед Саша Круглов (он музыкант, учится в консерватории) подарил нам стол. Сейчас у нас всё есть....
Мамочка, мне пора в институт. Крепко целую.
Света.

музыка́нт, у́чится в консервато́рии) подари́л[†] нам стол. Сейча́с у нас всё есть.

Дом хоро́ший, но́вый, но ещё нет асфа́льта, и когда́ **идёт дождь,°** на у́лице грязь.° Когда́ гря́зно,[†] я надева́ю° рези́новые° сапоги́, кото́рые ты мне купи́ла. Они́ о́чень удо́бные. Та́ня да́же говори́т, что они́ краси́вые. Спаси́бо тебе́ большо́е!

> идёт... *it rains*
> *mud / put on / rubber*

Сосе́ди у нас симпати́чные. Ря́дом живёт профе́ссор Петро́вский — он преподаёт° у Та́ни на факульте́те. Она́ говори́т, что он о́чень мно́го зна́ет и о́чень хорошо́ чита́ет **ле́кции.°** Вчера́ он **спроси́л°** меня́, люблю́ ли я **литерату́ру.**[†] Я сказа́ла, что да, о́чень люблю́. **Тогда́°** он спроси́л, каку́ю литерату́рную[†] герои́ню[†] зову́т Татья́на Дми́триевна — как на́шу хозя́йку. Я не могла́ вспо́мнить.° Он улыбну́лся° и спроси́л, хорошо́ ли я зна́ю «Евге́ния Оне́гина».° Действи́тельно, Татья́на в «Евге́нии Оне́гине» — то́же Татья́на Дми́триевна!

> *teaches*
>
> о́чень... *is a very good lecturer / asked*
> *Then*
>
> *recall / smiled*
> Eugene Onegin[10]

В **про́шлую°** суббо́ту мы пра́здновали новосе́лье. Бы́ли на́ши сосе́ди — Са́ша Кругло́в и Ле́на Си́лина, и ещё америка́нец Джим. Ле́на у́чится в университе́те на факульте́те журнали́стики, а Джим — аспира́нт профе́ссора Петро́вского. Джим принёс гита́ру, и мы пе́ли° ру́сские и америка́нские пе́сни. Был ещё оди́н гость — бизнесме́н[†] Ви́ктор. Он **пришёл°** по де́лу,° но нам он **понра́вился,**[†] и мы пригласи́ли его́ **оста́ться.°** Бы́ло о́чень **ве́село.°**

> *last (preceding the present one)*
>
>
> *sang*
>
>
> *came /* по... *on business*
> *to stay /* Бы́ло... *It was a lot of fun.*

Ма́мочка, мне пора́ в институ́т. Кре́пко целу́ю.°

Све́та

> Кре́пко... *Lots of love.*

---

[10] A novel in verse by A. S. Pushkin.

О РОССИИ

Пу́шкин и «Евге́ний Оне́гин»

Алекса́ндр Серге́евич Пу́шкин (1799–1837) is revered by Russians as their greatest poet. One of his most renowned works is his novel in verse, **«Евге́ний Оне́гин»** (*Eugene Onegin*), named for its alienated antihero who first rejects, then longs for Татья́на, a romantic girl possessing the strong and deep character Оне́гин lacks. The poem presents a lush panorama of Russian life, and is the basis for Tchaikovsky's opera of the same name. Other operas inspired by the works of Pushkin include the following: Glinka's **«Русла́н и Людми́ла»** (*Ruslan and Ludmila*), Mussorgsky's **«Бори́с Годуно́в»** (*Boris Godunov*), Tchaikovsky's **«Пи́ковая да́ма»** (*The Queen of Spades*), and two works by Rimsky-Korsakov: **«Ска́зка о царе́ Салта́не»** (*The Tale of Tsar Saltan*) and **«Золото́й петушо́к»** (*The Golden Cockerel*).

САНКТ-ПЕТЕРБУРГСКИЙ
ГОСУДАРСТВЕННЫЙ АКАДЕМИЧЕСКИЙ
ТЕАТР ОПЕРЫ И БАЛЕТА
имени М. П. МУСОРГСКОГО

П. И. ЧАЙКОВСКИЙ

ПИКОВАЯ ДАМА

УПРАЖНЕНИЕ 4.1. **Вопро́сы и отве́ты**

There has been fraud in your office. Answer the investigator's questions.

1. Что вы де́лали неде́лю наза́д?
2. Где вы бы́ли в про́шлую суббо́ту? А где вы бы́ли вчера́ днём?
3. Кто́-нибудь (*anyone*) приходи́л к вам (*visited you*) вчера́ у́тром? Кто?
4. Кто́-нибудь был на рабо́те, когда́ вы уходи́ли (*were leaving*) вчера́ ве́чером? Кто?
5. Когда́ вы уходи́ли домо́й вчера́ ве́чером, вы взя́ли каки́е-нибудь (*any*) докуме́нты? Каки́е?
6. Кто́-нибудь звони́л вам вчера́ и́ли сего́дня? Кто?

УПРАЖНЕНИЕ 4.2. **Найди́те совершённый вид (*Find the perfective aspect*)**

In her letter home Све́та has used many perfective verbs to tell her mother about particular events that have taken place since her last letter. Circle at least one in each paragraph (most paragraphs contain more than one).

ГРАММАТИКА И ПРАКТИКА

COULD, WAS ABLE: THE PAST TENSE OF **МОЧЬ**

Я не могла́ вспо́мнить.   *I couldn't recall.*

Below are past-tense forms of the imperfective verb **мочь.**

мог
мог - ла́
мог - ло́
мог - ли́

ACCUSATIVE CASE: ADJECTIVES

Мы сня́ли о́чень
  хоро́шую ко́мнату.

We have rented a very nice room.

Са́ша подари́л нам **хоро́ший** стол.

Sasha gave us a nice table.

Мо́жно пригласи́ть Джи́ма, **америка́нского** аспира́нта. Мы пе́ли **ру́сские** пе́сни.

We could invite Jim, the American graduate student. We sang Russian songs.

The accusative case of adjectives uses many forms you have already en-countered. Only the feminine singular has a unique form.

	NOMINATIVE CASE FORMS (FOR REFERENCE)	ACCUSATIVE CASE ENDINGS	ACCUSATIVE EXAMPLES
Masculine	но́в**ый** стол хоро́ш**ий** дом	*Inanimate:* **-ый/-ий** (like nominative)	но́вый сто́л хоро́ший дом
	молодо́**й** аспира́нт мла́дш**ий** брат	*Animate:* **-ого/-его** (like genitive)	молодо́го аспира́нта мла́дшего бра́та
Neuter	интере́сн**ое** де́ло после́дн**ее** письмо́	**-ое/-ее** (like nominative)	интере́сное де́ло после́днее письмо́
Feminine	но́в**ая** кварти́ра после́дн**яя** ле́кция	**-ую/-юю**	но́вую кварти́ру после́днюю ле́кцию
Plural	рези́нов**ые** сапоги́ ру́сск**ие** слова́	*Inanimate:*[11] **-ые/-ие** (like nominative)	рези́новые сапоги́ ру́сские слова́

УПРАЖНЕНИЕ 4.3.   **Что вы купи́ли?**

Practice these questions with a partner. Include adjectives in your an-swers.

1. Что вы купи́ли вчера́?
2. Кого́ вы ви́дели вчера́?
3. Что вы хоти́те купи́ть за́втра?
4. Что вы ча́сто гото́вите на у́жин (*for supper*)?
5. Что вы лю́бите слу́шать по ра́дио?
6. Что вы лю́бите смотре́ть по телеви́зору?

УПРАЖНЕНИЕ 4.4.   **Моя́ сестра́ купи́ла ру́сские кни́ги**

Make up 10 sentences using the subjects, verbs, and objects listed in the table on page 220. Remember to put the objects in the accusative case.

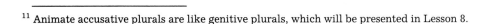

[11] Animate accusative plurals are like genitive plurals, which will be presented in Lesson 8.

SUBJECTS	VERBS[12]	OBJECTS
ва́ши друзья́	ви́деть	америка́нская му́зыка
дорога́я ба́бушка	гото́вить	больша́я пи́цца
моя́ сестра́	знать	дома́шнее зада́ние
симпати́чные студе́нты	купи́ть	дороги́е пода́рки
ста́рый де́душка	писа́ть/написа́ть[13]	и́мпортная ме́бель
тала́нтливая журнали́стка	слу́шать	интере́сная ле́кция
	учи́ть/вы́учить	молодо́й специали́ст
	хоте́ть	наш преподава́тель
	чита́ть/прочита́ть	ру́сские кни́ги

WHETHER (OR NOT): INQUIRIES USING **ЛИ**

Спроси́те профе́ссора Петро́вского, купи́л он маши́ну **и́ли нет**.

Спроси́те профе́ссора Петро́вского, купи́л **ли** он маши́ну.

Ask Professor Petrovsky whether he bought a car (or not).

Спроси́ Джи́ма, ча́сто **ли** он де́лает пи́ццу.

Ask Jim if he makes pizza often.

To embed questions of this sort in a second clause, use **и́ли нет** at the end of the sentence in Russian conversation. For a more formal style, place the particle **ли** immediately following the word inquired about, which is always the first element in the question clause.

УПРАЖНЕНИЕ 4.5. *Whether (if)* questions

Translate the following sentences using **и́ли нет** or **ли**.

EXAMPLES: Ask him whether (if) he wants to play basketball. →
Спроси́ его, хо́чет ли он игра́ть в баскетбо́л (хо́чет он игра́ть в баскетбо́л и́ли нет).

Ask them whether (if) they will be working this evening. →
Спроси́те их, бу́дут ли они́ рабо́тать сего́дня ве́чером (бу́дут они́ рабо́тать сего́дня ве́чером и́ли нет).

---

[12] These verbs are called *transitive* verbs because they can take a direct object. Contrast them with *intransitive* verbs, such as **волнова́ться, гуля́ть,** and **мочь,** which do not take a direct object.

[13] When paired verbs are given together in this textbook, they will be separated by a slash, with the imperfective appearing first.

1. Ask her whether (if) she wants to play volleyball.
   Спроси её, _____ .
2. The Professor wants to know whether (if) I love Pushkin.
   Профéссор хóчет знать, _____ .
3. Ask Lena whether (if) she knows *Eugene Onegin* well.
   Спроси Лéну, _____ .
4. Tanya is asking him whether (if) he wants to sing.
   Тáня спрáшивает егó, _____ .
5. Sveta asked Jim whether (if) he brought (**принёс**) a guitar.
   Свéта спросила Джима, _____ .
6. I will ask him whether (if) he knows any (**какие-нибудь**) Russian songs.
   Я спрошý егó, _____ .

PAST TENSES FROM -ти VERBS

Although the Russian past tense is remarkably regular in its conjugation, this lesson presents the irregular past-tense forms **пришёл** (*he came*) and **принёс** (*he brought*). They are both conjugated from perfective infinitives that end in **-ти**. A few other common verbs also follow this pattern. The changes are easier to see if the prefix **при-**, which indicates motion toward a location, is separated from the main verb stem by a hyphen.

	при-йти (*to arrive*)	при-нести (*to bring*)
он	при-шёл	при-нёс
онá	при-шлá	при-неслá
онó	при-шлó	при-неслó
они	при-шли	при-несли

УПРАЖНЕНИЕ 4.6.   Когдá вы пришли? Что вы принесли?

Ask your classmates when they arrived at school (at work or at home) this morning (afternoon or evening) and what they brought with them.

EXAMPLE: — Когдá ты пришёл (пришлá) в университéт сегóдня ýтром?
           — Я пришёл (пришлá) в дéвять часóв утрá.
           — Что ты принёс (принеслá)?
           — Я принёс (принеслá) книги и рýчки, но забы́л (забы́ла) бумáгу (*forgot paper*).

УПРАЖНЕНИЕ 4.7.   — Прáвда? — Чéстное слóво!

Create short dialogues from the sentences below. One student reads a sentence and the other replies **Прáвда? Не мóжет быть!** Then the first student answers either **Чéстное слóво!** or **Это шýтка!**

1. В воскресéнье нóчью я рабóтал (рабóтала).
2. Мой друг закóнчил медицúнское учúлище, медицúнский институт и университéт.
3. Я хорошó говорю́ по-испáнски (*Spanish*) и по-немéцки (*German*).
4. Я хорошó знáю китáйский (*Chinese*) язы́к.
5. Я снимáю квартúру в цéнтре гóрода.
6. До университéта я закóнчил (закóнчила) медицúнский институт.
7. ???

Диалоги

ДИАЛОГ 4.1.   **Вы живёте в общежúтии?**

(Describing your apartment)

— Вы живёте в общежúтии?
— Нет, я снимáю квартúру.
— А мéбель там есть?
— Да, там есть всё, что ну́жно.

ДИАЛОГ 4.2.   **Вам нрáвится вáша нóвая квартúра?**

(Describing your surroundings)

— Вам нрáвится вáша нóвая квартúра?
— Да, квартúра óчень хорóшая.
— А сосéди?
— Сосéди симпатúчные. Одúн сосéд — профéссор университéта, другóй — бизнесмéн.

ДИАЛОГ 4.3.   **Ты знáешь профéссора Петрóвского?**

(Discussing your teachers)

— Ты знáешь профéссора Петрóвского?
— Конéчно! Он преподаёт (*teaches*) у нас на факультéте.
— Я не знал (знáла), что он истóрик. Я ду́мал (ду́мала), что он социóлог.[†]
— Он истóрик, но он хорошó знáет и социолóгию,[†] и литерату́ру, и археолóгию.[†] Он мóжет отвéтить[†] на любóй (*any*) вопрóс.

УПРАЖНЕНИЕ 4.8. Ваш диало́г

Create a dialogue in which you're discussing with a friend or roommate what you might write to your family about college life. Use phrases such as the following:

Я не зна́ю, о чём писа́ть…
Ты мо́жешь писа́ть о (об)…
Ты мо́жешь писа́ть, как…
Ты мо́жешь сказа́ть, что…

УПРАЖНЕНИЕ 4.9. Перево́д

"Last night I wrote a letter to my brother."
"To your brother? Do you write to him often?"
"No, not very often."
"Where does he live?"
"In Arizona."
"Really? What does he do there?"
"He's an archaeologist."

Nouns

д(е)нь (*gen. sing.* дня) *m.*	day
заня́тия (*pl. only*)	classes
компа́ния	group (of people)
ле́кция	lecture
литерату́ра	literature
ме́сяц	month
мину́та	minute
мно́гие *noun, declines like adj.*	many people; many
неде́ля	week
обе́д	dinner
раз	time; occasion
сала́т	salad
хозя́йка	landlady
час (*gen. sing.* ча́са but 2, 3, 4 часа́, *prep. sing.* в… часу́)	1. hour; 2. (when telling time) o'clock

Days of the Week

понеде́льник	Monday
вто́рник	Tuesday
среда́ (*acc. sing.* сре́ду)	Wednesday
четве́рг (*gen. sing.* четверга́)	Thursday
пя́тница	Friday
суббо́та	Saturday
воскресе́нье	Sunday

Adjectives

англи́йский	English
мно́гие (*pl. only*)	many
отли́чный	excellent
после́дний, -яя, -ее, -ие	last (*in a series*)
про́шлый	last (*preceding the present one*)
удо́бный	1. comfortable; 2. convenient

Verbs

A translation is listed after the perfective only if it differs from the imperfective. "X" indicates that a paired verb exists but has not yet been presented as active vocabulary. "None in this meaning" indicates that there is no perfective for the meaning given here. "None" indicates that there is no aspectual counterpart for this verb.

IMPERFECTIVE		PERFECTIVE	
говори́ть (говорю́, говори́шь)	to speak; to talk	сказа́ть (скажу́, ска́жешь)	to say, to tell
гото́вить (гото́влю, гото́вишь)	1. to prepare; 2. to cook	приго́товить	
де́лать	1. to do; 2. to make	сде́лать	
ждать (жду, ждёшь; *past* ждал, ждала́, жда́ло, жда́ли)	1. to wait (for); 2. to expect	X	
занима́ться	to study	None in this meaning	
звони́ть (звоню́, звони́шь) (+ *dat.*)	to call; to phone	позвони́ть (+ *dat.*)	
начина́ть	to begin, to start	нача́ть (начну́, начнёшь; *past* на́чал, начала́, на́чало, на́чали)	
нра́виться (*usu. 3rd pers.* нра́вится, нра́вятся) (+ *dat.*)	to please	понра́виться (+ *dat.*)	
опа́здывать	to be late	опозда́ть	
писа́ть (пишу́, пи́шешь)	to write	написа́ть	
получа́ть	to receive; to get	получи́ть (получу́, полу́чишь)	
понима́ть	to understand	поня́ть (пойму́, поймёшь; *past* по́нял, поняла́, по́няло, по́няли)	
приглаша́ть	to invite	пригласи́ть (приглашу́, пригласи́шь)	
смотре́ть (смотрю́, смо́тришь)	1. to look; 2. to watch	посмотре́ть	
снима́ть	to rent	снять (сниму́, сни́мешь; *past* снял, сняла́, сня́ло, сня́ли)	
спра́шивать	to ask	спроси́ть (спрошу́, спро́сишь)	
уме́ть (уме́ю, уме́ешь)	to know how	None	

IMPERFECTIVE		PERFECTIVE	
учи́ть (учу́, у́чишь)	to study; (to try) to memorize	вы́учить (вы́учу, вы́учишь)	to learn; to memorize
учи́ться (учу́сь, у́чишься)	1. to study; to be a student; 2. to learn (how to do something)	1. None in this meaning 2. научи́ться	
чита́ть	to read	прочита́ть	
X		зако́нчить (зако́нчу, зако́нчишь)	to finish; to complete
X		оста́ться (оста́нусь, оста́нешься)	to remain; to stay
X		прийти́ (приду́, придёшь; *past* пришёл, пришла́, пришло́, пришли́)	to come; to arrive
X		принести́ (принесу́, принесёшь; *past* принёс, принесла́, принесло́, принесли́)	to bring
X		рассказа́ть (расскажу́, расска́жешь)	to tell; to relate

Adverbs

вме́сте	together
днём	in the afternoon
за́втра	tomorrow
ле́том	in the summer
неплохо	pretty well
но́чью	at night
ну́жно	(one) needs
обяза́тельно	absolutely
почти́	almost
сле́ва	on the left
снача́ла	at first
спра́ва	on the right
тогда́	then
у́тром	in the morning
ча́сто	often

Other

алло́ (*said when answering the phone*)	hello

ведь	*particle used for emphasis*
до (+ *gen.*)	before
из (+ *gen.*)	1. from; 2. of; made of
и́ли... и́ли	either . . . or
ли	*interrogative particle*
по (+ *dat.*)	1. by; on; 2. by

Idioms and Expressions

А э́то удо́бно?	Is that okay?
Бы́ло о́чень ве́село.	It was a lot of fun; We had a lot of fun.
В кото́ром часу́?	At what time?; When?
в семь часо́в	at seven o'clock
Договори́лись!	It's settled!; Agreed!
ещё раз	once again
Идёт дождь.	It's raining.

Как (вы) пожива́ете?	How are you (doing)?
Мне сты́дно.	I'm ashamed.
наза́д (тому́ наза́д)[13]	ago
Не мо́жет быть!	Unbelievable!
Отли́чно!	Excellent!
Поня́тно.	I understand; I see.
пора́...	it's time (to . . .)
Пра́вда?	Really?
сала́т из тунца́	tuna salad
Че́стное сло́во!	Honest!
Э́то нева́жно.	That doesn't matter.
Э́то удо́бно.	1. That's convenient; 2. That's okay.

Topics

Time: **год, ме́сяц, неде́ля, день, час, мину́та; у́тром, днём, ве́чером, но́чью; ле́том, год (тому́) наза́д, два го́да наза́д, неде́лю наза́д, вчера́, сего́дня, за́втра** (*tomorrow*); **ча́сто, иногда́**

Agreement and opinion: **Поня́тно, Договори́лись!, Я то́же так ду́маю; Отли́чно!, хорошо́, непло́хо; нра́виться/ понра́виться; Э́то невероя́тно, но... , Э́то шу́тка!, Что ты (вы)!, Не мо́жет быть!; Пра́вда?, Че́стное сло́во?/!**

STUDY TIP

Verbs and their cases

Some verbs that take a direct object in English (i.e, *transitive* verbs) take the dative case in Russian. **Звони́ть/позвони́ть** (*to call someone on the phone*) is one: **Джим позвони́л** *Та́не* (*Jim called Tanya*). **Помога́ть/помо́чь** (*to help someone*) also requires dative: **Во́ва помога́ет** *профе́ссору* (*Vova helps the professor*). **Меша́ть** is another: **Я не хочу́** *вам* **меша́ть!** (*I don't want to disturb you.*); and so is **ве́рить: Я** *ему́* **не ве́рю** (*I don't believe him*). It would be a good idea to start a list of "non-accusative" verbs and write down new ones as you encounter them.

---

[13] The full form of the phrase **тому́ наза́д** (*ago*) is often shortened to **наза́д** in colloquial speech.

8 УРОК

МОСКОВСКАЯ ЖИЗНЬ

а. Ве́чер. Какое настрое́ние у э́той па́ры?
б. Отли́чная компа́ния! в. Свида́ние.

In this chapter you will learn

▲ conversational devices for asking, asserting, and disputing
▲ to make inquiries and requests
▲ to express motion
▲ the months
▲ terms concerning marriage
▲ more about expressing quantity
▲ about dating in Russia
▲ about the Russian academic grading system
▲ about shopping in Russia
▲ about student/teacher relationships in Russia

ЧАСТЬ ПЕРВАЯ

Чтение

Ле́на идёт на свида́ние°

date

(*The phone rings. Lena answers.*)

ЛЕ́НА.	Алло́... Э́то я. Приве́т, я тебя́ не **узна́ла**°... Да, хорошо́, ещё де́сять мину́т, и я бу́ду **гото́ва.**° (*Hangs up.*)
НАТА́ЛЬЯ ИВ.	Ле́на, ты **ухо́дишь**°?
ЛЕ́НА.	Да, а что°?
НАТА́ЛЬЯ ИВ.	Куда́, е́сли э́то не секре́т†?
ЛЕ́НА.	Ма́ма, я тебя́ мно́го раз **проси́ла**° не **задава́ть** мне э́тот **вопро́с.**°
НАТА́ЛЬЯ ИВ.	Но ведь ты моя́ дочь! **В конце́ концо́в**° я **име́ю пра́во**° знать, куда́ ты **идёшь,**° с кем° и когда́ ты придёшь. Тебе́ ещё то́лько два́дцать лет.
ЛЕ́НА.	Мне *уже́* два́дцать лет, ма́ма, и я име́ю пра́во име́ть свои́ секре́ты. Ну почему́ ты **всегда́**° хо́чешь всё знать?

не... *didn't recognize*
ready

are leaving
а... *why do you ask?*

have asked
не... *not to ask me that question*
В... *After all* / я... *I have the right*
are going / с... *with whom*

always

НАТА́ЛЬЯ ИВ.	Я хочу́ знать не всё, а то́лько то, что **каса́ется**° мое́й до́чери.	*concerns*
СЕРГЕ́Й ПЕТР.	Ле́на, Ната́ша, вы опя́ть **ссо́ритесь**°!	*are quarreling*
ВО́ВА.	Ле́на, ма́ма, вы опя́ть ссо́ритесь!	
НАТА́ЛЬЯ ИВ.	А вас э́то не каса́ется.	
ЛЕ́НА.	(*Sarcastically.*) Мужска́я† солида́рность†!	
СЕРГЕ́Й ПЕТР.	**Ка́к э́то** не каса́ется?° Ле́на, **ме́жду про́чим,**° моя́ дочь то́же.	Ка́к...*What do you mean, it doesn't concern us?* / ме́жду... *by the way*
ВО́ВА.	И **вообще́,**° ма́ма, ну́жно **спра́шивать**° не Ле́ну, а меня́.	*in general / ask*
НАТА́ЛЬЯ ИВ.	Мо́жет быть, ты зна́ешь, куда́ идёт твоя́ сестра́?	
ВО́ВА.	Зна́ю. Она́ идёт на свида́ние.	
НАТА́ЛЬЯ ИВ.	Мо́жет быть, ты зна́ешь, с кем у неё свида́ние?	
ВО́ВА.	Зна́ю. С Джи́мом. (*Lena smiles.*) Ле́на, а куда́ вы **пойдёте**°?	вы... *are you going to go?*
ЛЕ́НА.	Э́то **не твоё де́ло.**°	не... *none of your business*
ВО́ВА.	Мо́жет быть, вы пойдёте в рестора́н†?	
ЛЕ́НА.	Мо́жет быть. А что?	
ВО́ВА.	Принеси́ **что́-нибудь** вку́сное° **для**° Бе́лки. Бе́дная° соба́ка уже́ два дня ничего́ не **ест.**° Принесёшь?	что́-нибудь... *something tasty / for/ Poor* ничего́...*hasn't eaten anything*
ЛЕ́НА.	Коне́чно, принесу́. (*She leaves.*)	
ВО́ВА.	(*To Belka.*) Соба́ка, ты ей **ве́ришь**°? Нет? Я то́же не ве́рю.	*believe*
НАТА́ЛЬЯ ИВ.	Свида́ние с Джи́мом? Э́то о́чень интере́сно...	

УПРАЖНЕ́НИЕ 1.1.   Вопро́сы и отве́ты

1. Вам нра́вится, когда́ оте́ц и́ли мать спра́шивает, с кем у вас свида́ние?
2. Что вы говори́те, когда́ вас спра́шивают, с кем у вас свида́ние?
3. У вас есть секре́ты?
4. Прочита́йте сле́дующие (*the following*) вопро́сы. Мо́жно ли зада́ть их преподава́телю и́ли нельзя́? А дру́гу?
   а. Ско́лько вам лет?
   б. С кем у вас свида́ние?
   в. Куда́ вы идёте?
   г. Кому́ вы принесли́ э́ти цветы́?
   д. У вас есть соба́ка?
   е. Где вы рабо́таете?
   ж. Что вы бу́дете де́лать сего́дня ве́чером?
   з. Ско́лько вы пла́тите за кварти́ру?
   и. Вы лю́бите смотре́ть спорти́вные переда́чи (*programs*) по телеви́зору?

◤ THE ART OF CONVERSATION: WHAT DO YOU MEAN . . . ?

— А вас э́то не каса́ется.   *"This doesn't concern you."*
— **Ка́к э́то** не каса́ется?   *"What do you mean, it doesn't concern me?"*

The phrase **Ка́к э́то... ?** (*What do you mean, . . . ?*) followed by a portion of a statement made by the preceding speaker expresses displeasure, indignation, or bewilderment about that part of the statement. Use it with caution! It is informal and often impolite.

— Э́то не твоё де́ло.	*"This is none of your business."*
— **Ка́к э́то** не моё де́ло?	*"What do you mean, it's none of my business?"*
— Ты, наве́рно, не уме́ешь гото́вить.	*"You probably don't know how to cook."*
— **Ка́к э́то** не уме́ю гото́вить?	*"What do you mean, I don't know how to cook?"*

ГРАММАТИКА И ПРАКТИКА

INQUIRIES AND REQUESTS: СПРА́ШИВАТЬ, ПРОСИ́ТЬ, AND ЗАДАВА́ТЬ ВОПРО́С

Ма́ма, я тебя́ мно́го раз **проси́ла** не **задава́ть** мне э́тот **вопро́с**.	*Mom, I've asked you many times not to ask me that question.*
Ма́ма, ну́жно **спра́шивать** не Ле́ну, а меня́.	*Mom, you should ask me, not Lena.*

The English verb *to ask* is rendered by two different Russian verbs: **спра́шивать/спроси́ть** in contexts of asking for information, and **проси́ть/попроси́ть** in contexts of making a request. The person asked is put in the accusative with both verbs.

	IMPERFECTIVE	PERFECTIVE
Requests (making a request)	проси́ть прош-у́ про́с-ишь	попроси́ть (*like* проси́ть)
Inquiries (seeking information)	спра́шивать	спроси́ть (*like* проси́ть)

О РОССИИ

Dating in Russia

Among the many things that have changed in Russia since the Soviet era ended is dating practices, which have become similar in many ways to those in the United States and Western Europe. Young people are still likely to first meet one another in school and at social functions connected with school. However, now that many of them hold part-time jobs and are earning their own money, they are much more independent of sponsored functions—and parental supervision—than they used to be. The rise of a consumer-oriented economy has led to the creation of many places that cater to young people. Clubs, discos, bars, and cafes—almost unheard of even a decade ago—are now very popular and accessible. Young people often go to these places in small groups, even without a date.

When it comes to formal dating, however, traditional roles and practices are still common. The young man typically extends the invitation, which may be to a club, a movie, or a party. The couple may arrange to meet somewhere handy to public transportation, for few young Russians can afford a car. Feminism is not typically an issue. During the evening the man will expect to pay for transportation, admissions, and refreshments. He'll open doors, hold her coat, and, if the date is somehow special—connected with a holiday or the young woman's birthday, for example—bring her flowers. At the end of the evening, he will almost certainly see her home.

The phrase *to ask a question* is **задавáть/задáть вопрóс**. The person asked is expressed in the dative.

Мóжно вам **задáть вопрóс**?	*May I ask you a question?*
Моя́ дочь лю́бит **задавáть вопрóсы**.	*My daughter loves to ask questions.*

УПРАЖНЕНИЕ 1.2. Мáма спроси́ла...

Who's asking what of whom? Select the most likely completions for the following statements:

1. _____ Мáма спроси́ла Лéну,
2. _____ Мáма спроси́ла Лéну,
3. _____ Вóва попроси́л Лéну
4. _____ Лéна мнóго раз проси́ла мáму
5. _____ Мáма спроси́ла Вóву,
6. _____ Вóва спроси́л Лéну,
7. _____ Вóва спроси́л Бéлку,

а. вéрит ли онá, что Лéна действи́тельно принесёт чтó-нибудь вкýсное из рестора́на.
б. кудá онá идёт.
в. не задавáть ей таки́е вопрóсы.
г. пойдёт ли онá в рестора́н.
д. принести́ чтó-нибудь вкýсное для Бéлки.
е. с кем у Лéны свида́ние.
ж. ухóдит ли онá.

УПРАЖНЕ́НИЕ 1.3.   Новосе́лье уже́ бы́ло

Insert the correct form of either **спроси́ть** or **попроси́ть,** according to context. Use only past tenses.

1. Са́ша _____ Татья́ну Дми́триевну, до́ма ли Све́та и Та́ня.
2. Са́ша _____ Та́ню, мо́жно ли пригласи́ть Ле́ну.
3. Са́ша _____ Све́ту, тру́дно ли рабо́тать на ско́рой по́мощи.
4. Са́ша _____ Ле́ну позвони́ть ему́.
5. Джим _____ Та́ню, что на́до принести́.
6. Та́ня _____ Джи́ма сде́лать пи́ццу.
7. Та́ня _____ Джи́ма, как он научи́лся гото́вить.
8. Та́ня _____ Джи́ма, есть ли у него́ гита́ра.
9. Та́ня _____ Джи́ма принести́ гита́ру.

УПРАЖНЕ́НИЕ 1.4.   Новосе́лье ещё бу́дет

Using the same sentences as in Упражне́ние 1.3, redo the exercise using the imperfective verbs **спра́шивать** and **проси́ть** in the present tense.

УПРАЖНЕ́НИЕ 1.5.   Опро́с по телефо́ну

You are gathering information about the lives and the preferences of your fellow students for a sociology class project. Your questionnaire is on page 233.

Pretend you are calling a classmate on the phone. First ask your classmate these questions. Then use him as an intermediary through whom you ask a third classmate the same questions. Begin your relayed questions with **Спроси́ его́/её...** Your classmate will relay the answers back to you, saying **Он/Она́ говори́т, что...** . Record the answers of both students.

ВОПРО́СЫ	отве́ты пе́рвого студе́нта	отве́ты второ́го студе́нта
1. Как ва́ше и́мя?		
2. Како́й у вас но́мер телефо́на?		
3. Что вы лю́бите де́лать, когда́ вы до́ма?		
4. Что вы де́лали вчера́?		
5. Каки́е фи́льмы вам нра́вятся?		
6. Вы ча́сто слу́шаете му́зыку? Кака́я му́зыка вам нра́вится?		
7. Ско́лько лет ва́шему отцу́? А ма́ме? Бра́ту? Сестре́?		
8. Кому́ вы говори́те «ты», а кому́ «вы»?		
9. Кому́ вы ча́сто пи́шете пи́сьма (и́ли звони́те по телефо́ну)?		
10. Что вам на́до сде́лать сего́дня (и́ли за́втра)?		

Я БЫЛ (БЫЛА́) У БА́БУШКИ: TELLING LOCATION

— Где она́ у́чится?	*"Where does she go to school?"*
— В университе́те.	*"At the university."*
— Где Ле́на?	*"Where's Lena?"*
— На ле́кции.	*"In class."*

You already know that the prepositions **в** and **на** followed by the prepositional case answer the question **где?** A different construction, **у** + genitive, is used to refer to a person's residence or place of work.

— Где ты был (была́) вчера́?	*"Where were you yesterday?"*
— У ба́бушки.	*"At Grandma's."*

УПРАЖНЕ́НИЕ 1.6.   Где ты был (была́)?

A friend of yours tried to call you last night, but you weren't at home. Using the following items with the proper preposition (**в, на,** or **у**), how would you answer your friend's question the next day?

EXAMPLE: — Я звони́л (звони́ла) тебе́ весь ве́чер, но тебя́ не́ было.
Где ты был (была́)?
— Я был (была́) у ба́бушки.

бар	мой профе́ссор фи́зики
библиоте́ка	парк
брат	подру́га
де́душка	рестора́н
друг	сосе́д
институ́т	стадио́н
кино́	университе́т
конце́рт	футбо́льный матч
ле́кция	???

ИДТИ́, ПОЙТИ́: GOING PLACES

Я име́ю пра́во знать, куда́ ты **идёшь.**	*I have the right to know where you're going.*
Мо́жет быть, ты зна́ешь, куда́ **идёт** твоя́ сестра́?	*Perhaps you know where your sister's going.*

Идти́ (*to go, to be going*) and its perfective form **пойти́** (*to set out* [*for*]) refer to travel by foot or to travel in general when no vehicle is stated or implied. The nonpast conjugation of both verbs is similar to that of **ждать**.

IMPERFECTIVE	PERFECTIVE
идти́	**пойти́**
ид-у́	пойд-у́[1]
ид-ёшь	пойд-ёшь
(*past:* шёл, шла, шло, шли)	(*past:* пошёл, пошла́, пошло́, пошли́)

КУДА́ ТЫ ИДЁШЬ? (В, НА, К + DESTINATIONS)

Вади́ма нет. Он пошёл **в университе́т** (в магази́н, в кино́).	*Vadim is out. He's gone to the university (to the store, to the movies).*
Ле́на идёт **на свида́ние** (на рабо́ту, на конце́рт).	*Lena's going on a date (to work, to a concert).*
Мы идём **к ба́бушке** (к дру́гу, к Ле́не).	*We're going to Grandma's (to our friend's, to Lena's).*

---

[1] Remember that the Russian perfective nonpast forms render a future meaning: *I'll go, you'll go,* and so on.

To express destination, Russian uses either **в** or **на** plus the accusative case, or **к** plus the dative case (recall that **в** and **на** were used with the prepositional case to express location).

DESTINATION	**Куда́** пошла́ Ле́на?	LOCATION	**Где** Ле́на?
в + accusative Она́ пошла́ в университе́т. Она́ пошла́ в библиоте́ку.		**в** + prepositional Она́ в университе́те. Она́ в библиоте́ке.	
на + accusative Она́ пошла́ на балко́н. Она́ пошла́ на рабо́ту.		**на** + prepositional Она́ на балко́не. Она́ на рабо́те.	
к + dative Она́ пошла́ к Све́те. Она́ пошла́ к профе́ссору.		**у** + genitive Она́ у Све́ты. Она́ у профе́ссора.	

Like the English verb *to go*, the forms of **идти́** can convey either present or future meaning, depending on the context.

Вон Та́ня и Са́ша. Они́ иду́т
    в кино́.
За́втра они́ иду́т на конце́рт.
	*There's Tanya and Sasha.
	    They're going to a movie.*
	*Tomorrow they're going to a
	    concert.*

УПРАЖНЕ́НИЕ 1.7.   **Куда́ мо́жно пойти́?**

Answer the following questions using the proper preposition (**в, на,** or **к**) with some of the indicated destinations. Then add some of your own.

1. Куда́ мо́жно пойти́ ве́чером? (кино́, рестора́н, бар, стадио́н...) А куда́ вы хоти́те пойти́?
2. К кому́ мо́жно пойти́ в воскресе́нье? (ста́рый друг, ру́сский студе́нт, ста́рший брат, ба́бушка...)
3. Ва́шего дру́га нет до́ма. Куда́ он мог пойти́? (по́чта, университе́т, кино́, стадио́н, кафе́, библиоте́ка, магази́н...)
4. ???

УПРАЖНЕНИЕ 1.8.   Куда́ он (она́) идёт?

Working with a classmate, answer the following questions with each of the destinations. Then add some of your own.

1. Ваш друг встреча́ет вас на у́лице. Он спра́шивает: «Куда́ вы идёте?» (банк, по́чта, кино́, рестора́н, кафе́, стадио́н...)
2. В воскресе́нье вы не рабо́таете. К кому́ вы пойдёте (ста́рый друг, ру́сский студе́нт, ста́рший брат, ба́бушка...)
3. Ва́шему бра́ту звони́т его́ друг, но бра́та нет до́ма. Скажи́те, куда́ он пошёл. (по́чта, университе́т, кино́, стадио́н, кафе́, библиоте́ка, магази́н...)
4. Ваш друг спра́шивает, каки́е у вас сего́дня дела́ в университе́те. Скажи́те ему́, что вы пойдёте (библиоте́ка, ле́кция, консульта́ция, кни́жный магази́н, спортза́л...)
5. ???

ДИАЛОГИ

Asking about someone's activities

ДИАЛОГ 1.1.   Где вы купи́ли... ?

— Здра́вствуйте, Ната́лья Ива́новна.
— До́брый день, Алекса́ндра Никола́евна. Проходи́те, пожа́луйста.
— Спаси́бо. Кака́я у вас краси́вая ла́мпа! Где вы её купи́ли, е́сли э́то не секре́т?
— В магази́не «Заря́» на Но́вом Арба́те.

ДИАЛОГ 1.2.   Куда́ вы идёте?

— Ве́ра, Серёжа, куда́ вы идёте?
— На стадио́н.
— А что там сего́дня?
— Баскетбо́л.
— Игра́ет на́ша кома́нда (team).

ДИАЛОГ 1.3.   Куда́ ты идёшь?

— Мари́на, ты ухо́дишь?
— Да, ухожу́. А что?
— А куда́ ты идёшь?
— В университе́т, пото́м в библиоте́ку, а пото́м на стадио́н. Ме́жду про́чим, э́то не твоё де́ло.

УПРАЖНЕНИЕ 1.9.   Ваш диало́г

Create a dialogue in which you stop by to visit a friend at her apartment.
Her roommate answers the door and says that she has gone to [pick a
destination]. The roommate asks where you're going, and you answer.

УПРАЖНЕНИЕ 1.10.   Перево́д

"Mom, I'm leaving!"
"Where are you going?"
"Why do you always ask me such questions? After all, I'm nineteen
  years old!"
"Yes, but I'm still (**всё ещё**) your mother!"

ЧАСТЬ ВТОРАЯ

ЧТЕНИЕ

Кого́ что интересу́ет

*(Natalya Ivanovna and Sergey Petrovich are sitting in
their living room. He is engrossed in his newspaper.)*

НАТА́ЛЬЯ ИВ.	Серёжа, у на́шей Ле́ны свида́ние с Джи́мом.
СЕРГЕ́Й ПЕТР.	(*Reading.*) Интере́сно...
НАТА́ЛЬЯ ИВ.	Ты по́мнишь на́шу сосе́дку Ве́ру Никола́евну? Два го́да наза́д её дочь пое́хала° в Ленингра́д, **то́ есть,**° в Санкт-Петербу́рг, **встре́тила**° америка́нского бизнесме́на и **вы́шла за него́ за́муж.**° Сейча́с они́ живу́т в Калифо́рнии, в Лос-А́нджелесе. Неда́вно у них **роди́лся**° сын. Тепе́рь у Ве́ры Никола́евны есть внук в Лос-А́нджелесе. (*Sympathetically.*) Пра́вда,° она́ **ре́дко**° его́ ви́дит... Ме́жду про́чим, она́ в **ноябре́**° пое́дет° **туда́.**° А мы никогда́ там не́ были. Серёжа, ты меня́ не слу́шаешь.
СЕРГЕ́Й ПЕТР.	(*Not listening.*) Слу́шаю, Ната́ша.
НАТА́ЛЬЯ ИВ.	Но Лос-А́нджелес — э́то так далеко́! Когда́ у нас день, у них ещё **ночь.**† Ве́ра Никола́евна звони́т туда́, а внук ещё спит. И́ли уже́ спит. Серёжа, ты меня́ не слу́шаешь.
СЕРГЕ́Й ПЕТР.	(*Not listening.*) **Что́ ты,**° Ната́ша. Коне́чно, слу́шаю.
НАТА́ЛЬЯ ИВ.	**Кро́ме того́,**° **биле́ты**° туда́ сто́ят о́чень до́рого. Муж Ве́ры Никола́евны **организова́л**† ру́сско-америка́нскую† фи́рму.† Тепе́рь у него́ дела́° в Аме́рике, и **за** биле́ты **пла́тит** фи́рма.° Но Джим не бизнесме́н, он исто́рик. Ты мо́жешь организова́ть ру́сско-америка́нскую фи́рму, кото́рая бу́дет изуча́ть° исто́рию?
СЕРГЕ́Й ПЕТР.	(*Absentmindedly.*) Могу́. Я всё могу́...
НАТА́ЛЬЯ ИВ.	Серёжа, ты меня́ не слу́шаешь. Тебя́ не **интересу́ет** бу́дущее° твое́й до́чери. Тебя́ интересу́ет то́лько футбо́л°!
СЕРГЕ́Й ПЕТР.	(*To himself.*) Не то́лько футбо́л. Хокке́й† меня́ то́же интересу́ет.

Glosses (right margin):

went / то... *that is*
met
вы́шла... *married him*

was born
true / rarely
November / is going to go / there

Что... *What are you talking about*
Besides (that) / tickets

business
за... *the firm pays for the tickets*

study

the future
soccer

УПРАЖНЕНИЕ 2.1.   Вопро́сы и отве́ты

1. У вас есть брат?
   Где живёт ваш брат?
   Вы ча́сто ему́ звони́те? Вы звони́те ему́ у́тром и́ли ве́чером?
   У него́ есть де́ти? Е́сли да, то как их зову́т? (Как зову́т его́ сы́на/дочь?)

2. У вас есть сестра́?
   Где живёт ва́ша сестра́?
   Вы ча́сто ей звони́те? Когда́ вы ей звони́те?
   У неё есть де́ти? Е́сли да, то как их зову́т?

3. Вы бы́ли в Москве́? А в Санкт-Петербу́рге? А в Нью-Йо́рке?
   У вас есть там друзья́? Вы иногда́ звони́те им? Вы звони́те им днём? Но́чью?

4. Вы хоти́те рабо́тать в ру́сско-америка́нской фи́рме?
   Вы мо́жете организова́ть ру́сско-америка́нскую фи́рму?
   Вы хоти́те жить и рабо́тать в Аме́рике и́ли в Росси́и?

ГРАММАТИКА И ПРАКТИКА

MONTHS: В КАКÓМ МÉСЯЦЕ...?

Мéжду прóчим, онá **в ноябрé** поéдет тудá.	*By the way, she's going there in November.*

To express the month in which something occurs, use **в** + the month in the prepositional case. The names of all the months are masculine and are never capitalized in Russian, except when they begin a sentence. Notice, too, that the stress shifts to the ending only for the fall and winter months.

янвáрь	в январé
феврáль	в февралé
март	в мáрте
апрéль	в апрéле
май	в мáе
ию́нь	в ию́не
ию́ль	в ию́ле
áвгуст	в áвгусте
сентя́брь	в сентябрé
октя́брь	в октябрé
ноя́брь	в ноябрé
декáбрь	в декабрé

ию́нь
ию́ль
áвгуст

сентя́брь
октя́брь
ноя́брь

март
апрéль
май

декáбрь
янвáрь
феврáль

УПРАЖНЕНИЕ 2.2.   В како́м ме́сяце вы роди́лись?

Someone in your class almost certainly was born in the same month as
you were. Find out who by asking **В како́м ме́сяце твой день рожде́ния**
(*birthday*)? or **В како́м ме́сяце ты роди́лся (родила́сь)?**

GETTING MARRIED

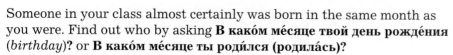

Она́ встре́тила америка́н-ского бизнесме́на и **вы́шла за него́ за́муж.**	*She met an American businessman and married him.*
Он **жени́лся на симпати́чной аспира́нтке.**	*He married a nice graduate student.*

To marry is expressed differently for men and women. For women, the
phrase **выходи́ть (вы́йти) за́муж** is used followed by **за** + accusative.
For men, the verb **жени́ться** is used followed by **на** + prepositional. *They
got married* is **Они́ пожени́лись.**[2]

УПРАЖНЕНИЕ 2.3.   Знамени́тые па́ры (*famous couples*)

Has there been a recent marriage in your family or
one that you have read about in the news? Using
pictures from a photo album, a magazine, or a family tree that you've drawn, make up sentences such
as the following: **Э́то мой брат. Он жени́лся два
го́да наза́д** (or: **в ноябре́**). **А э́то** [name of a famous
actress]. **Она́ вы́шла за́муж за** [husband's name in
accusative]. After having shown three or four such
couples to a classmate, mix up the pictures and see
if your classmate can name them and tell you about
them.

Сва́дьба

---

[2] Similar distinctions are made to describe the state of being married: **он жена́т** (*he's
married*), **она́ за́мужем** (*she's married*), and **они́ жена́ты** (*they're married*).

SHORT ADJECTIVES

Ещё де́сять мину́т, и я бу́ду **гото́ва.**		*Another ten minutes and I'll be ready.*

Гото́в, like **рад,** has short endings and is always used predicatively (after a noun or pronoun): **брат гото́в.**

MASCULINE	рад	гото́в	Па́вел гото́в. *Pavel is ready.*
NEUTER	(rare)	гото́во	Всё гото́во? *Is everything ready?*
FEMININE	ра́да	гото́ва	Ле́на гото́ва. *Lena is ready.*
PLURAL	ра́ды	гото́вы	Все[3] гото́вы? *Is everyone ready?*

УПРАЖНЕНИЕ 2.4.   **Short adjectives**

Complete the following sentences using forms of **рад** or **гото́в** according to the context.

1. Ле́на _____, что ей позвони́ла её подру́га Та́ня.
2. — Да́йте мне де́сять мину́т, — отве́тил Бори́с. — Я ещё не _____.
3. — Вы все _____? — спроси́л преподава́тель. — Тепе́рь пиши́те.
4. Брат _____, что за́втра он не рабо́тает.
5. — Всё _____?
   — Да, де́ти, ве́щи и соба́ка уже́ в маши́не.
6. А́нна Ива́новна сказа́ла, что обе́д _____.

УПРАЖНЕНИЕ 2.5.   **Я рад (ра́да), что…**

What has recently caused you to be happy? Complete the sentence **Я рад (ра́да), что…** in three or four ways. Some possibilities might include the following:

…что сего́дня хоро́шая пого́да.
…что за́втра не бу́дет заня́тий.
…что я вчера́ написа́л (написа́ла) курсову́ю.
…что мне позвони́ла моя́ подру́га из Москвы́.
…что я иду́ в воскресе́нье на баскетбо́льный матч.
…что мои́ друзья́ пригласи́ли меня́ в теа́тр.
…что я получи́ла пятёрку.
…???

---

[3] Remember that the neuter pronoun **всё** means *everything* and the plural pronoun **все** means *everyone, everybody.*

О РОССИИ

The Russian academic grading system

Grades in Russian schools and colleges are assigned on a five-point scale, from 1 to 5, with 5 being the highest grade. The system (and how students refer to the grades) looks like this:

Отли́чно	5 (пятёрка)	Excellent
Хорошо́	4 (четвёрка)	Good
Удовлетвори́тельно	3 (тро́йка)	Satisfactory
Неудовлетвори́тельно	2 (дво́йка)	Poor
О́чень пло́хо	1 (едини́ца)	Very poor

Both 2 and 1 are failing grades and 1 is in fact very rarely given.

GOING PLACES: *TO LEAVE* AND *TO ARRIVE, COME BACK*

— Ле́на, ты ухо́дишь? Когда́
ты придёшь?

*"Lena, are you leaving? When
will you come back?"*

Note the similarities in the forms of the verbs in the table below. The difference in meaning is due to the prefixes, about which you will learn more later.

IMPERFECTIVE	PERFECTIVE	MEANING
приходи́ть	прийти́	to come, to arrive,
прихож-у́	прид-у́	to come back
прихо́д-ишь	прид-ёшь	
	(*past:* пришёл, пришла́, пришло́, пришли́)	
уходи́ть	уйти́	to leave
ухож-у́	уйд-у́	
ухо́д-ишь	уйд-ёшь	
	(*past:* ушёл, ушла́, ушло́, ушли́)	

[handwritten margin note: by foot / to walk / only]

УПРАЖНЕНИЕ 2.6. Он уйдёт, пойдёт, придёт...

Fill in the blanks of the following dialogues, choosing from the verbs given.

1. — Здра́вствуйте. Марк до́ма?
— Нет, он (ушёл, пришёл) _____. Он (пришёл, пошёл)
_____ в библиоте́ку.

— А когда́ он (пойдёт, придёт) _____?
— Он сказа́л, что (пойдёт, придёт) _____ че́рез два
часа́.

2. — Что вы де́лали вчера́?
— Снача́ла я была́ в магази́не, пото́м (пойду́, пошла́)
_____ на по́чту. Пото́м я (пришла́, приду́)
_____ домо́й (*home*) и пригото́вила (*made*) обе́д.

3. — За́втра суббо́та. Куда́ вы (пойдёте, придёте) _____?
Вы (пойдёте, придёте) _____ в кино́?
— Нет, я (приду́, пойду́) _____ в рестора́н.
— А я (приду́, пойду́) _____ на стадио́н.

УПРАЖНЕНИЕ 2.7.   **Когда́ ты обы́чно прихо́дишь в университе́т?**

Find out when your classmates usually arrive on campus and leave for home. Then ask about yesterday and tomorrow. You will need to ask the following questions:

— Когда́ ты обы́чно прихо́дишь в университе́т?
— Когда́ ты обы́чно ухо́дишь домо́й?

— Когда́ ты вчера́ пришёл (пришла́) в университе́т?
— Когда́ ты вчера́ ушёл (ушла́) домо́й?

— Когда́ ты за́втра придёшь в университе́т?
— Когда́ ты за́втра уйдёшь домо́й?

ДИАЛОГИ

ДИАЛОГ 2.1.   **Попроси́ её купи́ть...**

(Asking a favor)

— Ва́ля, ты идёшь на по́чту?
— Нет, в магази́н. А что?
— Мне о́чень нужны́ ма́рки.
— Та́ня идёт на по́чту. Попроси́ её купи́ть ма́рки.

ДИАЛОГ 2.2.   Что вас интересу́ет?

(Discussing interests)

— Я в ва́шем го́роде в пе́рвый раз. Что вы рекоменду́ете[†] посмотре́ть?
— А что вас интересу́ет?
— Меня́ интересу́ют архитекту́ра и исто́рия.
— У нас мно́го интере́сного. Вы должны́ обяза́тельно пойти́ в
  истори́ческий музе́й и посмотре́ть центр го́рода.

ДИАЛОГ 2.3.   Како́й прия́тный сюрпри́з!

(Sharing personal news)

— Приве́т, Сла́ва! Как я ра́да тебя́ ви́деть!
— О́ля! Како́й прия́тный сюрпри́з[†]! Что у тебя́ но́вого?
— Зна́ешь, я вы́шла за́муж.
— Что ты говори́шь! За кого́?
— За Воло́дю Васи́льева. Сейча́с мы живём в Оренбу́рге, неда́вно у
  нас родила́сь дочь.
— Поздравля́ю (*congratulations*)! Рад за тебя́!

УПРАЖНЕНИЕ 2.8.   Ваш диало́г

Create a dialogue in which you and a friend meet after not seeing
each other for a long while. Exchange news of family, studies, job,
and so on.

УПРАЖНЕНИЕ 2.9.   Перево́д

"Slava, are you leaving? Where are you going?"
"To the post office. I have to buy stamps."
"And then where will you go?"
"To my friend's. He recently got married."
"What's his wife's name?"
"Irina, Ira. She's very nice. My goodness, it's already four o'clock! I'm
  running late! See you later!"

ЧАСТЬ ТРЕТЬЯ

ЧТЕНИЕ

Кто последний? Я за вами.°

за... *behind you*

(*At Sveta and Tanya's. Jim is talking to Tanya, Sveta, and Sasha.*)

ДЖИМ. А сейча́с я вам расскажу́, как я в пе́рвый раз пошёл **покупа́ть**° хлеб.

to buy

(*As Jim tells the story, the scene changes to outside a bakery.*)

1-ая ЖЕ́НЩИНА. Молодо́й челове́к, вы за мной бу́дете.
ДЖИМ. Прости́те, я не по́нял.
1-ая ЖЕ́НЩИНА. Я после́дняя.
ДЖИМ. Я не понима́ю.
2-а́я ЖЕ́НЩИНА. Вы что́, из Аме́рики? (*Everyone laughs.*)
ДЖИМ. (*Flustered.*) Я действи́тельно америка́нец.

2-а́я же́нщина.	Ох,[†] извини́те, я не ду́мала, что вы иностра́нец,° — вы хорошо́ говори́те по-ру́сски. Мы так говори́м, когда́ челове́к не зна́ет того́, что зна́ют все.
мужчи́на.	Э́ти слова́ вы должны́ вы́учить обяза́тельно. Когда́ вам ну́жно **стать в о́чередь,°** спроси́те, кто после́дний.
2-а́я же́нщина.	А пото́м на́до сказа́ть: «Я за ва́ми».
джим.	Тепе́рь я по́нял. (*To the first woman.*) Я за ва́ми.
1-ая же́нщина.	Прекра́сно. У вас есть паке́т° для хле́ба?
джим.	Нет... ду́маю, что паке́ты есть у продавца́.°
1-ая же́нщина.	Я не **уве́рена**.°
джим.	Сейча́с **уви́дим**.[†] (*To the sales clerk.*) У вас есть паке́ты для хле́ба?
продавщи́ца.°	У меня́ паке́тов нет.
джим.	Что же мне де́лать? Я не могу́ нести́° хлеб **в рука́х**.°
продавщи́ца.	Вы что, не зна́ете, что у покупа́теля° до́лжен быть свой паке́т?
1-ая же́нщина.	Он не зна́ет.
2-а́я же́нщина.	Он америка́нец.
мужчи́на.	У них в Аме́рике всегда́ есть паке́ты.
продавщи́ца.	У нас в Росси́и э́то то́же не пробле́ма. Сейча́с уви́дите. (*Shouts.*) У кого́ есть ли́шний паке́т для америка́нца?
лю́ди в о́череди.	У меня́! У меня́! У меня́!

(*People offer bags of various sizes from all sides. Jim takes one from the nearest woman.*)

джим.	Большо́е спаси́бо. Ско́лько э́то сто́ит?
же́нщина.	Ну что вы!° Э́то беспла́тно.
продавщи́ца.	(*Jokingly.*) Мо́жет быть, **де́нег°** у вас то́же нет?
джим.	(*Nonplussed.*) Нет-нет, де́ньги у меня́ есть. Бо́льше ничего́° проси́ть не ну́жно. **Ско́лько с меня́?°**
продавщи́ца.	С вас 125 рубле́й.[4]

foreigner

стать... *get in line*

bag
sales clerk
sure

carry / в... *in (my) hands*
shopper

Ну... *What are you talking about!*
money

Бо́льше... *Not anything else* / Ско́лько... *How much is it?*

---

[4] Russia was undergoing severe inflation as this book was being written. Hence prices in this and other examples may no longer be typical.

**Cherry Pralines
шоколадный
набор**
300г

ам.долл
5⁶⁰
кор.

**шоколадный
набор
Orchidee**

ам.долл
2⁹⁵
кор.

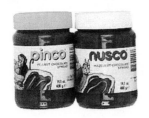

**Nuscco ja Pinco
шоколадно-
ореховый
крем**

ам.долл
2²⁵
банка

**Ritter
шоколадные
плитки**
250г

ам.долл
1⁵⁰
шт.

**Marie
печенье с
персиково-
апельсиновой
начинкой** 480г

ам.долл
3³⁵
пакет

УПРАЖНЕНИЕ 3.1.   Вопро́сы и отве́ты

1. Что говоря́т ру́сские, когда́ челове́к не зна́ет того́, что зна́ют все? А что мы говори́м?
2. Вы в магази́не в Росси́и и хоти́те стать в о́чередь. Что на́до спроси́ть и́ли сказа́ть?
3. У нас лю́ди ча́сто стоя́т в о́череди (*stand in line*) в магази́не?
4. Вы иногда́ сто́ите в о́череди?
5. Как вы ду́маете, у покупа́теля до́лжен быть свой паке́т, когда́ он идёт в магази́н?
6. Вы когда́-нибудь (*ever*) де́лали поку́пки (*shopped*) в друго́й стране́? Е́сли да, в како́й?

О РОССИИ

Shopping in Russia

The development of a market economy in Russia has led to many innovations in retailing, such as supermarkets, fast-food franchises, specialty electronic stores, and self-service bakeries. In many stores, however, traditional practices remain, such as the three-step purchasing system:

1. Find out the prices of the items you wish to buy. Note what sections of the store they are sold in.
2. Go to the cashier (**касса**) and tell her or him the prices of your items and the section each is sold in. Pay the total. The cashier gives you a receipt for each section.
3. Return to each section of the store where your desired items are displayed, give the clerk the receipt, and state what you wish to purchase.

In this system, lines in each step are common, so Jim's lesson about what to say when joining a line will prove useful. And while many stores in Russia now stock bags that customers can buy, experienced shoppers never go anywhere without a bag.

ГРАММАТИКА И ПРАКТИКА

PRICES AND COUNTING

   — Ско́лько с меня́?   *"How much do I owe?"*
   — С вас 125 **рубле́й**.   *"It's 125 rubles."*

As you have seen with age and time expressions, numerals and quantity words determine the case and number of the nouns used with them. The table on page 249 presents the patterns for numerals used with so-called count nouns (things that can be counted, such as **биле́т, студе́нтка, кни́га, мину́та, час,** and so on).

    Indefinite expressions of quantity (**мно́го, ма́ло, ско́лько,** and **не́сколько**) also take the genitive.

IF THE LAST WORD IN A NUMERAL IS	THE NOUN FOLLOWING IT MUST APPEAR IN THE	EXAMPLES
оди́н, одно́, одна́	Nominative singular	У меня́ одна́ соба́ка. Мое́й сестре́ два́дцать оди́н год. С вас два́дцать оди́н рубль.
два, две три четы́ре	Genitive singular	С вас два́дцать два рубля́. У меня́ две соба́ки. Сейча́с три часа́. В мое́й ко́мнате четы́ре ла́мпы. Моему́ бра́ту два́дцать три го́да.
anything else	Genitive plural	Сейча́с семь часо́в. Мое́й подру́ге восемна́дцать лет. С вас пятна́дцать рубле́й.

HUNDREDS, THOUSANDS

Here are the forms needed to express hundreds and thousands.

100	сто	1000	ты́сяча
200	две́сти	2000	две ты́сячи
300	три́ста	3000	три ты́сячи
400	четы́реста	4000	четы́ре ты́сячи
500	пятьсо́т	5000	пять ты́сяч
600	шестьсо́т	6000	шесть ты́сяч
700	семьсо́т	7000	семь ты́сяч
800	восемьсо́т	8000	во́семь ты́сяч
900	девятьсо́т	9000	де́вять ты́сяч

УПРАЖНЕНИЕ 3.2. Ско́лько э́то сто́ит?

Read aloud the following prices.

> EXAMPLE: Газе́та сто́ит 300 р. → С вас три́ста рубле́й.

1. Хлеб сто́ит 600 р.
2. Э́та газе́та сто́ит 500 р.
3. Э́та кни́га сто́ит 8000 р.
4. Биле́т в метро́ сто́ит 200 р.
5. Ро́за сто́ит 400 р.

УПРАЖНЕНИЕ 3.3. Но́мер телефо́на

Now that you know how to say numbers in the hundreds, you can give your own telephone number Russian-style (XXX-XX-XX) and can understand others' telephone numbers when they give them to you. Write your telephone number on a slip of paper, fold it, and exchange it with someone. Without looking at the number you receive, exchange that number with someone else, then make a third exchange. Now try to find the person to whom the phone number you are holding belongs.

> EXAMPLE: — 451-78-94 — чей э́то но́мер телефо́на? Твой? →
> — Нет, э́то не мой но́мер телефо́на.
> *or*
> — Да, э́то мой но́мер телефо́на.

УПРАЖНЕНИЕ 3.4. Америка́нские це́ны (*prices*)

Bring in or sketch an advertisement from an American newspaper and, working with a classmate, practice asking **Ско́лько сто́ит** [name of object]? Your classmate should respond **Э́то сто́ит** [price of object using **до́ллар, до́ллара, до́лларов** and **цент, це́нта, це́нтов**].

МНО́ГО КНИГ: GENITIVE PLURAL OF NOUNS

Ма́ма, я тебя́ мно́го **раз** проси́ла...	*Mother, I've asked you many times . . .*
У меня́ **паке́тов** нет.	*I don't have any bags.*
Мо́жет быть, **де́нег** у вас то́же нет?	*Perhaps you don't have any money either?*

Of all Russian cases, the genitive plural has the widest variety of endings. There are, however, many underlying regularities.

NOMINATIVE SINGULAR ENDING	GENITIVE PLURAL ENDING	GENITIVE PLURAL FORMS
1. **-а**	zero ending	
кни́га		книг
-о		
де́ло		дел
2. **-ия**	**-ий**	
ле́кция		ле́кций
-ие		
упражне́ние		упражне́ний
3. **-ь**	**-ей**	
преподава́тель		преподава́телей
дверь		двере́й
-ж, -ш, -щ, -ч (*hushers*)		
эта́ж		этаже́й
врач		враче́й
4. *masculine nouns not covered above*	**-ов** **(-ев)**	
стол		столо́в
ме́сяц		ме́сяцев
музе́й		музе́ев

Many nouns that you already know have unusual or irregular forms in the genitive plural. Here are some patterns (in learning these forms, the spelling rules are of help). Note also shifting stress. Irregularities such as these will be indicated in the chapter glossaries.

1. Family and friends

   мать — матере́й   дочь — дочере́й
   сын — сынове́й   брат — бра́тьев
   друг — друзе́й

2. Zero-ending masculine

   челове́к — челове́к[5]   раз — раз

3. "Kill-vowel" nouns (masculines, in which the final vowel is deleted, keeping the same number of syllables as the nominative singular)

   оте́ц — отцо́в   америка́нец — америка́нцев
   пода́рок — пода́рков

---

[5] The equivalent of *people* after numerals and the words **ско́лько** and **не́сколько** (*a few, several*) is **челове́к**. After **мно́го** and **ма́ло** it is **люде́й**.

4. "Fill-vowel" nouns (mostly feminines and neuters, in which a vowel is added so that the zero ending in the genitive plural will not result in an unpronounceable consonant cluster)

сестра́ — сестёр	окно́ — о́кон
пе́сня — пе́сен	письмо́ — пи́сем
ру́чка — ру́чек	де́ньги — де́нег
ба́бушка — ба́бушек	де́вочка — де́вочек
оши́бка — оши́бок	

УПРАЖНЕНИЕ 3.5.   Genitive case noun endings

Fill in the blanks.

1. В на́шем университе́те мно́го (студе́нты) _____ .
2. На авто́бусной остано́вке бы́ло мно́го (лю́ди) _____ .
3. У меня́ мно́го (друзья́) _____ .
4. В метро́ всегда́ мно́го (иностра́нцы) _____ .
5. У профе́ссора мно́го (кни́ги и ка́рты) _____ .
6. У нас сли́шком мно́го (журнали́сты) _____ .
7. У меня́ нет (пи́сьма) _____ .

МНО́ГО   МА́ЛО

МНÓГО   МÁЛО

УПРАЖНЕНИЕ 3.6. Социóлог спрáшивает

You are taking a survey for a sociologist. Ask your classmates the following questions:

1. Скóлько у вас брáтьев и сестёр? Скóлько им лет?
2. У вас есть друзья́ в университéте (в шкóле)? У вас мнóго друзéй?
3. У вас есть дéти? Éсли да, то скóлько? Скóлько сыновéй и скóлько дочерéй?
4. Скóлько у вас дóма книг?
5. Скóлько фи́льмов вы смóтрите кáждую недéлю?
6. Скóлько часóв в день вы смóтрите телеви́зор? Как вы дýмаете, э́то мнóго врéмени и́ли мáло?
7. Скóлько у вас дóма телефóнов?
8. Скóлько маши́н в вáшей семьé?
9. Скóлько журнáлов вы получáете?
10. Скóлько газéт вы получáете?

THE ART OF CONVERSATION: LONG TIME NO SEE!

Now that you know **ско́лько** and the genitive plural you can use the following phrase to greet someone you've not seen in a while: **Ско́лько лет, ско́лько зим!** (*It's been ages!, Long time no see!* [lit. *How many summers, how many winters!*])

FORMS OF GENITIVE PLURAL: ADJECTIVES

У нас мно́го **интере́сных** | *We have many interesting*
истори́ческих зда́ний. | *historical buildings.*

Genitive plural adjectives are regular: They have the ending **-ых/-их** for all genders. All possessive pronouns (except **его, её,** and **их,** which never change) have the ending **-их** (**мои́х, ва́ших,** and so on).

УПРАЖНЕНИЕ 3.7.   У меня́ мно́го... У меня́ ма́ло...

Working with a partner, complete the sentences with adjective + noun phrases, paying close attention to the genitive plural adjective and noun endings.

EXAMPLE: У меня́ мно́го больши́х, серьёзных пробле́м.

1. У меня́ (у нас) до́ма мно́го _____.
2. Мы не зна́ем, ско́лько _____ там живёт.
3. У моего́ дру́га нет _____.
4. Моя́ подру́га вчера́ купи́ла де́сять _____.
5. В на́шем го́роде мно́го _____.
6. В университе́те мно́го _____.
7. В на́шей гру́ппе ма́ло _____.
8. Ско́лько на э́той ка́рте _____?

ДИАЛОГИ

Making purchases

ДИАЛОГ 3.1.   В кио́ске

— Скажи́те, у вас есть ка́рта Москвы́?
— Ка́рта Москвы́? Есть.
— Ско́лько она́ сто́ит?
— Есть ка́рта за 175 рубле́й и есть за 295.
— Покажи́те, пожа́луйста, за 295.

Почему́ здесь мно́го люде́й?

ДИАЛОГ 3.2.   В магази́не

— Покажи́те, пожа́луйста, альбо́м (*picture book*) «Москва́».
— Э́тот?
— Нет, вон тот, ма́ленький.
— Пожа́луйста. (Продаве́ц пока́зывает альбо́м.)
— А ско́лько он сто́ит?
— Сейча́с скажу́. 4000 рубле́й.
— Я беру́ его́. Где ка́сса (*cashier station*)?
— Ка́сса там.

УПРАЖНЕНИЕ 3.8.   Ваш диало́г

Create a dialogue in which you and a friend argue, trying to "one-up" each other: If your friend says she has five telephones, you say you have six; if she has two TVs, you say you have three; and so on.

УПРАЖНЕНИЕ 3.9.   Перево́д

"Do you have a large family?"
"Yes. I have three brothers and five sisters."
"My goodness! Do they all live at home? Where do they sleep?"
"It's no problem. My older sister is studying in New York. And one brother is working in Germany."
"So two brothers and four sisters are living at home?"
"We have a big house!"

ЧАСТЬ ЧЕТВЁРТАЯ

ЧТЕНИЕ

Письмо́ Джи́ма

(*Jim asks Tanya to help with a letter.*)

ДЖИМ. Та́ня, **у меня́ к тебе́ про́сьба**.° Я написа́л письмо́ моему́
профе́ссору ру́сского языка́. Он попроси́л меня́ и други́х
аспира́нтов писа́ть ему́ о том, что нам в Москве́ нра́вится и
что не нра́вится. Ты не могла́ бы° испра́вить° оши́бки в моём
письме́?

ТА́НЯ. **С удово́льствием,**° Джим. Но я уве́рена, что в твоём письме́
о́чень ма́ло оши́бок. Ты прекра́сно зна́ешь ру́сский язы́к.

ДЖИМ. Спаси́бо. Ничего́, что° письмо́ **дли́нное**° — почти́ три
страни́цы°?

ТА́НЯ. О́чень хорошо́, что оно́ дли́нное. Мне то́же о́чень интере́сно,
что тебе́ понра́вилось и что́ не понра́вилось в Москве́. Чита́й, а
я бу́ду слу́шать.

ДЖИМ. (*Reads aloud.*) «Дорого́й Фред!»

ТА́НЯ. (*Interrupting him.*) Джим, ты **называ́ешь** своего́ профе́ссора
по и́мени°?

у... I have a favor to ask of you

Ты... Could you please / correct

С... I'd be glad to

Ничего́... Is it OK that / long pages

называ́ешь... call your professor by his first name

джим. Он сказа́л нам, что мы мо́жем называ́ть его́ по и́мени. Аспира́нты называ́ют его́ по и́мени, а студе́нты говоря́т ему́ «Профе́ссор Смит».

та́ня. Поня́тно. А у нас все называ́ют свои́х профессоро́в по и́мени и о́тчеству. Чита́й да́льше.°

джим. «Я **заме́тил,**° что здесь на у́лице незнако́мые лю́ди° ча́сто остана́вливают° друг дру́га, **что́бы**° спроси́ть что́-нибудь. Вчера́ я **до́лго**° гуля́л по го́роду.° Все спеши́ли° — не шли, а бежа́ли,° а я шёл **ме́дленно,**° и прохо́жие° спра́шивали меня́: «**Вы не ска́жете,**° где остано́вка авто́буса?» «Куда́ идёт э́тот **тролле́йбус**†?» «Вы не зна́ете, где тут **телефо́н-автома́т**°?» Е́сли я не знал, что **отве́тить,**° я говори́л: «Извини́те, я не москви́ч†». Оди́н води́тель° останови́лся° и спроси́л, где у́лица Лесна́я. Я зна́ю, где э́та у́лица, там живу́т мои́ друзья́. И я **показа́л** ему́ **доро́гу.**°

А пото́м я **сам**° заблуди́лся.° Я смотре́л на назва́ния у́лиц и номера́ домо́в, но не мог поня́ть, где я. Ка́рты Москвы́ у меня́, к сожале́нию, не́ было. И тут я **поду́мал**†: "When in Russia . . ." и то́же останови́л прохо́жего!»

Чита́й... *Read on.*
noticed / незнако́мые...
  strangers
stop / in order to
for a long time / гуля́л...
  walked around town /
  Все... *Everyone was hurry-*
  ing
(everyone) was running /
  slowly / passersby
Вы... *Could you tell me*
pay phone
to answer
driver / stopped
я... *I told him how to get*
  there
myself / got lost

УПРАЖНЕНИЕ 4.1. **Вопро́сы и отве́ты**

1. Как вы называ́ете свои́х профессоро́в? По и́мени? По и́мени и о́тчеству? По фами́лии?

2. Вы когда́-нибудь писа́ли своему́ профе́ссору? О чём вы писа́ли?

3. Когда́ вы пи́шете по-ру́сски, кто́-нибудь (*anyone*) вам помога́ет, исправля́ет ва́ши оши́бки? Вы де́лаете мно́го оши́бок, когда́ вы пи́шете по-ру́сски? А когда́ пи́шете по-англи́йски?

4. В ва́шем го́роде есть авто́бусы? А тролле́йбусы? Есть ли остано́вка тролле́йбуса и́ли авто́буса бли́зко от ва́шего до́ма?

5. Вы хорошо́ зна́ете ваш го́род? Е́сли прохо́жий вас спра́шивает, где у́лица [name] и́ли магази́н [name], вы мо́жете отве́тить?

Заня́тия по англи́йскому языку́

О РОССИИ

Student/teacher relationships

Tanya is surprised that Jim addresses his professor by his first name, for Russian students are generally not that familiar with their professors. In fact, to American students, many things about the Russian educational setting may seem rather more formal than that to which they are accustomed. In schools, for example, pupils stand up when the instructor enters the classroom. Russian students do not wear hats or coats, chew gum, eat, or drink in class. Both high school and college students use **имя и отчество** when addressing their instructors, and do not use informal phrases like **Привет!, Пока!,** or **Как дела?** with them. College-level students are addressed by instructors **«на вы»**. As instructors return tests, it is not unusual for them to announce the grade of each student aloud. In general, instructors in Russian schools and colleges remain in complete control of all classroom policies and procedures. It might seem, therefore, that Илья Ильич is on unusually friendly terms with Джим. But Джим is not the typical student: He's an advanced **аспирант** and a foreigner.

Student/Teacher Relationships. An exercise based on this note is found in the WB/LM.

ГРАММАТИКА И ПРАКТИКА

THE ART OF CONVERSATION: QUESTIONS AND ANSWERS

Russians use several conversational devices for framing questions and answers. These devices, which exist in most languages, are not hard-and-fast rules, but failure to observe them can result in your being perceived as brusque or crude.

Asking for information. If it is likely that the person you are asking will know the answer (for example, a salesclerk in a store, a ticket seller at a train station, or a police officer on the street), start your question with **Скажите, пожалуйста...**

Скажите, пожалуйста, сколько стоит эта книга?	*Tell me, please, how much does this book cost?*

If, on the other hand, you cannot assume the person has the information you need, a better way to start is with **Вы не скажете (Вы не знаете)... ?**

Вы не ска́жете (Вы не зна́ете), где остано́вка автобуса?	*Could you tell me (Do you know) where the bus stop is?*

Repeating the question. When asked for information, Russians often repeat part of the question before they answer.

— Вы не ска́жете, где метро́?	*"Could you tell me where the subway station is?"*
— **Метро́?** Метро́ вон там.	*"The subway? The subway's over there."*

Softening a request. When requesting a favor, begin politely with **Вы не могли́ бы (ты не мог бы, ты не могла́ бы)...**

Ты **не могла́ бы** испра́вить мои́ оши́бки?	*Could you possibly correct my mistakes?*

Answering "It depends." The Russian equivalent of "It depends" is **Смотря́...,** followed by a question word or phrase.

— Ты ку́пишь э́тот телеви́зор?	*"Are you going to buy that TV?"*
— **Смотря́** ско́лько он сто́ит.	*"It depends on how much it costs."*
— Ты лю́бишь смотре́ть баскетбо́л?	*"Do you like to watch basketball?"*
— **Смотря́** каки́е кома́нды игра́ют.	*"It depends on who's (which teams are) playing."*

ACCUSATIVE PLURALS

У нас все называ́ют **свои́х профессоро́в** по и́мени и о́тчеству.	*We all address our teachers by first name and patronymic.*

Accusative plurals *of all genders* follow the same principle that you learned for masculine nouns (and adjectives) in the accusative singular: If inanimate, they are treated like the nominative; if animate (including animals), they are treated like the genitive.

	NOMINATIVE PLURAL	ACCUSATIVE PLURAL	GENITIVE PLURAL
Inanimate (all genders)	Где мои́ кни́ги?	*(like nominative)* Ты ви́дишь мои́ кни́ги?	У меня́ пять книг.
Animate (*all genders*)	Где мои́ бра́тья?	*(like genitive)* Ты ви́дишь мои́х бра́тьев?	У меня́ пять бра́тьев.

УПРАЖНЕНИЕ 4.2.   **Accusative plural contest**

Working in small groups, select appropriate words from the table below—or use your own—to make up 10 sentences with accusative plurals. Then challenge another group to see if they can translate your sentences correctly, and you theirs.

SUBJECTS	VERBS	OBJECTS (SHOWN IN NOMINATIVE PLURAL)
моя́ сестра́	понима́ть	дли́нные пи́сьма
Ле́на и Ви́ктор	чита́ть	симпати́чные сосе́ди[6]
я	ви́деть	молоды́е специали́сты
мы	слу́шать	интере́сные статьи́
наш преподава́тель	знать	больши́е соба́ки
	люби́ть	ру́сские журна́лы
	по́мнить	тала́нтливые журнали́сты
		ста́рые профессора́

СВОЙ: ONE'S OWN

Я име́ю пра́во име́ть **свои́** секре́ты.	*I have a right to have my (own) secrets.*
Джим, ты называ́ешь **своего́** профе́ссора по и́мени?	*Jim, you call your professor by (his) first name?*
Мы называ́ем **свои́х** профессоро́в по и́мени и о́тчеству.	*We address our professors by first name and patronymic.*

The possessive adjective **свой** is declined like **мой, твой**. It is a *reflexive* pronoun, which means that it refers back to the subject of the clause it is in. Although it would be possible in the examples above to use the possessive adjectives *мой* **секре́ты,** *твоего́* **профе́ссора,** *на́ших* **профессоро́в,** these forms are better reserved for contrast situations such as «**Я говорю́ о** *мое́й* **сестре́, а не о** *твое́й*». However, when the subject is a third-person noun or pronoun (**он, она́, они́**), **свой** must be used to avoid misunderstanding. Compare the following sentences:

Вади́м лю́бит **свою́** жену́.	*Vadim loves his (own) wife.*
Вадим любит **его́** жену́.	*Vadim loves his (someone else's) wife.*

Свой is not used to modify subjects in the nominative case, except in some sayings and proverbs and when denoting possession: **У меня́ свой дом.**

---

[6] The genitive and accusative plural is **сосе́дей.**

УПРАЖНЕНИЕ 4.3. **Свой, мой, твой**

Fill in the blanks with a possessive pronoun (use two variants when possible).

1. На э́той у́лице живёт мой друг. За́втра я пойду́ к _____ дру́гу.
2. Э́то на́ша сосе́дка. _____ дочь живёт в Лос-А́нджелесе.
3. Э́то наш университе́т. Мы лю́бим _____ университе́т.
4. Вот моё письмо́. Испра́вь, пожа́луйста, оши́бки в _____ письме́.
5. Вот твоё письмо́. Испра́вь, пожа́луйста, оши́бки в _____ письме́.
6. Э́то их профе́ссор. Они́ называ́ют _____ профе́ссора по и́мени и о́тчеству.
7. Э́то мой профе́ссор. Я называ́ю _____ профе́ссора по и́мени и о́тчеству.
8. Э́то моя́ сестра́ Ле́на. Все говоря́т, что _____ сестра́ о́чень краси́вая.

Диалоги

Seeking information

На у́лице

— Прости́те, вы не ска́жете, где метро́?
— Метро́? Ви́дите там це́рковь (*church*)? Метро́ ря́дом. Иди́те пря́мо (*straight ahead*).
— Спаси́бо.
— Пожа́луйста.

В авто́бусе

— Вы не ска́жете, когда́ бу́дет остано́вка Дворцо́вая пло́щадь (*Palace Square*)?
— Э́то тре́тья остано́вка. Я то́же там выхожу́.
— Скажи́те, а от остано́вки до Эрмита́жа (*to the Hermitage*) далеко́?
— Нет, э́то ря́дом. Я покажу́ вам, куда́ идти́.

ДИАЛОГ 4.3. У театра́льной ка́ссы

— Скажи́те, пожа́луйста, у вас есть биле́ты в цирк на за́втра?
— Сейча́с посмотрю́. Да, пожа́луйста. О́чень хоро́шие места́. Вам ско́лько биле́тов?
— Два, пожа́луйста. Ско́лько с меня́?

УПРАЖНЕНИЕ 4.4. Ваш диало́г

Create a dialogue in which you have just returned from a trip and are telling a friend about the things you saw. Try to mix in both animate and inanimate "sightings."

УПРАЖНЕНИЕ 4.5. Перево́д

"How do professors address their students in America?"
"It depends on **(Смотря́)** which professors."
"I don't understand . . ."
"My physics professor addresses his students by last name, but my other professors address their students by first name."

НОВЫЕ СЛОВА

Nouns

биле́т	ticket
де́ньги *pl.* (*gen.* **де́нег**)	money
доро́га	way
ночь (*gen. pl.* **ноче́й**) *f.*	night
о́чередь (*gen. pl.* **очереде́й**) *f.*	line
свида́ние	date; appointment
телефо́н-автома́т	pay phone
тролле́йбус	trolley bus

Pronouns

сам (**сама́, само́, са́ми**) *emphatic*	oneself, myself, yourself, *and so on*

Months

янва́рь (*gen. sing.* **января́**) *m.*	January
февра́ль (*gen. sing.* **февраля́**) *m.*	February
март	March
апре́ль *m.*	April
май	May
ию́нь *m.*	June
ию́ль *m.*	July
а́вгуст	August
сентя́брь (*gen. sing.* **сентября́**) *m.*	September
октя́брь (*gen. sing.* **октября́**) *m.*	October
ноя́брь (*gen. sing.* **ноября́**) *m.*	November
декабрь (*gen. sing.* **декабря́**) *m.*	December

Adjectives

гото́в (**гото́ва, гото́во, гото́вы**)	ready
дли́нный	long
уве́рен (**уве́рена, уве́рены**)	sure; certain

Verbs

A translation is listed after the perfective only if it differs from the imperfective. "X" indicates that a paired verb exists but has not yet been presented as active vocabulary. "None in this meaning" indicates that there is no perfective for the meaning given here. "None" indicates that there is no aspectual counterpart for this verb.

IMPERFECTIVE		PERFECTIVE	
ве́рить (ве́рю, ве́ришь) (+ *dat.*)	to believe	X	
ви́деть (ви́жу, ви́дишь)	to see	уви́деть	
встреча́ть	to meet	встре́тить (встре́чу, встре́тишь)	
ду́мать (о + *prep.*)	to think (about)	поду́мать	
есть (ем, ешь, ест, еди́м, еди́те, едя́т; *past* ел, е́ла, е́ло, е́ли)	to eat	X	
замеча́ть	to notice	заме́тить (заме́чу, заме́тишь)	
идти́ (иду́, идёшь; *past* шёл, шла, шло, шли)	1. to go; 2. to walk	пойти́ (пойду́, пойдёшь; *past* пошёл, пошла́, пошло́, пошли́)	1. to go; 2. to set out
интересова́ть (*often 3rd pers.* интересу́ет, интересу́ют)	to interest	None	
каса́ться (*3rd pers.*)	to concern; to have to do with	X	
организова́ть (организу́ю, организу́ешь)	to organize	Same as *impfv.*	
отвеча́ть (+ *dat.*)	to answer	отве́тить (отве́чу, отве́тишь)	
писа́ть (пишу́, пи́шешь)	to write	написа́ть	
плати́ть (плачу́, пла́тишь) (за + *acc.*)	to pay (for)	заплати́ть	
пока́зывать (+ *dat.* + *acc.*)	to show	показа́ть (покажу́, пока́жешь)	
покупа́ть	to buy	купи́ть (куплю́, ку́пишь)	
приходи́ть (прихожу́, прихо́дишь)	to come; to arrive; to come back	прийти́ (приду́, придёшь; *past* пришёл, пришла́, пришло́, пришли́)	

IMPERFECTIVE		PERFECTIVE	
проси́ть (прошу́, про́сишь)	to ask for; to request	попроси́ть	
спра́шивать	to ask	спроси́ть (спрошу́, спро́сишь)	
уходи́ть (ухожу́, ухо́дишь)	to leave; to go away	уйти́ (уйду́, уйдёшь; *past* ушёл, ушла́, ушло́, ушли́)	
X		роди́ться (*usu. past:* роди́лся, родила́сь, родило́сь, родили́сь)	to be born
X		узна́ть	to recognize

Adverbs

вообще́	in general
всегда́	always
до́лго	for a long time
ме́дленно	slowly
пря́мо	straight ahead
ре́дко	rarely
туда́ (*indicates direction*)	there

Other

для (+ *gen.*)	for
за	1. (+ *acc.*) for; 2. (+ *instr.*) behind
к (+ *dat.*)	to
пра́вда *parenthetical*	true
что́бы	in order to

Idioms and Expressions

в конце́ концо́в	after all
Вы не ска́жете... ?	Could you tell me . . . ?
выходи́ть/вы́йти (*past* вы́шла) за́муж (за + *acc.*)	(*of a woman*) to get married (to)
гуля́ть по го́роду	to walk around town
жени́ться (на + *prep.*)	(*of a man*) to get married (to)
задава́ть/зада́ть вопро́с	to ask a question

име́ть пра́во	to have the right
Ка́к э́то (+ the word or phrase to which the speaker is reacting)? *informal*	What do you mean, . . . ?
кро́ме того́	besides (that); moreover
ме́жду про́чим	by the way; incidentally
называ́ть по и́мени (и о́тчеству)	to call someone by first name (and patronymic)
Не твоё (ва́ше) де́ло. *rather rude*	It's/That's none of your business.
он жена́т	he's married
она́ за́мужем	she's married
они́ жена́ты	they're married
показа́ть доро́гу	to tell someone how to get somewhere; to show someone the way
с удово́льствием	I'd be glad to; with pleasure
Ско́лько с меня́?	How much is it?; How much do I owe?
стать в о́чередь	to get in line
стоя́ть в о́череди	to stand in line
то есть (*often abbreviated* т.е.)	that is; i.e.
У меня́ к тебе́ (вам) про́сьба.	I have a favor to ask of you.

Что́ ты (вы)!; Ну что́ ты (вы)! — What are you talking about!; What do you mean!

Э́то не твоё (ва́ше) де́ло. — *see* Не твоё (ва́ше) де́ло.

Topics

Going places: идти́/пойти́, приходи́ть/прийти́, уходи́ть/уйти́; где, куда́, отку́да

Dating, marriage, family: нра́виться/понра́виться, приглаша́ть/пригласи́ть, свида́ние; люби́ть; жени́ться, выходи́ть/вы́йти за́муж; он жена́т, она́ за́мужем, они́ жена́ты; роди́ться, сын, дочь

STUDY TIP

Learn phrases, not just words.

Although it is useful to make flash cards to learn individual words, sometimes it's necessary to learn phrases. A good example that appears in this lesson concerns the preposition *for*. How *for* is rendered in Russian varies:

для + *gen.*	intended for:	**Э́то пода́рок для моего́ бра́та.** (*This is a gift for my brother.*)
за + *acc.*	in exchange for:	**Ско́лько вы заплати́ли за э́ту кни́гу?** (*How much did you pay for that book?*)

Other Russian renderings of English *for* will appear in later lessons.

APPENDICES

APPENDIX A

COMMON USES OF RUSSIAN CASES

CASE	USE	EXAMPLES
NOMINATIVE **Имени́тельный** **(кто, что)**	*(Dictionary form)* 1. Subject of sentence or clause 2. Predicate nominative	**студе́нтка** Он зна́ет, где живёт **э́та студе́нтка.** Она́ **хоро́шая студе́нтка.**
ACCUSATIVE **Вини́тельный** **(кого́, что)**	1. Direct object 2. Object of prepositions **в, на, за, под,** when indicating motion toward a goal 3. A game or sport that is the object of preposition **в** 4. A day, hour, or minute that is the object of preposition **в**, indicating time when (**когда́?**) 5. Time or distance covered 6. Object of preposition **че́рез**	Я купи́ла **ру́чку.** Ма́ма пошла́ на **по́чту.** Они́ игра́ют в **те́ннис.** Вади́м придёт в **пя́тницу.** Я был там **неде́лю.** Ма́ша прие́дет че́рез **неде́лю.**
GENITIVE **Роди́тельный** **(кого́, чего́)**	1. Ownership 2. Linking 3. Object of prepositions **у, от, до, из, для, без, о́коло, кро́ме, ми́мо, во́зле, и́з-за, про́тив,** and **с** when **с** means *from* 4. To indicate the absence or lack of someone or something (used with **нет, не́ было, не бу́дет**) 5. Nonspecific direct object of a negated verb 6. After numbers (singular after 2–4; plural after 5–20) 7. With certain verbs including **боя́ться**. Some verbs like **иска́ть, ждать, хоте́ть, жела́ть, проси́ть** take genitive if the object is indefinite. 8. The date on which an event occurred or will occur 9. Partitive *some*	Э́то каранда́ш **Бори́са.** Остано́вка **авто́буса** там. Я получи́ла письмо́ от **Ива́на.** Они́ е́дут с **конце́рта.** Там нет **шко́лы.** Мы не слы́шим **никако́й му́зыки.** Три **биле́та,** два́дцать **биле́тов** **Чего́** ты бои́шься? Она́ ждёт **авто́буса.** Мой брат прие́дет **второ́го** ма́я. Нале́й мне **со́ка.**

CASE	USE	EXAMPLES
PREPOSITIONAL **Предло́жный** **(о ком, о чём)**	1. Object of preposition **о (об)** 2. Object of prepositions **в** or **на** when indicating location 3. **Неде́ле** is the object of preposition **на**, indicating time when (**когда́?**) 4. A month, year, or larger unit is the object of preposition **в**, indicating time when (**когда́?**) 5. Object of preposition **на** when indicating means of transportation	Мы лю́бим говори́ть об **исто́рии.** Кни́га на **столе́.** Э́то бы́ло на **про́шлой неде́ле.** Э́то бы́ло в **ма́рте.** Све́та е́дет на **маши́не.**
DATIVE **Да́тельный** **(кому́, чему́)**	1. Indirect object (recipient) 2. With certain verbs, including **помога́ть, сове́товать, отвеча́ть, меша́ть, звони́ть, обеща́ть** 3. With the verb **нра́виться** and with constructions containing **мо́жно, ну́жно, тепло́,** and so on 4. The person or thing whose age is indicated 5. Object of prepositions **к, по**	Она́ дала́ **мне** кни́гу. Мари́на помога́ет **своему́ бра́ту.** **Мне** нра́вится кла́ссика. **Нам** ну́жно позвони́ть ма́ме. **Мое́й сестре́** шесть лет. Мы за́втра пое́дем к **Бори́су.**
INSTRUMENTAL **Твори́тельный** **(кем, чем)**	1. The means by which something is done, especially mode of travel 2. Object of prepositions **за, под, над, пе́ред,** or **ме́жду,** when indicating location. (**за** and **под** take other cases in other situations) 3. Complement of many reflexive verbs: **занима́ться, по́льзоваться, интересова́ться, каза́ться, станови́ться** 4. Adverbs indicating time of day and seasons are identical to instrumental of corresponding nouns 5. Object of preposition **с** when **с** means *together with*	Студе́нтка пи́шет **ру́чкой.** Све́та е́дет **маши́ной.** Челове́к стои́т пе́ред **до́мом.** Мы занима́емся **ру́сским языко́м.** Я встал ра́но **у́тром.** Он рабо́тает **ле́том.** Я люблю́ разгова́ривать с **Ири́ной.**

APPENDIX B

SPELLING RULES

RULE	AFTER г, к, х	AFTER ж, ч, ш, щ	AFTER ц
«Кни́ги» rule: **и** (not **ы**)	**и**	**и**	
«Хоро́шее» rule: **е** (not unstressed **о**)		**е**	**е**
«Ви́жу» rule: **у** (not **ю**), **а** (not **я**)		**у, а**	

| | NOMINATIVE PLURAL FOR NOUNS ENDING IN | | |
	-ь	-я	-й
«Роя́ли» rule: **и** (not **ы**)	**и**	**и**	**и**

APPENDIX C

DECLENSIONS: NOUNS

MASCULINE SINGULAR

CASE	BASIC ENDING	HARD	SOFT: -ь	SOFT: -й	SOFT: -ий
Nominative кто, что	(none)	автóбус	гость	слýчай	гéний

Accusative
когó, что
	inanimate =
	  nominative;
	animate =
	  genitive
		автóбус	гóстя	слýчай	гéния

Genitive когó, чего	-а	автóбуса	гóстя	слýчая	гéния
Prepositional о ком, о чём	-е	автóбусе	гóсте	слýчае	гéнии
Dative комý, чемý	-у	автóбусу	гóстю	слýчаю	гéнию
Instrumental кем, чем	-ом	автóбусом	гóстем	слýчаем	гéнием

MASCULINE PLURAL

CASE	BASIC ENDING	HARD	SOFT: -ь	SOFT: -й	SOFT: -ий
Nominative	-ы	автóбусы	гóсти	слýчаи	гéнии

Accusative	inanimate =
	  nominative;
	animate =
	  genitive
		автóбусы	гостéй	слýчаи	гéниев

Genitive	-ов	автóбусов	гостéй	слýчаев	гéниев
Prepositional	-ах	автóбусах	гостя́х	слýчаях	гéниях
Dative	-ам	автóбусам	гостя́м	слýчаям	гéниям
Instrumental	-ами	автóбусами	гостя́ми	слýчаями	гéниями

NEUTER SINGULAR

CASE	BASIC ENDING	HARD	SOFT: -ие	SOFT: -ье	-мя
Nominative что	**-о**	де́ло	зада́ние	воскресе́нье	и́мя
Accusative что	**-о**	де́ло	зада́ние	воскресе́нье	и́мя
Genitive чего́	**-а**	де́ла	зада́ния	воскресе́нья	и́мени
Prepositional о чём	**-е**	де́ле	зада́нии	воскресе́нье	и́мени
Dative чему́	**-у**	де́лу	зада́нию	воскресе́нью	и́мени
Instrumental чем	**-ом**	де́лом	зада́нием	воскресе́ньем	и́менем

NEUTER PLURAL

CASE	BASIC ENDING	HARD	SOFT: -ие	SOFT: -ье	-мя
Nominative	**-а**	дела́	зада́ния	воскресе́нья	имена́
Accusative	**-а**	дела́	зада́ния	воскресе́нья	имена́
Genitive	(none)	дел	зада́ний	воскресе́ний[1]	имён
Prepositional	**-ах**	дела́х	зада́ниях	воскресе́ньях	имена́х
Dative	**-ам**	дела́м	зада́ниям	воскресе́ньям	имена́м
Instrumental	**-ами**	дела́ми	зада́ниями	воскресе́ньями	имена́ми

---

[1] The neuter nouns **по́ле** (*field*) and **мо́ре** (*sea*) have the ending **-ей** in the genitive plural (**море́й, поле́й**). The neuter noun **пла́тье** (*dress*) has the ending **-ев** in the genitive plural (**пла́тьев**).

FEMININE SINGULAR

CASE	BASIC ENDING	HARD	SOFT: **-я**	SOFT: **-ь**	SOFT: **-ия**	SOFT: **-ья**
Nominative кто, что	**-а**	газе́та	неде́ля	крова́ть	исто́рия	статья́
Accusative кого́, что	**-у**	газе́ту	неде́лю	крова́ть	исто́рию	статью́
Genitive кого́, чего́	**-ы**	газе́ты	неде́ли	крова́ти	исто́рии	статьи́
Prepositional о ком, о чём	**-е**	газе́те	неде́ле	крова́ти	исто́рии	статье́
Dative кому, чему	**-е**	газе́те	неде́ле	крова́ти	исто́рии	статье́
Instrumental кем, чем	**-ой**	газе́той	неде́лей	крова́тью	исто́рией	статьёй

FEMININE PLURAL

CASE	BASIC ENDING	HARD	SOFT: **-я**	SOFT: **-ь**	SOFT: **-ия**	SOFT: **-ья**
Nominative	**-ы**	газе́ты	неде́ли	крова́ти	исто́рии	статьи́
Accusative	inanimate = nominative; animate = genitive	газе́ты	неде́ли	крова́ти	исто́рии	статьи́
Genitive	(none)	газе́т	неде́ль	крова́тей	исто́рий	стате́й
Prepositional	**-ах**	газе́тах	неде́лях	крова́тях	исто́риях	статья́х
Dative	**-ам**	газе́там	неде́лям	крова́тям	исто́риям	статья́м
Instrumental	**-ами**	газе́тами	неде́лями	крова́тями	исто́риями	статья́ми

APPENDIX D

DECLENSIONS: PRONOUNS

INTERROGATIVE/RELATIVE, PERSONAL, REFLEXIVE

CASE	INTERROG./ RELATIVE		PERSONAL								REFLEX.
Nominative	кто	что	я	ты	он	оно́	она́	мы	вы	они́	(none)
Accusative	кого́	что	меня́	тебя́	его́	его́	её	нас	вас	их	себя́
Genitive	кого́	чего́	меня́	тебя́	его́	его́	её	нас	вас	их	себя́
Prepositional	ком	чём	мне	тебе́	нём	нём	ней	нас	вас	них	себе́
Dative	кому́	чему́	мне	тебе́	ему́	ему́	ей	нам	вам	им	себе́
Instrumental	кем	чем	мной	тобо́й	им	им	ей	на́ми	ва́ми	и́ми	собо́й

DEMONSTRATIVE

CASE	ЭТОТ				ТОТ			
	MASC.	NEUT.	FEM.	PLUR.	MASC.	NEUT.	FEM.	PLUR.
Nominative	э́тот	э́то	э́та	э́ти	тот	то	та	те
Accusative (For masculine and plural: inanimate = nominative; animate = genitive)	э́тот/ э́того	э́то	э́ту	э́ти/ э́тих	тот/ того́	то	ту	те/ тех
Genitive	э́того	э́того	э́той	э́тих	того́	того́	той	тех
Prepositional	э́том	э́том	э́той	э́тих	том	том	той	тех
Dative	э́тому	э́тому	э́той	э́тим	тому́	тому́	той	тем
Instrumental	э́тим	э́тим	э́той	э́тими	тем	тем	той	те́ми

DETERMINATIVE

CASE	MASCULINE	NEUTER	FEMININE	PLURAL
Nominative	весь	всё	вся	все
Accusative (For masculine and plural: inanimate = nominative; animate = genitive)	весь/ всего́	всё	всю	все/ всех
Genitive	всего́	всего́	всей	всех
Prepositional	всём	всём	всей	всех
Dative	всему́	всему́	всей	всем
Instrumental	всем	всем	всей	все́ми

POSSESSIVE: МОЙ (ТВОЙ, СВОЙ)

CASE	MASCULINE	NEUTER	FEMININE	PLURAL
Nominative	мой	моё	моя́	мои́
Accusative (For masculine and plural: inanimate = nominative; animate = genitive)	мой/ моего́	моё	мою́	мои́/ мои́х
Genitive	моего́	моего́	мое́й	мои́х
Prepositional	моём	моём	мое́й	мои́х
Dative	моему́	моему́	мое́й	мои́м
Instrumental	мои́м	мои́м	мое́й	мои́ми

POSSESSIVE: НАШ (ВАШ)

CASE	MASCULINE	NEUTER	FEMININE	PLURAL
Nominative	наш	на́ше	на́ша	на́ши
Accusative	наш/	на́ше	на́шу	на́ши/
(For masculine and plural: inanimate = nominative; animate = genitive)	на́шего			на́ших
Genitive	на́шего	на́шего	на́шей	на́ших
Prepositional	на́шем	на́шем	на́шей	на́ших
Dative	на́шему	на́шему	на́шей	на́шим
Instrumental	на́шим	на́шим	на́шей	на́шими

POSSESSIVE INTERROGATIVE

CASE	MASCULINE	NEUTER	FEMININE	PLURAL
Nominative	чей	чьё	чья	чьи
Accusative (For masculine and plural: inanimate = nominative; animate = genitive)	чей/ чьего́	чьё	чью	чьи/ чьих
Genitive	чьего́	чьего́	чьей	чьих
Prepositional	чьём	чьём	чьей	чьих
Dative	чьему́	чьему́	чьей	чьим
Instrumental	чьим	чьим	чьей	чьи́ми

APPENDIX E

DECLENSIONS: ADJECTIVES

MASCULINE

CASE	BASIC ENDING	UNSTRESSED ENDING	STRESSED ENDING	SOFT
Nominative	**-ый (-о́й)**	но́вый	молодо́й	ли́шний
Accusative (For masculine and plural: inanimate = nominative; animate = genitive)	**-ый (-о́й)/** **-ого**	но́вый/ но́вого	молодо́й/ молодо́го	ли́шний/ ли́шнего
Genitive	**-ого**	но́вого	молодо́го	ли́шнего
Prepositional	**-ом**	но́вом	молодо́м	ли́шнем
Dative	**-ому**	но́вому	молодо́му	ли́шнему
Instrumental	**-ым**	но́вым	молоды́м	ли́шним

NEUTER

CASE	BASIC ENDING	HARD	SOFT
Nominative	**-ое**	но́вое	ли́шнее
Accusative	**-ое**	но́вое	ли́шнее
Genitive	**-ого**	но́вого	ли́шнего
Prepositional	**-ом**	но́вом	ли́шнем
Dative	**-ому**	но́вому	ли́шнему
Instrumental	**-ым**	но́вым	ли́шним

FEMININE

CASE	BASIC ENDING	HARD	SOFT
Nominative	-ая	но́вая	ли́шняя
Accusative	-ую	но́вую	ли́шнюю
Genitive	-ой	но́вой	ли́шней
Prepositional	-ой	но́вой	ли́шней
Dative	-ой	но́вой	ли́шней
Instrumental	-ой	но́вой	ли́шней

PLURAL

CASE	BASIC ENDING	HARD	SOFT
Nominative	-ые	но́вые	ли́шние
Accusative (For masculine and plural: inanimate = nominative; animate = genitive)	-ые/ -ых	но́вые/ но́вых	ли́шние/ ли́шних
Genitive	-ых	но́вых	ли́шних
Prepositional	-ых	но́вых	ли́шних
Dative	-ым	но́вым	ли́шним
Instrumental	-ыми	но́выми	ли́шними

APPENDIX F

DECLENSIONS: CARDINAL NUMERALS

1–4

| CASE | ОДИ́Н | | | | ДВА | | ТРИ | ЧЕТЫ́РЕ |
	MASC.	NEUT.	FEM.	PLUR.	MASC. AND NEUT.	FEM.		
Nominative	оди́н	одно́	одна́	одни́	два	две	три	четы́ре
Accusative (For masculine and plural: inanimate = nominative; animate = genitive)	оди́н/ одного́	одно́	одну́	одни́/ одни́х	два/ двух	две/ двух	три/ трёх	четы́ре/ четырёх
Genitive	одного́	одного́	одно́й	одни́х	двух	двух	трёх	четырёх
Prepositional	одно́м	одно́м	одно́й	одни́х	двух	двух	трёх	четырёх
Dative	одному́	одному́	одно́й	одни́м	двум	двум	трём	четырём
Instrumental	одни́м	одни́м	одно́й	одни́ми	двумя́	двумя́	тремя́	четырьмя́

5+

CASE	
Nominative	пять
Accusative	пять
Genitive	пяти́
Prepositional	пяти́
Dative	пяти́
Instrumental	пятью́

APPENDIX G

CONJUGATIONS

-ЕШЬ/-ЁШЬ VERBS		-ИШЬ VERBS
Stem stress and shifting stress[1]		**All stems and stress patterns[2]**
Vowel stem	*Consonant stem*	
читáть (читá-)	éхать (éд-)	говорúть (говор-); вúдеть (вúд-);
интересовáть	писáть (пиш-)	смотрéть (смотр-); стоя́ть (сто-)
(интересу́-)		
-ю	-у (or -ý)[3]	-ю (or -у)[4]
-ешь	-ешь	-ишь
-ет	-ет	-ит
-ем	-ем	-им
-ете	-ете	-итс
-ют	-ут	-ят (or -ат)[5]
Ending stress		
Vowel stem	*Consonant stem*	
давáть (да-)	идти́ (ид-)	
вставáть (встá-)	жить (жив-)	
-ю́	-ý	
-ёшь	-ёшь	
-ёт	-ёт	
-ём	-ём	
-ёте	-ёте	
-ю́т	-ýт	

Stem Changes in -ешь/-ёшь Verbs

A great many **-ешь/-ёшь** verbs exhibit changes in their nonpast stem—
that is, in the form of the verb to which endings are added in nonpast
tenses (both present tense and perfective future). This stem differs from
that of the dictionary (infinitive) form of the verb. Many of these changes
appear arbitrary.

> éхать (éд-): éду, éдешь
> жить (жив-): живу́, живёшь

---

[1] Shifting-stress verbs have ending stress only on the **я** form.
[2] Stress is not shown below for these endings.
[3] Use **-ý** for shifting-stress verbs.
[4] Use **-у** when the «вúжу» spelling rule applies—that is, following the "hushers" **ж,ч, щ, ш**.
[5] Use **-ат** when the «вúжу» spelling rule applies—that is, following the "hushers" **ж,ч, щ, ш**.

Some of these changes, however, are systematic. For example, all non-past verbs ending in **-авать** change the **-ава-** to a simple **-а-** before adding stressed endings.

> дава́ть (да-): даю́, даёшь
> встава́ть (вста-): встаю́, встаёшь

Another such systematic change occurs in verbs ending in **-овать** and **-евать,** where in most cases the sequences **-ова-** and **-ева-** change to -у- before adding endings.

> интересова́ть (интересу́-): интересу́ю, интересу́ешь
> танцева́ть (танцу́-): танцу́ю, танцу́ешь

Finally, many **-ешь/-ёшь** verbs undergo a stem change that involves a shift in only the final consonant of the stem.

> писа́ть (пиш-): пишу́, пи́шешь

Stem Changes in -ишь Verbs

Many **-ишь** verbs exhibit a change in the final consonant of the nonpast stem, but this shift appears only in the **я** form.

> спроси́ть (спрош-): спрошу́, спро́сишь

Consonant Shift Patterns

About ten patterns of consonant shifts—encountered in both **-ешь/-ёшь** and **-ишь** verbs—are exhibited among the verbs in this book.

б to **бл**	люби́ть	(люблю́, лю́бишь)
п to **пл**	купи́ть	(куплю́, ку́пишь)
м to **мл**	познако́мить	(познако́млю, познако́мишь)
в to **вл**	ста́вить	(ста́влю, ста́вишь)
д to **ж**	ходи́ть	(хожу́, хо́дишь)
з to **ж**	сказа́ть	(скажу́, ска́жешь)
т to **ч**	встре́тить	(встре́чу, встре́тишь)
с to **ш**	проси́ть	(прошу́, про́сишь)
ст to **щ**	прости́ть	(прощу́, прости́шь)
ск to **щ**	иска́ть	(ищу́, и́щешь)

APPENDIX H

SELECTED EVENTS IN RUSSIAN AND WESTERN HISTORY

YEAR	NOTABLE EVENTS IN RUSSIAN HISTORY	IMPORTANT EVENTS ELSEWHERE
800	Cyril and Methodius devise Slavic alphabet (863) **Рю́рик** rules **Но́вгород** (862–879)	Reign of Charlemagne (768–814)
900	Rise of **Ки́ев. Влади́мир** accepts Christianity as state religion (988–990)	
1000		Battle of Hastings (1066) First Crusade (1099)
1100	**Москва́** first mentioned in chronicles (1147)	Rise of independent towns in Europe
1200	**Тата́ры** invade Russia (1237–1240), beginning **тата́рское и́го** (Tatar yoke)	
1300	**Дми́трий Донско́й** defeats Tatars (1380)	Outbreak of the plague in Europe (1348) Renaissance begins (midcentury)
1400	**Тата́ры** decline; **Москва́** rises **Царь Ива́н III** reigns 1462–1505	Columbus discovers America (1492)
1500	**Царь Ива́н IV** (the Terrible) reigns 1533–1584; Time of Troubles begins with his death	Protestant Reformation begins (1517); Queen Elizabeth I reigns (1558–1603)
1600	Founding of **Рома́нов** dynasty (1613) Old Believers break from Russian Orthodox Church (1654–1656) **Царь Пётр I** (the Great) reforms Russia, ruling 1682–1725	Pilgrims land at Plymouth Rock (1620) Thirty Years' War in Europe (1618–1648)
1700	**Санкт-Петербу́рг** founded (1703) **Цари́ца Екатери́на II** (the Great) reigns (1762–1796)	American Declaration of Independence (1776) Constitution of **США** (USA) ratified (1787) **Францу́зская револю́ция** (1789)
1800	**Ру́сские** under **Алекса́ндр I** defeat Napoleon's Grand Army (1812) Crimean War (1853–1856) **Алекса́ндр II** frees serfs (1861)	**Наполео́н** rules France (1804–1815) Gold rush in California (1848) Civil War in **США** (1861–1865); **Авраа́м Ли́нкольн** ends slavery (1863)

YEAR	NOTABLE EVENTS IN RUSSIAN HISTORY	IMPORTANT EVENTS ELSEWHERE
1900	**Россия** enters WWI (1914), as do **Англия и Франция**	
	Царь Николай II abdicates in March, 1917; **Владимир Ленин** and the **большевики** seize power in October/November 1917; devastating civil war 1917–1921	**США** enters WWI (1917)
	СССР (USSR) created; death of **Ленин** (1924); **Сталин** takes control	Roaring Twenties; Jazz Age
	Сталин industrializes and collectivizes **СССР**; millions killed in purges (1930s)	Stock market crash in **США** (1929)
	Фашисты (Nazis) invade **СССР** (June 1941)	Attack on Pearl Harbor brings **США** into WWII (December 1941)
	WWII allied victory: **Англия, СССР, США, Франция** (1945)	
1950	**Сталин** dies (1953); **Хрущёв** takes power, denounces **Сталин**	Korean War (1950–1953)
	Спутник (first artificial satellite) launched (1957)	Cuban missile crisis (1962)
	Брежнев ousts **Хрущёв** (1964)	Vietnam War (1960–1975)
	Горбачёв takes power (1985)	
	Communist regimes in Central Europe collapse (1989–1990)	
	Ельцин elected **президент**; end of **СССР** and Communist rule (August 21, 1991)	Persian Gulf war (1991)

RUSSIAN-ENGLISH VOCABULARY

Key

A number in parentheses after an English equivalent indicates the lesson in which the Russian word was first marked as active. A number in brackets indicates the lesson in which the Russian word first appears, as passive vocabulary. Bold numbers introduce separate meanings for a given word. The Russian letters **Е** and **Ё** are treated as a single letter. Most main entry verbs are presented as imperfective/perfective pairs, separated by a slash (/). Perfected verbs not introduced in pairs are marked *pfv*. Individual verbs not marked as perfective are imperfective.

А

а 1. and; **2.** but (1)
а́вгуст August (8)
автобус bus (3)
  остано́вка автобуса bus stop (3)
автобусный bus (*adj.*) (5)
  автобусная остано́вка bus stop (5)
а́дрес (*pl.* адреса́) address (2)
алло́ (*said when answering the phone*) hello (7)
Аме́рика America (1)
американ(е)ц/американка (*gen. pl.* америка́нок) an American (4)
америка́нский American (*adj.*) (3)
англи́йский English (7)
апре́ль *m.* April (8)
апте́ка drugstore; pharmacy (3)
а́рмия army (5)
аспира́нт/аспира́нтка (*gen. pl.* аспира́нток) graduate student (2)
асфа́льт asphalt (5)

Б

ба́бушка (*gen. pl.* ба́бушек) grandmother (2)
балко́н balcony (5)
бандеро́ль *f.* package (containing printed matter) (6)
бе́дный poor [8]
бежа́ть (бегу́, бежи́шь, бегу́т) *unidir.* to run [8]
беспла́тно free (of charge); for free (5)
библиоте́ка library; home library (5)
би́знес business [5]
бизнесме́н businessman [7]
биле́т ticket (8)
бли́зко (it's/that's) near; (it's/that's) close (5)
блонди́н/блонди́нка (*gen. pl.* блонди́нок) blond [4]
Бо́же мой! Good heavens! [4]
бо́льше: бо́льше ничего́ nothing else; not anything else [8]

большо́й 1. big; large (2); **2.** *colloquial* grownup [6]
брат (*pl.* бра́тья, *gen. pl.* бра́тьев) brother (1)
брать (беру́, берёшь; *past* брал, брала́, бра́ло, бра́ли)/**взять** (возьму́, возьмёшь; *past* взял, взяла́, взя́ло, взя́ли) **1.** to take **2.** to get (6)
бу́дущее *noun, declines like adj.* the future [8]
бу́ква letter (of the alphabet) (1)
бы́стро quickly; fast (6)
быть (*future* бу́ду, бу́дешь; *past* был, была́, бы́ло, бы́ли) to be (6)
  мо́жет быть *parenthetical* maybe; perhaps (4)
  Не мо́жет быть! Unbelievable! (7)

В

в 1. (+ *acc.—to denote a destination*) to; into: **Мы е́дем в Москву́.** We're going to Moscow. (8); **2.** (+ *acc.—to indicate a time of day*) at: **в семь часо́в** at seven o'clock; **3.** (+ *acc. with days of the week*) on: **в пя́тницу** on Friday (7); **4.** (+ *prep.—to denote location*) in; at: **в Москве́** in Moscow (3); **5.** (+ *prep.—with time units of a month or more*) in: **в апре́ле** in April (7)
  в конце́ концо́в after all (8)
  в кото́ром часу́? at what time?; when? (7)
  игра́ть в хокке́й (баскетбо́л, etc.**)** to play hockey (basketball, etc.) (3)
вам *dat. of* вы
ва́нна bathtub (4)
ва́нная bathroom (4)
вас *gen., acc., & prep. of* вы
ваш (ва́ша, ва́ше, ва́ши) *formal or pl.* your; yours (1)
ведь *particle* (*used for emphasis; often omitted in translation*) you know; why; after all (7)
везде́ everywhere (5)
ве́рить (ве́рю, ве́ришь) (+ *dat.*) to believe: **Ты ей ве́ришь?** Do you believe her? (8)
Ве́рно! That's true!; That's right! (7)

ве́село: Бы́ло о́чень ве́село. It was a lot of fun; We had a lot of fun. (7)

весь (вся, всё, все) all; the whole; all of (4)

ве́чер evening

До́брый ве́чер! Good evening! (5)

ве́чером in the evening (5)

ви́деть (ви́жу, ви́дишь)/уви́деть to see (6)

Вот ви́дишь (ви́дите)! You see!; See! (4)

вино́ wine [7]

висе́ть (*usu. 3rd pers.* виси́т, вися́т) to hang; to be hanging (5)

вку́сный tasty; delicious [8]

вме́сте together (7)

внизу́ downstairs; below (4)

внук grandson (2)

вну́чка granddaughter (2)

вода́ (*acc. sing.* во́ду) water (4)

води́тель *m.* driver [8]

возража́ть to object; to have an objection (6)

Я не возража́ю. I have no objections. (6)

волнова́ться (волну́юсь, волну́ешься) to worry; to be nervous

Не волну́йся (волну́йтесь)! Don't worry! (6)

вон (over) there (2)

вообще́ in general (8)

вопро́с question (3)

задава́ть/зада́ть вопро́с (+ *dat.*) to ask (someone) a question (8)

восемна́дцать eighteen (6)

во́семь eight (2)

во́семьдесят eighty (6)

воскресе́нье Sunday (7)

восьмо́й eighth (6)

вот here (is) (2)

Вот ви́дишь (ви́дите)! You see!; See! (4)

врач (*gen. sing.* врача́) physician; doctor (6)

вре́мя (*gen., dat., and prep. sing.* вре́мени) *neut.* time (6)

все (*pl. of* **весь**) **1.** everybody; everyone; **2.** all (4)

всё everything; all (4)

Всё в поря́дке. Everything is in order; Everything's fine. (6)

всё, что ну́жно everything one needs [7]

Это всё? Is that all? [4]

всегда́ always (8)

вспомина́ть/вспо́мнить (вспо́мню, вспо́мнишь) to recall [7]

встреча́ть/встре́тить (встре́чу, встре́тишь) to meet (8)

вто́рник Tuesday (7)

во вто́рник on Tuesday (7)

второ́й second (6)

вчера́ yesterday (6)

вы *formal or pl.* you (1)

Вы не ска́жете... ? Could you tell me . . . ? (8)

Что вы! What are you talking about!; What do you mean! (8)

вы́учить (вы́учу, вы́учишь) *pfv.* (*impfv.* учи́ть) to learn; to memorize (7)

выходи́ть (выхожу́, выхо́дишь)/**вы́йти** (вы́йду, вы́йдешь; *past* вы́шла) **за́муж** (за + *acc.*) (*of a woman*) to marry; to get married (to): **Она́ вы́шла за́муж за Ви́ктора.** She married Victor. (8)

Г

газе́та newspaper (1)

гара́ж (*gen. sing.* гаража́) garage [5]

где where (1)

герои́ня heroine [7]

гид guide [5]

гита́ра guitar [7]

гла́вное *noun, declines like adj.* the main thing [6]

гла́вный main

говори́ть (говорю́, говори́шь) (4)/**сказа́ть** (скажу́, ска́жешь) (6) **1.** (*impfv. only*) to speak; to talk; **2.** to say; to tell

говори́ть по-ру́сски to speak Russian

говори́ть «ты» («вы») (+ *dat.*) to use "ты" ("вы") with someone

год (*prep. sing.* в году́, *pl.* го́ды, *gen. pl.* лет) year (6)

го́род (*pl.* города́) city; town (5)

гость (*gen. sing.* го́стя, *gen. pl.* госте́й)/**го́стья** guest (4)

гото́в (гото́ва, гото́во, гото́вы) ready (8)

гото́вить (гото́влю, гото́вишь)/**пригото́вить 1.** to prepare; **2.** to cook (7)

гро́мко loudly [4]

гря́зно (it's) muddy [7]

грязь *f.* (*prep. sing.* в грязи́) mud [5]

гуля́ть/погуля́ть to walk; to go for a walk; to take a walk (4)

Д

да yes (1)

дава́й(те) *particle* let's . . .

Дава́й смотре́ть телеви́зор. Let's watch TV.

Дава́йте познако́мимся. Let's get acquainted. (2)

дава́ть (даю́, даёшь)/**дать** (дам, дашь, даст, дади́м, дади́те, даду́т; *past* дал, дала́, да́ло, да́ли) (+ *dat.* + *acc.*) to give (5)

да́же *particle* even (5)

далеко́ far; far away (3)

дари́ть (дарю́, да́ришь)/**подари́ть** (+ *dat.* + *acc.*) to give (*as a present*) (6)

дать (дам, дашь, даст, дади́м, дади́те, даду́т; *past* дал, дала́, да́ло, да́ли) (+ *dat.* + *acc.*) *pfv.* (*impfv.* дава́ть) to give (5)

два (*f.* две) two (2)

два́дцать twenty (6)

двена́дцатый twelfth (6)

двена́дцать twelve (2)

дверь (*prep. sing.* о две́ри, на двери́; *gen. pl.* дверéй) *f.* door (4)

де́вочка (little) girl (2)

де́вушка girl; young woman (5)

девяно́сто ninety (6)

девятна́дцать nineteen (6)

девя́тый ninth (6)

де́вять nine (2)

де́душка (*gen. pl.* де́душек) grandfather (2)

действи́тельно really; actually (5)

дека́брь (*gen. sing.* декабря́) *m.* December (8)

де́лать/сде́лать **1.** to do (3); **2.** to make (7)

де́ло (*pl.* дела́, *gen pl.* дел) matter; business (8)

   В чём де́ло? What's the problem?; What's the matter? (5)

   Как (у тебя́, у вас) дела́? How are things (with you)?; How are you doing? (1)

   по де́лу on business [7]

   Э́то не твоё (не ва́ше) де́ло. *rather rude* It's/That's none of your business. (8)

д(е)нь *m.* (*gen. pl.* дней) day (7)

   До́брый день! Good day!; Good afternoon! (4)

де́ньги *pl.* (*gen.* де́нег, *dat.* деньга́м) money (8)

деся́тый tenth (6)

де́сять ten (2)

де́ти *pl.* (*sing.* ребён(о)к, *gen. pl.* детéй) children (6)

джаз jazz [4]

дива́н couch (3)

дипло́м diploma [7]

дире́ктор director (4)

дискримина́ция discrimination [5]

диссерта́ция dissertation; thesis [5]

дли́нный long (8)

для (+ *gen.*) for: **Принеси́ что́-нибудь вку́сное для Бе́лки.** Bring something tasty for Belka. (8)

днём **1.** in the daytime; **2.** in the afternoon (7)

до (+ *gen.*) before (7)

до свида́ния goodbye (1)

до́брый **1.** kind; **2.** good

   До́брый ве́чер! Good evening! (5)

   До́брый день! Good day!; Good afternoon! (4)

   Договори́лись! It's settled!; Agreed! (7)

дождь (*gen. sing.* дождя́) *m.* rain

   Идёт дождь. It's raining. (7)

докуме́нт document (5)

до́лго for a long time; long (8)

до́лжен (должна́, должно́, должны́) **1.** must; have to; **2.** should; be supposed to (5)

дом (*pl.* дома́) **1.** house; **2.** building; **3.** apartment building (2)

до́ма at home (1)

дома́шнее зада́ние homework (assignment) (3)

доро́га way (8)

   Я показа́л ему́ доро́гу. I showed him the way; I told him how to get there.

дорого́й **1.** dear (2); **2.** expensive (5)

до́ченька *affectionate* daughter [3]

дочь *f.* (*gen., dat., and prep. sing.* до́чери, *pl.* до́чери, *gen. pl.* дочерéй) daughter (2)

друг (*pl.* друзья́, *gen. pl.* друзéй) friend (5)

друг дру́га (друг дру́гу, друг о дру́ге, etc.) (to, about, etc.) each other; (to, about, etc.) one another (6)

друго́й other; another (5)

ду́мать/поду́мать to think (5)

душ shower (4)

Е

«Евге́ний Оне́гин» *Eugene Onegin* (*a novel in verse by A. S. Pushkin*) [7]

его́ **1.** *gen. and acc. of* он *and* оно́; **2.** *possessive* his; its (1)

её **1.** *gen. and acc. of* она́; **2.** *possessive* her; hers; its (1)

ей *dat. and instr. of* она́

ему́ *dat. of* он *and* оно́

е́сли if (4)

есть[1] (ем, ешь, ест, еди́м, еди́те, едя́т; *past* ел, е́ла, е́ло, е́ли)/съесть to eat (8)

есть[2] (*3rd person sing. present of* быть) **1.** there is (are); **2.** with **у меня́ (у тебя́,** etc.) I (you, etc.) have

   Там есть лифт. There's an elevator there.

   У вас есть слова́рь? Do you have a dictionary? (4)

е́хать (е́ду, е́дешь) *unidir.*/пое́хать **1.** to go (*by vehicle*); to ride; to drive; **2.** *pfv. only* to set out (*by vehicle*) [8]

ещё **1.** still; **2.** yet (2); **3.** else (2)

   ещё нет not yet (2)

   ещё раз once again (7)

Ж

жаль it's/that's a pity!; (that's) too bad (6)

ждать (жду, ждёшь; *past* ждал, ждала́, жда́ло, жда́ли) **1.** to wait (for) (4); **2.** to expect (7)

же *particle* (*used for emphasis*) surely; after all (6)

жена́ (*pl.* жёны, *gen. pl.* жён) wife (2)

   муж и жена́ Кругло́вы Mr. and Mrs. Kruglov; the Kruglovs, husband and wife (2)

жена́т(ы) (*of a man or a couple*) married: **Он жена́т.** He's married; **Они́ жена́ты.** They're married. (8)

жени́ться (женю́сь, же́нишься) (на + *prep.*) *impfv.* and *pfv.* (*of a man*) to get married; to marry (someone): **Он жени́лся на Ле́не.** He married Lena. (8)

же́нщина woman (4)

жить (живу́, живёшь; *past* жил, жила́, жи́ло, жи́ли) to live (2)

журна́л magazine; journal (1)

журнали́ст/журнали́стка (*gen. pl.* журнали́сток) journalist [2]

журнали́стика journalism [4]
  факульте́т журнали́стики journalism department

З

за 1. (+ *acc.*) for: **за биле́ты пла́тит фи́рма** the firm pays for the tickets; **2.** (+ *instr.*) behind (8)

заблуди́ться (заблужу́сь, заблу́дишься) *pfv.* to get lost [8]

за́втра tomorrow (7)

задава́ть (задаю́, задаёшь)/**зада́ть** (зада́м, зада́шь, зада́ст, задади́м, задади́те, зададу́т; *past* за́дал, задала́, за́дало, за́дали) **вопро́с** (+ *dat.*) to ask (someone) a question (8)

зада́ние assignment
  дома́шнее зада́ние homework (assignment) (3)

зака́нчивать/зако́нчить (зако́нчу, зако́нчишь) to finish (7)

закрыва́ть/закры́ть (закро́ю, закро́ешь) to close [4]

замеча́тельно wonderfully; marvelously; (it's/that's) wonderful; (it's/that's) marvelous (6)
  Замеча́тельно! Great! (6)

замеча́тельный wonderful; marvelous (3)

замеча́ть/заме́тить (заме́чу, заме́тишь) to notice (8)

зам(о́)к (*gen. sing.* замка́) lock [5]

за́муж:
  выходи́ть (выхожу́, выхо́дишь)/**вы́йти** (вы́йду, вы́йдешь; *past* вы́шла) **за́муж** (за + *acc.*) (*of a woman*) to marry; to get married (to): **Она́ вы́шла за́муж за Ви́ктора.** She married Viktor. (8)

за́мужем (*of a woman*) married: **Она́ за́мужем.** She's married. (8)

занима́ться to study (7)

заня́тия *pl. only* classes (7)

записна́я кни́жка notebook; address book [6]

заплати́ть (заплачу́, запла́тишь) (за + *acc.*) *pfv.* (*impfv.* плати́ть) to pay (for) (8)

Заходи́(те)! Come in! (6)

заче́м what (does one need . . .) for; why (4)

звать (зову́, зовёшь) *see* **зову́т**

звони́ть (звоню́, звони́шь)/
  позвони́ть (+ *dat.*) to call; to phone (7)

звук sound (1)

здесь here (1)

здоро́вье health (6)
  Как ва́ше здоро́вье? How are you? (6)

Здра́вствуй(те)! Hello! (1)

знать to know (1)

зна́чит *parenthetical* so; then (6)

зову́т:
  Как тебя́ (вас) зову́т? What's your name? (1)
  Меня́ зову́т... My name is . . . (1)

золоты́е ру́ки (у + *gen.*) (one is) good with one's hands (4)

И

и and (1)

игра́ть to play (3)
  игра́ть в хокке́й (баскетбо́л, etc.) to play hockey (basketball, etc.) (3)
  игра́ть на роя́ле (гита́ре, etc.) to play the piano (the guitar, etc.) (4)

иде́я idea (6)

идти́ (иду́, идёшь; *past* шёл, шла, шло, шли) *unidir.*/**пойти́** (пойду́, пойдёшь; *past* пошёл, пошла́, пошло́, пошли́) **1.** to go; **2.** *impfv. only* to walk; **3.** *pfv. only* to set out (8)
  Идёт дождь. It's raining. (7)
  Пойдём! Let's go! [4]

из (+ *gen.*) **1.** from: **из Москвы́** from Moscow; **2.** of; made of: **сала́т из тунца́** tuna salad (7)

Извини́(те)! Excuse me! (2)

изуча́ть to study (in depth) [8]

и́ли or (2)
  и́ли... и́ли either . . . or . . . (7)

им 1. *instr. of* он *and* оно́; **2.** *dat. of* они́

име́ть to have
  име́ть пра́во to have the right (8)

и́мпортный imported (3)

и́мя (*gen., dat., and prep. sing.* и́мени, *pl.* имена́, *gen. pl.* имён) *neut.* (first) name (2)
  называ́ть по и́мени (и о́тчеству) to call someone by first name (and patronymic) (8)

инициа́лы (*usu. pl.*) initials [6]

иногда́ sometimes (5)

иностра́н(е)ц/иностра́нка (*gen. pl.* иностра́нок) foreigner [8]

институ́т institute (6)

инструме́нт tool [4]

интере́сно in an interesting manner; (it's/that's) interesting (3)

интере́сный interesting (3)

интересова́ть (интересу́ю, интересу́ешь; *often 3rd pers.*) to interest: **Меня́ интересу́ет спорт.** I'm interested in sports. (8)

испра́вить (испра́влю, испра́вишь) *pfv.* to correct [8]

исто́рик historian (4)

истори́ческий historical; history (*adj.*) (5)
  истори́ческий факульте́т history department (5)

исто́рия history (5)

ита́к so; and so [7]

их 1. *gen. and acc. of* они́; **2.** *possessive* their; theirs (1)

июль *m.* July (8)
июнь *m.* June (8)

К

к (+ *dat.*) to: **Я иду́ к врачу́.** I'm going to the doctor. (8)
к сожале́нию *parenthetical* unfortunately (6)
ка́ждый every; each (5)
ка́жется *parenthetical* it seems (4)
как how (1)
   Как ва́ше здоро́вье? How are you? (6)
   Как (у тебя́, у вас) дела́? How are things with you?; How are you doing? (7)
   Как (вы) пожива́ете? How are you (doing)? (7)
   Как тебя́ (вас) зову́т? What's your name? (1)
   Как э́то (+ the word or phrase to which the speaker is reacting)? What do you mean . . . ? (8)
како́й 1. which; what; **2.** what sort of; what is (are) . . . like?
Калифо́рния California [8]
каранда́ш (*gen. sing.* карандаша́) pencil (1)
ка́рта map (5)
карто́фельный: карто́фельный сала́т potato salad [7]
ка́рточка card [7]
каса́ться (+ *gen.; 3rd pers. only* каса́ется, каса́ются) to concern; to have to do with (8)
кассе́та cassette [5]
кварти́ра apartment (2)
класс grade (in school): **Ты в како́м кла́ссе?** What grade are you in? (6)
кла́ссика 1. the classics; **2.** classical music [4]
класси́ческий classical [3]
ключ (*gen. sing.* ключа́) key (5)
кни́га book (1)
кни́жка:
   записна́я кни́жка notebook; address book [6]
кни́жная по́лка bookshelf (5)
кни́жный шкаф bookcase (5)
когда́ when (5)
колбаса́ sausage (3)
кома́ндовать (кома́ндую, кома́ндуешь) to boss around [6]
ко́мната room (2)
компа́ния group (of people) (7)
компози́тор composer [3]
конве́рт envelope (6)
кон(е́)ц (*gen. sing.* конца́) end
   в конце́ концо́в after all (8)
коне́чно *parenthetical* of course (3)
консервато́рия conservatory [6]
конце́рт concert [3]
кот (*gen. sing.* кота́) tomcat [2]

кото́рый who; that; which (5)
   в кото́ром часу́? when?; at what time?
ко́шка cat (2)
кошма́р nightmare (4)
краси́вый beautiful; good-looking (2)
кре́пко целу́ю (*usu.* at the end of a letter to a close relative, sweetheart, or friend) lots of love [7]
кре́сло easy chair (3)
крова́ть *f.* bed (5)
кро́ме того́ *parenthetical* besides (that); moreover (8)
кто who (1)
куда́ (*indicates direction*) where (to) (4)
   Куда́ ты? Where are you going? (4)
культу́рный cultured (6)
купи́ть (куплю́, ку́пишь) *pfv.* (*impfv.* покупа́ть) to buy (5)
курс year (of college) (6): **Она́ на второ́м ку́рсе.** She's a second-year student; She's in her second year.
курсова́я *noun, declines like adj.; see* **курсова́я рабо́та**
курсова́я рабо́та term paper (3)
ку́хня kitchen (2)

Л

ла́дно all right; okay [7]
ла́мпа lamp (3)
лёгкий 1. (*of weight*) light; **2.** easy (3)
легко́ easily; (it's/that's) easy [3]
ле́кция lecture (7)
   Он хорошо́ чита́ет ле́кции. He is a good lecturer. [7]
лет (*gen. pl. of* год) years
   Ско́лько ему́ лет? How old is he? (6)
ле́том in the summer (7)
ли 1. *conjunction* if; whether; **Он спроси́л, получи́ла ли я его́ письмо́.** He asked whether I had received his letter. (7); **2.** *interrogative particle* **Зна́ете ли вы об э́том?** Do you know about this?
литерату́ра literature (7)
литерату́рный literary [7]
лифт elevator (4)
ли́шний spare; extra (6)
Лос-А́нджелес Los Angeles [8]
люби́мый favorite (3)
люби́ть (люблю́, лю́бишь) **1.** to love; **2.** to like (4)
лю́ди *pl.* (*sing.* челове́к, *gen. pl.* люде́й *but* пять, шесть, etc., челове́к) people (6)

М

магази́н store; shop (3)
магнитофо́н tape recorder; tape player (5)
май May (8)
ма́ленький small; little (2)

ма́ло (+ *gen.*) **1.** little **2.** few (3)

ма́льчик boy (4)

ма́ма mom (1)

ма́мочка *affectionate* mom; mother dear [7]

ма́рка (*gen. pl.* ма́рок) stamp (6)

март March (8)

ма́стер:

   ма́стер на все ру́ки jack-of-all-trades (4)

мать *f.* (*gen., dat., and prep. sing.* ма́тери, *pl.* ма́тери,
   gen. pl. матере́й) mother (1)

маши́на car (5)

ме́бель *f.* furniture (3)

медици́нский medical [6]

   медици́нская сестра́ (медсестра́) nurse [7]

   медици́нское учи́лище nurse-training school
   [7]

ме́дленно slowly (8)

медсестра́ (медици́нская сестра́) nurse [7]

ме́жду про́чим *parenthetical* by the way; incidentally (8)

меня́ *gen. and acc. of* я (1)

   Меня́ зову́т... My name is . . . (1)

ме́сто **1.** place; **2.** space; room (5)

ме́сяц month (7)

меша́ть (+ *dat.*) to bother

   Я не хочу́ вам меша́ть. I don't want to bother you.
   [7]

микрорайо́н neighborhood (3)

мину́та minute (7)

мла́дший younger (2)

мне *dat. and prep. of* я

мно́гие *pl. only* many; (*when used as a noun*) many
   people (7)

мно́го (+ *gen.*) much; many (3)

мо́жет быть *parenthetical* maybe; perhaps (4)

   Не мо́жет быть! Unbelievable! (7)

мо́жно one can; one may (4)

   (*on the phone*) **Мо́жно попроси́ть... ?** May I speak
   to . . . ? [7]

мой (моя́, моё, мои́) my; mine (1)

Молоде́ц! Good job!; Well done! (4)

молодо́й young (3)

   молодо́й челове́к young man (5)

молоко́ milk (3)

Москва́ Moscow (2)

москви́ч (*gen. sing.* москвича́)/**москви́чка** (*gen. pl.*
   москви́чек) Muscovite; resident of Moscow [8]

моско́вский Moscow (*adj.*) [6]

мочь (могу́, мо́жешь, мо́гут; *past* мог, могла́, могло́,
   могли́)/**смочь** to be able (5)

   Не мо́жет быть! Unbelievable! (7)

   Ты не мог (могла́) бы испра́вить мои́ оши́бки?
   Could you please correct my mistakes?; Could
   you possibly correct my mistakes? [8]

муж (*pl.* мужья́, *gen. pl.* муже́й) husband (2)

   муж и жена́ Кругло́вы Mr. and Mrs. Kruglov; the
   Kruglovs, husband and wife (2)

мужско́й **1.** male; **2.** men's [8]

мужчи́на man (6)

му́зыка music (3)

музыка́нт musician [2]

мы we (1)

Н

на **1.** (+ *acc.—to denote a destination*) to: **Она́ идёт
   на по́чту.** She is going to the post office.; **2.** (+
   prep.—to denote location) on: **на по́лке** on the
   shelf (4); **3.** (+ *prep.—at an event, an open place,
   etc.*) at; in: **на конце́рте** at a concert; **на
   стадио́не** at the stadium

   игра́ть на роя́ле (гита́ре, etc.) to play the piano
   (guitar, etc.) (4)

   На како́м вы (ты) ку́рсе? What year (of college)
   are you in? (6)

наве́рно *parenthetical* most likely; probably (6)

надева́ть to put on (clothes, shoes, etc.) [7]

на́до (+ *dat.* + *infin.*) (one) has to; (one) must (3)

наза́д:

   (тому́) наза́д ago (7)

   три го́да (тому́) наза́д three years ago

назва́ние name (5)

называ́ть:

   называ́ть по и́мени (и о́тчеству) to call someone
   by first name (and patronymic) (8)

нале́во to the left; on the left (3)

нам *dat. of* мы

написа́ть (напишу́, напи́шешь) *pfv.* (*impfv.* писа́ть)
   to write (7)

напра́во to the right; on the right (3)

нас *gen., acc., and prep. of* мы

настрое́ние mood (5)

научи́ться (научу́сь, научи́шься) *pfv.* (*impfv.*
   учи́ться, sense 2.) to learn (how to do something)
   [7]

нача́ло beginning; start

начина́ть/нача́ть (начну́, начнёшь) to begin (7)

наш (на́ша, на́ше, на́ши) our; ours (1)

не not (1)

   Не волну́йся (волну́йтесь)! Don't worry! (6)

   (*in response to* **Спаси́бо!**) **Не́ за что!** Don't mention it!; No problem! (5)

   Не мо́жет быть! Unbelievable! (7)

   не при́нято it is not (considered) appropriate [7]

   (Это) не твоё (ва́ше) де́ло. *rather rude* It's/That's
   none of your business. (8)

   У нас э́то не при́нято. We don't do that (here). [7]

не тот... the wrong . . . ; not the right . . . (5)

небольшо́й not large (3)

нева́жно:
  Э́то нева́жно. That doesn't matter. (7)
невероя́тно unbelievably; (it's/that's) unbelievable
  Э́то невероя́тно, но... You're not going to believe it (this), but . . . [7]
невозмо́жно (it's/that's) impossible (4)
него́ *variant of* его́ (*gen. and acc. of* он *and* оно́) *used after prepositions*
неда́вно recently (6)
недалеко́ от (+ *gen.*) not far from (6)
неде́ля week (7)
недорого́й inexpensive (5)
неё *variant of* её (*gen. and acc. of* она́) *used after prepositions*
незнако́мый unknown; unfamiliar
  незнако́мые лю́ди strangers [8]
ней *variant of* ей (*dat. and instr. of* она́) *used after prepositions*
нельзя́ 1. one cannot; it is impossible; **2.** one may not; it is forbidden (4)
нём *prep. of* он *and* оно́
немно́го (+ *gen.*) a little (6)
нему́ *variant of* ему́ (*dat. of* он *and* оно́) *used after prepositions*
неплóхо quite well; pretty well; (it's/that's) not bad (7)
несимпати́чный unpleasant (4)
нести́ (несу́, несёшь; *past:* нёс, несла́, несло́, несли́) to carry [8]
нет 1. (*used at the beginning of a negative response*) no (1); **2.** not: **ещё нет** not yet; **Вы идёте и́ли нет?** Are you going or not?; **3.** *predicative* (+ *gen.*) there isn't (there aren't); there's (there are) no . . . : **Там нет ли́фта.** There's no elevator there.; **4.** *predicative* (+ *gen.* + **у** + *gen.*) I (you, etc.) don't have . . . ; I (you, etc.) have no . . . : **У меня́ нет собáки.** I don't have a dog.
нигде́ nowhere (5)
никако́й no . . . (at all); not any (4)
никогда́ never (4)
никого́ *gen. and acc. of* никто́ (4)
  Никого́ нет. There's nobody there. (4)
никто́ no one; nobody (4)
ним *variant of* им (*instr. of* он *and* оно́; *dat. of* они́) *used after prepositions*
них *variant of* их (*gen., acc., and prep. of* они́) *used after prepositions*
ничего́ nothing (4)
  бо́льше ничего́ nothing else; not anything else [8]
  (*in response to an apology*) **Ничего́!** That's okay! That's all right! (1)
  (*in response to* **Как дела́?**) **Ничего́.** Okay.
  Ничего́, что письмо́ дли́нное? Is it okay that the letter is long? [8]

но but (3)
новосе́лье housewarming [6]
но́вость (*gen. pl.* новосте́й) *f.* news [6]
но́вый new (2)
ноль (*or* **нуль**) *m.* (*gen. sing.* ноля́ *or* нуля́) zero (2)
но́мер (*pl.* номера́) number (2)
норма́льно (it's/that's) not unusual; (it's/that's) pretty normal [4]
ночь (*gen. pl.* ноче́й) *f.* night (8)
но́чью at night (7)
ноя́брь (*gen. sing.* ноября́) *m.* November (8)
нра́виться (*usu. 3rd pers.* нра́вится, нра́вятся)/ **понра́виться** (+ *dat.*) to please (someone) (6)
  Вам понра́вился фильм? Did you like the movie?
  Мне (им, etc.**) э́та кни́га нра́вится.** I (they, etc.) like this book. (6)
ну́жно (one) must; (one) has to; (one) needs to
  всё, что ну́жно everything one needs [7]
  Мне ну́жно занима́ться. I need to study. (7)
нуль *see* **ноль**

О

о (об, обо) (+ *prep.*) about; of (4)
обе́д afternoon meal; dinner (7)
обижа́ть/оби́деть (оби́жу, оби́дишь) to offend [7]
общежи́тие dormitory (5)
объявле́ние sign [6]
обы́чно usually (4)
обяза́тельно absolutely; definitely; by all means (7)
оди́н (одна́, одно́, одни́) one: **У меня́ то́лько одни́ часы́.** I have only one watch. (2)
оди́ннадцатый eleventh (6)
оди́ннадцать eleven (2)
окно́ (*pl.* о́кна, *gen. pl.* о́кон) window (2)
октя́брь (*gen. sing.* октября́) *m.* October (8)
он he; it (1)
она́ she; it (1)
они́ they (1)
оно́ it (1)
опа́здывать/опозда́ть (опозда́ю, опозда́ешь) to be late (7)
опя́ть again (3)
организова́ть (организу́ю, организу́ешь) *impfv. and pfv.* to organize (8)
оригина́льно creatively; (it's/that's) creative [3]
остава́ться (остаю́сь, остаёшься)/**оста́ться** (оста́нусь, оста́нешься) to remain; to stay (7)
остана́вливать/останови́ть (остановлю́, остано́вишь) to stop (someone or something) [8]
остана́вливаться/останови́ться (остановлю́сь, остано́вишься) to stop; to come to a stop [8]
остано́вка (*of a bus, train, etc.*) stop
  авто́бусная остано́вка bus stop (3)

оста́ться (оста́нусь, оста́нешься) *pfv.* (*impfv.* оставаться) to remain; to stay (7)

от (+ *gen.*) from (5)

отве́т answer (3)

отвеча́ть/отве́тить (отве́чу, отве́тишь) (+ *dat.*) to answer (8)

отдава́ть (отдаю́, отдаёшь) to return; to give (back) (5)

от(е́)ц (*gen. sing.* отца́) father (1)

открыва́ть/откры́ть (откро́ю, откро́ешь) to open (5)

отку́да 1. from where: **Отку́да вы?** Where are you from?; **2.** how: **Отку́да ты зна́ешь?** How do you know? (6)

отли́чно excellently

Отли́чно! Excellent! (7)

отли́чный excellent (7)

отопле́ние heating [4]

о́тчество patronymic (2)

называ́ть по и́мени и о́тчеству to call someone by first name and patronymic (8)

о́чень very (1)

О́чень прия́тно (познако́миться)! (It's/It was) very nice to meet you! (1)

о́чередь (*gen. pl.* очереде́й) *f.* line

Кака́я дли́нная о́чередь! What a long line!

стать в о́чередь to get in line (8)

стоя́ть в о́череди to stand in line (8)

оши́бка mistake (6)

П

паке́т bag [8]

па́па dad (1)

па́р(е)нь (*gen. pl.* парне́й) *m.* guy; fellow [7]

паркова́ть (парку́ю, парку́ешь) to park [5]

пе́нсия pension (6)

пе́рвый first (6)

петь (пою́, поёшь) to sing [7]

пиани́ст/пиани́стка (*gen. pl.* пиани́сток) pianist [2]

писа́ть (пишу́, пи́шешь)/**написа́ть** to write (3)

письмо́ (*pl.* пи́сьма, *gen. pl.* пи́сем) letter (1)

пи́цца pizza [7]

плати́ть (плачу́, пла́тишь)/**заплати́ть** (за + *acc.*) to pay (for) (8)

пло́хо badly; (it's/that's) bad (4)

плохо́й bad (2)

по (+ *dat.*) **1.** along: **по у́лице** along the street; **2.** around: **гуля́ть по го́роду** walk around town (8); **3.** by; on: **по телефо́ну** by phone; **по телеви́зору** on television; **4.** by: **по оши́бке** by mistake [7]

кни́ги по исто́рии books on history

по де́лу on business [7]

смотре́ть но́вости по телеви́зору to watch the news on TV [7]

по-англи́йски (in) English

говори́ть по-англи́йски to speak English

писа́ть по-англи́йски to write in English

пове́сить (пове́шу, пове́сишь) *pfv.* to hang [6]

Пове́сьте объявле́ние. Put up a sign. [6]

подари́ть (подарю́, пода́ришь) (+ *dat.* + *acc.*) *pfv.* (*impfv.* дари́ть) to give (as a present)

пода́р(о)к gift; present (6)

подру́га (female) friend (6)

поду́мать *pfv.* (*impfv.* ду́мать) to think (8)

подъе́зд entryway; entrance; doorway (6)

пое́хать (пое́ду, пое́дешь) *pfv.* (*impfv.* е́хать) **1.** to go (*by vehicle*); to ride; to drive; **2.** to set out (*by vehicle*) [8]

пожа́луйста 1. please; **2.** You're welcome!; **3.** Here you are! (1)

пожива́ть:

Как (вы) пожива́ете? How are you (doing)? (7)

позвони́ть (позвоню́, позвони́шь)(+ *dat.*) *pfv.* (*impfv.* звони́ть) to call; to phone (7)

познако́миться (**с** + *instr.*) *pfv.* to get acquainted (with)

Дава́йте познако́мимся. Let's get acquainted. (2)

О́чень прия́тно познако́миться. (It's/It was) very nice to meet you. [4]

Познако́мьтесь, э́то... Allow me to introduce . . . (2)

пойти́ (пойду́, пойдёшь; *past* пошёл, пошла́, пошло́, пошли́) *pfv.* (*impfv.* идти́) **1.** to go **2.** to set out (8)

Пока́! *informal* Bye! (1)

пока́зывать/показа́ть (покажу́, пока́жешь) (+ *dat.* + *acc.)* to show (8)

Я показа́л ему́ доро́гу. I showed him the way; I told him how to get there.

покупа́тель shopper [8]

покупа́ть/купи́ть (куплю́, ку́пишь) to buy (5)

пол (*prep. sing.* на полу́, *pl.* полы́) floor (4)

по́лка shelf (4)

кни́жная по́лка bookshelf (5)

получа́ть/получи́ть (получу́, полу́чишь) to receive; to get (5)

по́льский Polish [3]

по́мнить (по́мню, по́мнишь) to remember (5)

помога́ть/помо́чь (помогу́, помо́жешь, помо́гут; *past* помо́г, помогла́, помогло́, помогли́) (+ *dat.*) to help (5)

Помоги́те! Help! (4)

по-мо́ему *parenthetical* in my opinion (3)

по-моско́вски Moscow style [5]

по́мощь *f.* help

ско́рая по́мощь ambulance service (6)

понеде́льник Monday (7)

понима́ть/поня́ть (пойму́, поймёшь) to understand (3)

понра́виться (+ *dat.*) *pfv.* (*impfv.* нра́виться) to please (7)

Вам понра́вился фильм? Did you like the movie?

поня́тно:
    Поня́тно. I understand; I see. (7)

поня́ть (пойму́, поймёшь) *pfv.* (*impfv.* понима́ть) to understand (7)

попро́бовать (попро́бую, попро́буешь) *pfv.* to try [5]

попроси́ть (попрошу́, попро́сишь) *pfv.* (*impfv.* проси́ть) **1.** (+ *acc.* + *infin.*) to ask; **2.** (+ *acc.* or **у** + *gen.*) to ask for; to request (8)

пора́ it's time . . .
    Мне пора́ в библиоте́ку. It's time for me to go to the library. (7)

по-ру́сски (in) Russian (4)
    говори́ть по-ру́сски to speak Russian
    писа́ть по-ру́сски to write in Russian

после́дний last (*in a series*) (7)

послу́шать *pfv.* (*impfv.* слу́шать) to listen (to) [7]

посмотре́ть (посмотрю́, посмо́тришь) *pfv.* (*impfv.* смотре́ть) **1.** to look (at); **2.** to watch (7)

пото́м later (4)

потому́ что because (3)

похо́ж (похо́жа, похо́жи) на (+ *acc.*) resembles; looks like (6)

почему́ why (3)

по́чта 1. mail (6); **2.** post office [3]

почтальо́н mail carrier [6]

почти́ almost (7)

поэ́тому that's why; therefore; so (5)

пра́вда 1. truth: **Это пра́вда.** That's true. **2.** *parenthetical* true (7)
    Пра́вда? Really? (7)

пра́вильно correctly; (that's) right; (that's) correct (6)

пра́вильный right; correct (6)

пра́во: име́ть пра́во have the right (8)

пра́здновать (пра́здную, пра́зднуешь) to celebrate (6)

пра́ктика practice (4)

предлага́ть 1. to offer [6]; **2.** to suggest [7]

прекра́сно wonderfully; (it's/that's) wonderful (4)

прекра́сный wonderful (6)

преподава́тель *m.* instructor (in college); teacher (6)

преподава́ть (преподаю́, преподаёшь) to teach [6]

Приве́т! *informal* Hi!; Hello there! (1)

приглаша́ть/пригласи́ть (приглашу́, пригласи́шь) to invite (7)

пригото́вить (пригото́влю, пригото́вишь) *pfv.* (*impfv.* гото́вить) **1.** to prepare; **2.** to cook (7)

прийти́ (приду́, придёшь; *past* пришёл, пришла́, пришло́, пришли́) *pfv.* (*impfv.* приходи́ть) to come; to arrive; to come back (7)

приноси́ть (приношу́, прино́сишь)/**принести́** (принесу́, принесёшь; *past* принёс, принесла́, принесло́, принесли́) to bring (7)

при́нято it is customary (to . . .); it is (considered) appropriate [7]

не при́нято it is not (considered) appropriate [7]
    У нас э́то не при́нято. We don't do that (here). [7]

приходи́ть (прихожу́, прихо́дишь)/**прийти́** (приду́, придёшь; *past* пришёл, пришла́, пришло́, пришли́) to come; to arrive; to come back (7)

приходи́ться:
    мне (им, etc.**) прихо́дится...** I (they, etc.) have to . . . [7]

прия́тно:
    Óчень прия́тно (познако́миться)! (It's/It was) very nice to meet you! (1)

прия́тный pleasant [6]

пробле́ма problem (4)

проверя́ть/прове́рить to check [4]

продава́ть (продаю́, продаёшь)/**прода́ть** (прода́м, прода́шь, прода́ст, продади́м, продади́те, продаду́т; *past* про́дал, продала́, про́дало, про́дали) (+ *dat.* + *acc.*) to sell (5)

продав(е́)ц (*gen. sing.* продавца́)/**продавщи́ца** salesclerk [8]

проду́кты *pl.* groceries (3)

проси́ть (прошу́, про́сишь)/**попроси́ть 1.** (+ *acc.* + *infin.*) to ask; **2.** (+ *acc.* or **у** + *gen.*) to ask for; to request (8)
    (*on the phone*) **Мо́жно попроси́ть... ?** May I speak to . . . ? [7]

Прости́те! Excuse me! (5)

про́сто simply; (it's/that's) simple [3]

просто́й simple (3)

про́сьба request
    У меня́ к тебе́ (вам) про́сьба. I have a favor to ask of you. (8)

профе́ссия profession (3)

профе́ссор professor (1)

прохо́жий *noun, declines like adj.* passerby [8]

про́чий: ме́жду про́чим *parenthetical* by the way; incidentally (8)

прочита́ть *pfv.* (*impfv.* чита́ть) to read (7)

про́шлый last (*preceding the present one*) (7)

пятна́дцать fifteen (6)

пя́тница Friday (7)

пя́тый fifth (6)

пять five (2)

пятьдеся́т fifty (6)

пятьсо́т five hundred [5]

Р

рабо́та 1. work; **2.** job
    курсова́я рабо́та term paper (3)

рабо́тать to work (3)

рад (ра́да, ра́до, ра́ды) glad; pleased (2)

ра́дио radio (5)

раз (*gen. pl.* раз) time; occasion (7)
    ещё раз once again (7)

пять раз five times

разме́р size (5)

ра́зный 1. different; **2.** various (5)

расска́зывать/рассказа́ть (расскажу́, расска́жешь) to tell; to relate (7)

расти́ (расту́, растёшь; *past* рос, росла́, росло́, росли́) to grow up [6]

ре́дко rarely (8)

рези́новый rubber (*adj.*) [5]

репроду́кция reproduction; art print [5]

рестора́н restaurant [8]

ро́вно exactly

ро́вно в семь часо́в at seven o'clock sharp [7]

роди́тели *pl.* parents (2)

роди́ться (*past* роди́лся, родила́сь, родили́сь) *pfv.* to be born (8)

Росси́я Russia (1)

роя́ль *m.* piano (2)

рубль (*gen. sing.* рубля́) *m.* ruble (5)

рука́ (*acc. sing.* ру́ку, *pl.* ру́ки) **1.** hand; **2.** arm (4)

золоты́е ру́ки (**у** + *gen.*) (one is) good with his hands (4)

ма́стер на все ру́ки jack-of-all-trades (4)

ру́сский *adj.* Russian (5)

ру́сский/ру́сская (*pl.* ру́сские) *noun* a Russian

ру́сско-америка́нский Russian-American [8]

ру́чка (*gen. pl.* ру́чек) pen (1)

ря́дом (right) nearby; next door (3)

С

с (+ *instr.*) with [8]

с удово́льствием I'd be glad to; with pleasure (8)

сала́т salad (7)

карто́фельный сала́т potato salad [7]

сала́т из тунца́ tuna salad (7)

сам (**сама́, само́, са́ми**) *emphatic pronoun* oneself; myself, yourself, etc. (8)

Санкт-Петербу́рг Saint Petersburg (1)

сапо́г (*gen. sing.* сапога́, *pl.* сапоги́, *gen. pl.* сапо́г) boot (5)

све́тлый bright; light [3]

свида́ние date (*social*); appointment (8)

свой one's; my, your, *etc.* (6)

сдава́ть (сдаю́, сдаёшь)/**сдать** (сдам, сдашь, сдаст, сдади́м, сдади́те, сдаду́т; *past* сдал, сдала́, сда́ло, сда́ли) to rent out (an apartment) [6]

сде́лать *pfv.* (*impfv.* де́лать) **1.** to do (3); **2.** to make (7)

сего́дня today (6)

седьмо́й seventh (6)

сейча́с 1. now; right now; **2.** right away; at once (4)

Я сейча́с! I'll be right there! (4)

секре́т secret [8]

семна́дцать seventeen (6)

семь seven (2)

се́мьдесят seventy (6)

семья́ (*pl.* се́мьи, *gen. pl.* семе́й, *dat. pl.* се́мьям) family (2)

сентя́брь (*gen. sing.* сентября́) *m.* September (8)

сестра́ (*pl.* сёстры, *gen. pl.* сестёр, *dat. pl.* сёстрам) sister (1)

медици́нская сестра́ nurse [7]

симпати́чный nice; likeable (3)

систе́ма system [7]

сказа́ть (скажу́, ска́жешь) *pfv.* (*impfv.* говори́ть) to say; to tell (6)

Вы не ска́жете... ? Could you tell me . . . ? (8)

ско́лько (+ *gen.*) how many; how much (6)

Ско́лько ему́ лет? How old is he? (6)

Ско́лько с меня́? How much is it? How much do I owe? (8)

Ско́лько у вас де́нег? How much money do you have? (8)

ско́рая по́мощь ambulance service (6)

ску́чно boringly; (it's/that's) boring [6]

Мне ску́чно. I'm bored.

сле́ва on the left (7)

сли́шком too; excessively: **сли́шком до́рого** too expensive [4]

сло́во word (1)

Че́стное сло́во! Honest! (7)

слу́шать/послу́шать to listen (to) (3)

слы́шно: Всё слы́шно. I (we, etc.) can hear everything. [4]

смотре́ть (смотрю́, смо́тришь)/**посмотре́ть 1.** to look (at); **2.** to watch: **смотре́ть но́вости по телеви́зору** to watch the news on TV (4)

Смотри́(те)! Look! (3)

снача́ла at first (7)

снима́ть/снять (сниму́, сни́мешь; *past* снял, сняла́, сня́ло, сня́ли) **1.** to rent (5); **2.** to take off: **Сними́те пальто́.** Take off your coat.

соба́ка dog (2)

со́бственный one's own [6]

совсе́м completely; entirely (6)

совсе́м не... not at all

солида́рность *f.* solidarity [8]

со́рок forty (6)

сосе́д (*pl.* сосе́ди, *gen. pl.* сосе́дей)/**сосе́дка** (*gen. pl.* сосе́док) neighbor (2)

сочине́ние (*a writing assignment*) composition [3]

спаси́бо thank you; thanks (1)

Большо́е спаси́бо (Спаси́бо большо́е)! Thank you very much! (5)

спать (сплю, спишь) to sleep (4)

специали́ст specialist (3)

спеши́ть (спешу́, спеши́шь)/**поспеши́ть** to hurry [8]

спра́ва on the right (7)

спра́шивать/спроси́ть (спрошу́, спро́сишь) **1.** (+ *acc.* or **у** + *gen.*) to ask (someone); **2.** (+ *acc.* or **о** + *prep.*) to ask (about); to inquire (7)
  спроси́ть доро́гу to ask the way
среда́ (*acc. sing.* сре́ду) Wednesday (7)
ссо́риться (ссо́рюсь, ссо́ришься) to quarrel; to argue [8]
ста́ршие *noun, declines like adj.* (*pl. only*) one's elders (6)
ста́рый old (2)
стать (ста́ну, ста́нешь) *pfv.* to stand (8)
  стать в о́чередь to get in line (8)
статья́ (*gen. pl.* стате́й) article (3)
стена́ wall (4)
сто́ить (*usu. 3rd. pers.* сто́ит, сто́ят) to cost
  Ско́лько э́то сто́ит? How much does this cost? (6)
стол (*gen. sing.* стола́) table (3)
столо́вая *noun, declines like adj.* dining room (5)
стоя́ть (стою́, стои́шь) **1.** to stand; **2.** to be (located) (6)
  Кни́ги стоя́т в кни́жном шкафу́. The books are in the bookcase. (5)
  стоя́ть в о́череди to stand in line (8)
страна́ country (5)
страни́ца page [8]
стра́нный strange (3)
стро́гий strict [6]
студе́нт/студе́нтка (*gen. pl.* студе́нток) student (1)
стул (*pl.* сту́лья, *gen. pl.* сту́льев) chair (3)
сты́дно it's a shame
  Мне сты́дно. I'm ashamed. (7)
суббо́та Saturday (7)
сын (*pl.* сыновья́, *gen. pl.* сынове́й) son (1)
сыр cheese [7]

Т

так 1. (in) this way; like this; like that; thus; **2.** (*with adverbs and short-form adjectives*) so; (*with verbs*) so much; **3.** so; then (2)
тако́й 1. such (a); like that; this kind of; **2.** (*with adjective + noun*) such (a); (*with adjective*) so; (*with noun*) a real . . .
  Кто он тако́й? Who is he?
  Ле́на така́я краси́вая! Lena is so beautiful! (5)
там there (1)
твой (твоя́, твоё, твои́) *informal* your; yours (1)
тебе́ *dat. and prep. of* **ты**
тебя́ *gen. and acc. of* **ты**
  Как тебя́ зову́т? What's your name? (1)
телеви́зор television (set); TV (set) (3)
телефо́н telephone (6)
телефо́н-автома́т pay phone (8)
те́ма topic; subject; theme (3)
тепе́рь now (3)

ти́хо quietly; softly [4]
то есть (*often abbreviated* **т.е.**) that is (8)
тогда́ then (7)
то́же 1. also; too (2); **2.** (*with a negated verb*) either (2)
то́лько only (4)
тот (та, то, те) that (5)
  не тот. . . the wrong . . . ; not the right . . . (5)
тре́тий third (6)
три three (2)
три́дцать thirty (6)
трина́дцать thirteen (6)
тролле́йбус trolley bus (8)
тру́дно (it's/that's) difficult; (it's/that's) hard (3)
тру́дный difficult; hard (3)
туале́т bathroom; restroom (2)
туда́ (*indicates direction*) there (8)
тун(е́)ц tuna
  сала́т из тунца́ tuna salad (7)
тут here (2)
ту́фли (*sing.* ту́фля, *gen. pl.* ту́фель) shoes [5]
ты *informal* you (1)
  Что́ ты! What are you talking about!; What do you mean! (8)
тяжёлый heavy (6)

У

у (+ *gen.*) **1.** (*indicates someone's home, place of work, etc.*) at: **у ба́бушки** at grandma's; **2.** (*indicates possession*): **у меня́ две сестры́** I have two sisters (4)
  У меня́ к тебе́ (вам) про́сьба. I have a favor to ask of you. (8)
уве́рен (уве́рена, уве́рено, уве́рены) sure; certain (8)
уви́деть (уви́жу, уви́дишь) *pfv.* (*impfv.* ви́деть) to see (8)
удо́бно 1. (it's/that's) comfortable; **2.** (it's/that's) convenient; **3.** (it's/that's) okay; (it's/that's) all right: **Э́то удо́бно?** Is that okay?; Is that all right? (7)
удо́бный 1. comfortable; **2.** convenient (7)
удово́льствие pleasure
  с удово́льствием I'd be glad to; with pleasure (8)
у́жас horror
  Како́й у́жас! That's horrible!; How awful! (2)
ужа́сно horribly; (it's/that's) horrible; (it's/that's) terrible (2)
ужа́сный horrible; terrible (4)
уже́ already (3)
  уже́ не no longer; not anymore (3)
узнава́ть (узнаю́, узнаёшь)/**узна́ть** (узна́ю, узна́ешь) to recognize (8)
уйти́ (уйду́, уйдёшь; *past* ушёл, ушла́, ушло́, ушли́) *pfv.* (*impfv.* уходи́ть) to leave; to go away (8)

у́лица street (2)

улыба́ться/улыбну́ться (улыбну́сь, улыбнёшься) to smile [7]

уме́ть (уме́ю, уме́ешь) to know how (to do something); to be able (to) (7)

университе́т university (4)

уро́к 1. lesson; 2. (*usu. pl.* уро́ки) homework (4)

у́тро (*gen. sing.* утра́ *but* до утра́) morning (5): **8 часо́в утра́** 8 a.m.

у́тром in the morning (7)

уходи́ть (ухожу́, ухо́дишь)/**уйти́** (уйду́, уйдёшь; *past* ушёл, ушла́, ушло́, ушли́) to leave; to go away (8)

учи́лище vocational school [7]
   медици́нское учи́лище nurse-training school [7]

учи́тель (*pl.* учителя́)/**учи́тельница** teacher [6]

учи́ть (учу́, у́чишь)/**вы́учить** (вы́учу, вы́учишь) to study (something); *usu. pfv.* to learn; (to try) to memorize (7)

учи́ться (учу́сь, у́чишься) 1. *impfv. only* to study; to be a student; 2. *pfv.* **научи́ться** to learn (to do something) (4)
   Где вы у́читесь? Where do you go to school?; Where do you study? (4)

Ф

факульте́т department (4)
   истори́ческий факульте́т history department (5)
   На како́м факульте́те вы у́читесь? What department are you in?; What are you majoring in? (5)
   факульте́т журнали́стики journalism department [4]

фами́лия last name (2)

февра́ль (*gen. sing.* февраля́) *m.* February (8)

фи́нский Finnish [3]

фи́рма firm; business; company [8]

фотогра́фия photograph [6]

футбо́л soccer [8]

Х

хлеб bread (3)

ходя́чая энциклопе́дия walking encyclopedia [5]

хозя́ин landlord; **хозя́йка** landlady (7)

хокке́й hockey [8]

хоро́ший good; nice (2)

хорошо́ well; (it's/that's) good
   (*in response to* **Как дела́?**) **Хорошо́, спаси́бо.** Fine, thanks. (1)

хоте́ть (хочу́, хо́чешь, хо́чет, хоти́м, хоти́те, хотя́т) to want (5)

Ц

цвет(о́)к (*gen. sing.* цветка́, *pl.* цветы́, *gen. pl.* цвето́в) flower (5)

целова́ть to kiss
   кре́пко целу́ю (*usu. at the end of a letter to a close relative, sweetheart, or friend*) lots of love [7]

Ч

час (*gen. sing.* ча́са *but* 2, 3, 4 часа́; *prep. sing.* в... часу́; *pl.* часы́) 1. hour; 2. (when telling time) o'clock (7)
   в кото́ром часу́? at what time?; when? (7)
   в семь часо́в at seven o'clock (7)

ча́сто often (7)

чей (чья, чьё, чьи) 1. *interrogative* whose?; 2. *relative* whose (2)

челове́к (*pl.* лю́ди, *gen. pl.* люде́й, *but* пять, шесть, etc., челове́к) person; man (5)
   молодо́й челове́к young man (5)

Че́стное сло́во! Honest! (7)

четве́рг (*gen. sing.* четверга́) Thursday (7)

четвёртый fourth (6)

четы́ре four (2)

четы́рнадцать fourteen (6)

чи́стый clean (5)

чита́ть/прочита́ть 1. to read; 2. to give (a lecture) (3)
   Он хорошо́ чита́ет ле́кции. He is a good lecturer. (7)

что 1. *interrogative* what? (1); 2. *relative* that; what (3)
   А что? Why do you ask? [8]
   (*in response to* **Спаси́бо!**) **Не́ за что!** Don't mention it!; No problem! (5)
   Что́ ты (вы)!; Ну, что́ ты (вы)! What are you talking about!; What do you mean! (8)
   Что э́то за... ? What sort of . . . is that (are those)? [7]

что́бы in order to (8)

что́-нибудь something; anything [8]

чужо́й 1. someone else's; 2. foreign [6]

Ш

шестна́дцать sixteen (6)

шесто́й sixth (6)

шесть six (2)

шестьдеся́т sixty (6)

шкаф (*prep. sing.* в шкафу́, *pl.* шкафы́) cabinet; closet
   кни́жный шкаф bookcase (5)

шко́льник schoolboy (6)

шко́льница schoolgirl (6)

шу́тка joke (5)

Э

эле́ктрик electrician [4]

энциклопе́дия encyclopedia

ходя́чая энциклопе́дия walking encyclopedia [5]

этáж (*gen. sing.* этажá, *gen. pl.* этажéй) floor; story (2)

э́то this (that) is; these (those) are (1)

Как э́то (+ the word or phrase to which the speaker is reacting) **...?** What do you mean . . . ? (8)

Э́то невáжно. That doesn't matter. (7)

э́тот (э́та, э́то, э́ти) this; that (5)

Я

я I (1)

язы́к (*gen. sing.* языкá) language (4): **на рýсском языкé** in Russian (6)

янвáрь (*gen. sing.* января́) *m.* January (8)

ENGLISH-RUSSIAN VOCABULARY

Key

acc. = accusative	*impfv.* = imperfective	*pl.* = plural
adj. = adjective	*instr.* = instrumental	*prep.* = prepositional
adv. = adverb	*m.* = masculine	*sing.* = singular
dat. = dative	*neut.* = neuter	*unidir.* = unidirectional
f. = feminine	*pers.* = person	*usu.* = usually
gen. = genitive	*pfv.* = perfective	

A number in parentheses at the end of a Russian equivalent indicates the lesson in which the Russian word was first marked as active. A number in brackets indicates the lesson in which the Russian word first appears as passive vocabulary. Bold numbers introduce separate meanings for a given word.

A

able, be мочь (могу́, мо́жешь, мо́гут; *past* мог, могла́, могло́, могли́)/смочь (5); уме́ть (7)

about о (об, обо) (+ *prep.*) (4)

absolutely обяза́тельно (7)

acquainted: to get acquainted познако́миться *pfv.*
   Let's get acquainted. Дава́йте познако́мимся. (2)

actually действи́тельно (5)

address а́дрес (*pl.* адреса́) (2)

address book записна́я кни́жка [6]

after all 1. в конце́ концо́в (8); **2.** *particle* (*used for emphasis*) ведь (7); же (6)

afternoon:
   afternoon meal обе́д (7)
   Good afternoon! До́брый день! (4)
   in the afternoon днём (7)

again опя́ть (3)
   once again ещё раз (7)

ago (тому́) наза́д: **three years ago** три го́да (тому́) наза́д (7).

Agreed! Договори́лись! (7)

all 1. весь (вся, всё, все) (4); **2.** всё (*neut. sing. of* весь)
   Is that all? Это всё? [4]

all right (*expression of assent*) ла́дно [7]
   Is that all right? Это удо́бно? (7)
   (*in response to an apology*) **That's all right!** Ничего́! (1)

allow: Allow me to introduce . . . Познако́мьтесь, э́то... (2)

almost почти́ (7)

along по (+ *dat.*): **along the street** по у́лице

already уже́ (3)

also то́же (2)

always всегда́ (8)

ambulance service ско́рая по́мощь (6)

America Аме́рика (1)
   American *adj.* америка́нский (3); *noun* америка́н(е)ц/ америка́нка (*gen.pl.* америка́нок) (4)

and 1. и (1); **2.** (*indicating contrast*) а (1)

another друго́й (5)

answer *noun* отве́т (3); *verb* отвеча́ть/отве́тить (отве́чу, отве́тишь) (+ *dat.*) (8)

any: not any никако́й (4)

anymore: not anymore уже́ не (3)

anything что́-нибудь [8]
   not . . . anything else бо́льше ничего́ [8]

apartment кварти́ра (2)

apartment building дом (2)

appointment свида́ние (8)

appropriate:
   it is (considered) appropriate при́нято [7]
   it is not (considered) appropriate не при́нято [7]

April апре́ль *m.* (8)

argue ссо́риться (ссо́рюсь, ссо́ришься) *impfv.* [8]

arm рука́ (*acc. sing.* ру́ку, *pl.* ру́ки) (4)

army а́рмия (5)

around по (+ *dat.*): **walk around town** гуля́ть по го́роду (8)

arrive приходи́ть (прихожу́, прихо́дишь)/прийти́ (приду́, придёшь; *past* пришёл, пришла́, пришло́, пришли́) (7)

art print репроду́кция [5]

article статья́ (*gen. pl.* стате́й) (3)

ashamed: I'm ashamed. Мне сты́дно. (7)

ask 1. (ask someone) спра́шивать/спроси́ть (спрошу́, спро́сишь) (+ *acc.* or у + *gen.*) (7); **2.** (ask about) спра́шивать/спроси́ть (+ *acc.* or о + *prep.*) (7); **3.** (ask for) проси́ть (прошу́, про́сишь)/ попроси́ть (8)
   ask a question задава́ть (задаю́, задаёшь)/зада́ть (зада́м, зада́шь, зада́ст, задади́м, задади́те, зададу́т; *past* за́дал, задала́, за́дали) вопро́с (+ *dat.*) (8)
   ask the way спроси́ть доро́гу
   Why do you ask? А что? [8]

asphalt асфа́льт [5]

assignment зада́ние

at 1. на (+ *prep.—to indicate an event, an open space, etc.*): **at the concert** на концéрте; **at the stadium** на стадиóне; **2.** в (+ *acc.—to indicate a time of day*) **at seven o'clock** в семь часóв; **3.** у (+ *gen.—to indicate someone's home, place of work, etc.*) **at grandma's** у бáбушки

  at first сначáла (7)

  at home дóма (1)

  At what time? В котóром часý? (7)

  no . . . at all никакóй (4)

August áвгуст (8)

awful: How awful! Какóй ýжас! (2)

B

bad плохóй (2)

  (it's/that's) bad плóхо (4)

  (it's/that's) not bad неплóхо (7)

  (that's) too bad жаль (6)

badly плóхо (4)

bag пакéт (8)

balcony балкóн (5)

bathroom вáнная (4); туалéт (2)

bathtub вáнна (4)

be 1. быть (*future* бýду, бýдешь; *past* был, былá, бы́ло, бы́ли) (6); **2.** (be located) стоя́ть (стою́, стои́шь): **The books are in the bookcase.** Кни́ги стоя́т в кни́жном шкафý. (5)

beautiful краси́вый (2)

because потомý что (3)

bed кровáть *f.* (5)

before до (+ *gen.*) (7)

begin начинáть/начáть (начнý, начнёшь) (7)

beginning начáло

behind за (+ *instr.*) (8)

believe вéрить (вéрю, вéришь) (+ *dat.*) *impfv.* (8)

  Do you believe her? Ты ей вéришь? (8)

  You're not going to believe it (this), but . . . Э́то невероя́тно, но... (7)

below внизý (4)

besides (that) крóме тогó *parenthetical* (8)

big большóй (2)

blond *noun* блонди́н/блонди́нка (*gen. pl.* блонди́нок) [4]

book кни́га (1)

  address book записнáя кни́жка [6]

bookcase кни́жный шкаф (5)

bookshelf кни́жная пóлка (5)

boot сапóг (*gen. sing.* сапогá, *pl.* сапоги́, *gen. pl.* сапóг) (5)

bored: I'm bored. Мне скýчно.

boring: (it's/that's) boring скýчно [6]

boringly скýчно [6]

born, be роди́ться *pfv.* (*past* роди́лся, роди́лась, роди́ли́сь) (8)

boss around комáндовать (комáндую, комáндуешь) [6]

bother мешáть (+ *dat.*) *impfv.*

  I don't want to bother you. Я не хочý вам мешáть. [7]

boy мáльчик (4)

bread хлеб (3)

bright свéтлый [3]

bring приноси́ть (приношý, принóсишь)/принести́ (принесý, принесёшь; *past* принёс, принеслá, принеслó, принесли́) (7)

brother брат (*pl.* брáтья, *gen. pl.* брáтьев) (1)

building дом (*pl.* домá) (2)

bus *noun* автóбус (3); *adj.* автóбусный (5)

  bus stop останóвка автóбуса (3); автóбусная останóвка (5)

business 1. би́знес (5); фи́рма [8]; **2.** дéло (8)

  It's/That's none of your business. *rather rude* Э́то не твоё (вáше) дéло. (8)

  on business по дéлу [7]

businessman бизнесмéн [7]

but 1. но (3); **2.** а (1)

buy покупáть/купи́ть (куплю́, кýпишь) (5)

by по (+ *dat.*): **by phone** по телефóну

  by mistake по оши́бке [7]

  by the way мéжду прóчим *parenthetical* (8)

Bye! *informal* Покá! (1)

C

cabinet шкаф (*prep. sing.* в шкафý, *pl.* шкафы́)

California Калифóрния [8]

call 1. звони́ть (звоню́, звони́шь)/позвони́ть (+ *dat.*) (7); **2.** называ́ть *impfv.*

  call someone by first name (and patronymic) называ́ть по и́мени (и óтчеству) (8)

can: one can мóжно (4)

cannot: one cannot нельзя́

car маши́на (5)

card кáрточка [7]

carry нести́ (несý, несёшь, несýт; *past* нёс, неслá, неслó, несли́) [8]

cassette кассéта [5]

cat кóшка; кот (*gen. sing.* котá) (2)

celebrate прáздновать (прáздную, прáзднуешь) (6)

certain увéрен (увéрена, увéрены) (8)

chair стул (*pl.* стýлья, *gen. pl.* стýльев) (3)

  easy chair крéсло (3)

check проверя́ть *impfv.* [4]

cheese сыр [7]

children дéти *pl.* (*sing.* ребён(о)к, *gen. pl.* детéй) (6)

city гóрод (*pl.* городá) (5)

classes заня́тия (*pl. only*) (7)

classical класси́ческий [3]

  classical music клáссика [4]

classics клáссика

clean чи́стый (5)

close¹: (it's/that's) close бли́зко (5)

close²: закрывáть/закры́ть (закрóю, закрóешь) [4]

closet шкаф (*prep. sing.* в шкафу́, *pl.* шкафы́)
come (back) приходи́ть (прихожу́, прихо́дишь)/ прийти́ (приду́, придёшь; *past* пришёл, пришла́, пришло́, пришли́) (7)
Come in! Заходи́(те)! (6)
comfortable удо́бный (7): **(it's/that's) comfortable** удо́бно
company 1. (group of people) компа́ния (7); **2.** (business) фи́рма [8]
completely совсе́м (6)
composer компози́тор [3]
composition (writing assignment) сочине́ние [3]
concern каса́ться (+ *gen.; 3rd pers. only* каса́ется, каса́ются) (8)
concert конце́рт [3]
conservatory консервато́рия [6]
convenient удо́бный (7): **(it's/that's) convenient** удо́бно
cook гото́вить (гото́влю, гото́вишь) *impfv.* (7)
correct *verb* испра́вить (испра́влю, испра́вишь) *pfv.* [8]; *adj.* пра́вильный (6)
    Could you please correct my mistakes? Ты не мог (могла́) бы испра́вить мои́ оши́бки? [8]
    That's correct. Пра́вильно. (6)
correctly пра́вильно
cost сто́ить (*usu. 3rd pres.* сто́ит, сто́ят) *impfv.* (6)
    How much does this cost? Ско́лько э́то сто́ит? (6)
couch дива́н (3)
could:
    Could you please correct my mistakes? Ты не мог (могла́) бы испра́вить мои́ оши́бки? [8]
    Could you tell me . . . ? Вы не ска́жете... ? (8)
country страна́ (5)
creative: (it's/that's) creative оригина́льно [3]
creatively оригина́льно [3]
cultured культу́рный (6)
customary: it is customary (to . . .) при́нято [7]

D

dad па́па (1)
date (social) свида́ние (8)
daughter дочь (*gen., dat., and prep. sing.* до́чери, *pl.* до́чери, *gen. pl.* дочере́й) *f.* (2); *affectionate* до́ченька [3]
day д(е)нь (*gen. pl.* дней) *m.* (7)
    Good day! До́брый день! (4)
daytime: in the daytime днём (7)
dear дорого́й (2)
December дека́брь (*gen. sing.* декабря́) *m.* (8)
delicious вку́сный [8]
department факульте́т (4)
    history department истори́ческий факульте́т (5)
    journalism department факульте́т журнали́стики [4]
    What department are you in? На како́м факульте́те вы у́читесь? (5)

different ра́зный (3)
difficult тру́дный (3): **(it's/that's) difficult** тру́дно (3)
dining room столо́вая *noun, declines like adj.* (5)
dinner обе́д (7)
diploma дипло́м [7]
director дире́ктор (4)
discrimination дискримина́ция [5]
dissertation диссерта́ция [5]
do де́лать (3)/сде́лать (7)
    How are you doing? Как (у тебя́, у вас) дела́? (1)
    We don't do that (here). У нас э́то не при́нято. [7]
doctor врач (*gen. sing.* врача́) (6)
document докуме́нт (5)
dog соба́ка (2)
don't:
    (*In response to* Спаси́бо!) **Don't mention it!** Не́ за что!
    Don't worry! Не волну́йся (волну́йтесь)! (6)
door дверь (*prep. sing.* о две́ри, на двери́; *gen. pl.* двере́й) *f.* (4)
doorway подъе́зд (6)
dormitory общежи́тие (5)
downstairs внизу́ (4)
drive е́хать (е́ду, е́дешь) *unidir.*/пое́хать [8]
driver води́тель *m.* [8]
drugstore апте́ка [3]

E

each ка́ждый (5)
    (to, about, etc.) each other друг дру́га (друг дру́гу, друг о дру́ге, etc.) (6)
easily легко́
easy лёгкий: **(it's/that's) easy** легко́ [3]
easy chair кре́сло (3)
eat есть (ем, ешь, ест, еди́м, еди́те, едя́т; *past* ел, е́ла, е́ло, е́ли)/съесть [8]
eight во́семь (2)
eighteen восемна́дцать (6)
eighth восьмо́й (6)
eighty во́семьдесят (6)
either любо́й; (*with a negated verb*) то́же (2)
    either . . . or . . . и́ли... и́ли... (7)
elders ста́ршие *noun, declines like adj.* (*pl. only*) (6)
electrician эле́ктрик [4]
elevator лифт (4)
eleven оди́ннадцать (2)
eleventh оди́ннадцатый (6)
else ещё (2)
    not . . . anything else бо́льше ничего́ [8]
    nothing else бо́льше ничего́ [8]
encyclopedia энциклопе́дия [5]
    walking encyclopedia ходя́чая энциклопе́дия [5]
end кон(е́)ц (*gen. sing.* конца́)

English 1. англи́йский (7); **2. (in) English** по-англи́йски, на англи́йском языке́
   speak English говори́ть по-англи́йски
   write in English писа́ть по-англи́йски
entirely совсе́м (6)
entrance подъе́зд (6)
entryway подъе́зд (6)
envelope конве́рт (6)
Eugene Onegin «Евге́ний Оне́гин» (*a novel in verse by A.S. Pushkin*) [7]
even *particle* да́же (5)
evening ве́чер
   Good evening! До́брый ве́чер! (5)
   in the evening ве́чером (5)
every ка́ждый (5)
everybody все (*pl. of* весь) (4)
everyone все (*pl. of* весь) (4)
everything всё (4)
   Everything is in order; Everything's fine. Всё в поря́дке (6)
   everything one needs всё, что ну́жно [7]
everywhere везде́ (5)
exactly ро́вно
excellent отли́чный (7): **Excellent!** Отли́чно! (7)
excellently отли́чно
excessively сли́шком [4]
Excuse me! Извини́(те)! (2); Прости́(те)! (5)
expect ждать (жду, ждёшь; *past* ждал, ждала́, ждало́, жда́ли) *impfv.* (7)
expensive дорого́й (5)
extra ли́шний (6)

F

family семья́ (*pl.* се́мьи, *gen. pl.* семе́й, *dat. pl.* се́мьям) (2)
far (away) далеко́ (3)
   not far from недалеко́ от (+ *gen.*) (6)
fast бы́стро (6)
father от(е́)ц (*gen. sing.* отца́) (1)
favor: I have a favor to ask of you. У меня́ к тебе́ (вам) про́сьба (8)
favorite люби́мый (3)
February февра́ль (*gen. sing.* февраля́) *m.* (8)
fellow па́р(е)нь (*gen. pl.* парне́й) *m.* [7]
few ма́ло (+ *gen.*) (3)
fifteen пятна́дцать (6)
fifth пя́тый (6)
fifty пятьдеся́т (6)
fine:
   (*In response to* Как дела́?) **Fine, thanks.** Хорошо́, спаси́бо. (1)
finish зака́нчивать/зако́нчить (зако́нчу, зако́нчишь) (7)
Finnish фи́нский [3]
firm (business) фи́рма [8]
first пе́рвый (6)

at first снача́ла (7)
five пять (2)
five hundred пятьсо́т [5]
floor 1. пол (*prep. sing.* на полу́, *pl.* полы́) (4); **2.** (story) эта́ж (*gen. sing.* этажа́) (2)
flower цвет(о́)к (*gen. sing.* цветка́, *pl.* цветы́, *gen. pl.* цвето́в) (5)
for 1. для (+ *gen.*): **Bring something tasty for Belka.** Принеси́ что́-нибудь вку́сное для Бе́лки. (8); **2.** за (+ *acc.*): **the firm pays for the tickets** за биле́ты пла́тит фи́рма
   for a long time до́лго (8)
   for free беспла́тно (5)
forbidden: it is forbidden нельзя́ (4)
foreign чужо́й [6]
foreigner иностра́н(е)ц/иностра́нка (*gen. pl.* иностра́нок) [8]
forty со́рок (6)
four четы́ре (2)
fourteen четы́рнадцать (6)
fourth четвёртый (6)
free (of charge) беспла́тно (5)
   for free беспла́тно (5)
Friday пя́тница (7)
friend друг (*pl.* друзья́, *gen. pl.* друзе́й) (5); (*female*) подру́га (6)
from 1. от (+ *gen.*) (5); **2.** из: **from Moscow** из Москвы́; **3.** (from where) отку́да: **Where are you from?** Отку́да вы?
fun: It was a lot of fun; We had a lot of fun. Бы́ло о́чень ве́село. (7)
furniture ме́бель *f.* (3)
future, the бу́дущее *noun, declines like adj.* [8]

G

garage гара́ж (*gen. sing.* гаража́) [5]
general: in general вообще́ (8)
get 1. получа́ть/получи́ть (получу́, полу́чишь) (5); **2.** брать (беру́, берёшь)/взять (возьму́, возьмёшь; *past* взял, взяла́, взя́ло, взя́ли) (6)
   get acquainted познако́миться
   get in line стать (ста́ну, ста́нешь) в о́чередь (8)
   get lost заблуди́ться (заблужу́сь, заблуди́шься) [8]
   get married (to) (*of a woman*) выходи́ть (выхожу́, выхо́дишь)/вы́йти (вы́йду, вы́йдешь; *past* вы́шла, вы́шли) за́муж (за + *acc.*) (8); (*of a man*) жени́ться (женю́сь, же́нишься) (на + *prep.*) *impfv. and pfv.* (8)
   Let's get acquainted Дава́йте познако́мимся. (2)
gift пода́р(о)к (6)
girl (*young woman*) де́вушка (5); (*little girl*) де́вочка (2)
give 1. дава́ть (даю́, даёшь)/дать (дам, дашь, даст, дади́м, дади́те, даду́т; *past* дал дала́, дало́, да́ли) (+ *dat.* + *acc.*) (5); **2.** (*as a present*) дари́ть (дарю́, да́ришь)/ подари́ть (+ *dat.* + *acc.*) (6);

3. (*give back*) отдава́ть (отдаю́, отдаёшь) *impfv.* (5)

glad рад (ра́да, ра́до, ра́ды) (2)

I'd be glad to с удово́льствием (8)

go 1. идти́ (иду́, идёшь; *past* шёл, шла, шло, шли) *unidir.*/пойти́ (пойду́, пойдёшь; *past* пошёл, пошла́, пошло́, пошли́) (8); **2.** (*by vehicle*) е́хать (е́ду, е́дешь) *unidir.*/пое́хать [8]

go for a walk гуля́ть (4)

Let's go! Пойдём! [4]

go away уходи́ть (ухожу́, ухо́дишь)/уйти́ (уйду́, уйдёшь; *past* ушёл, ушла́, ушло́, ушли́) (8)

good 1. хоро́ший (2); **2.** до́брый

(it's/that's) good хорошо́

Good heavens! Бо́же мой! [4]

Good job! Молоде́ц! (4)

(one is) good with one's hands золоты́е ру́ки (у + *gen.*) (4)

goodbye до свида́ния (1)

good-looking краси́вый (2)

grade (in school) класс

What grade are you in? Ты в како́м кла́ссе? (6)

graduate student аспира́нт/аспира́нтка (*gen. pl.* аспира́нток) (2)

granddaughter вну́чка (2)

grandfather де́душка (*gen. pl.* де́душек) *m.* (2)

grandmother ба́бушка (*gen. pl.* ба́бушек) (2)

grandson внук (2)

Great! Замеча́тельно! (6)

groceries проду́кты *pl. only* (3)

group (of people) компа́ния (7)

grow up расти́ (расту́, растёшь; *past* рос, росла́, росло́, росли́) *impfv.* [6]

grownup большо́й *colloquial* [6]

guest гость (*gen. sing.* го́стя, *gen. pl.* госте́й)/го́стья (4)

guide гид [5]

guitar гита́ра [7]

guy па́р(е)нь (*gen. pl.* парне́й) *m.* [7]

H

hand рука́ (*acc. sing.* ру́ку, *pl.* ру́ки)

(one is) good with his hands золоты́е ру́ки (у + *gen.*) (4)

hang 1. пове́сить (пове́шу, пове́сишь) *pfv.* [6]; **2.** висе́ть (*usu. 3rd pers.* виси́т, вися́т) *impfv.* (5)

hard тру́дный; **(its/that's) hard** тру́дно (3)

have име́ть *impfv.* (8)

have the right име́ть пра́во (8)

have to на́до (+ *dat.*) (3); ну́жно; до́лжен (должна́, должны́)

have to do with каса́ться (+ *gen.*; *3rd pers. only* каса́ется, каса́ются) (8)

I (you, etc.**) have** . . . У меня́ (тебя́, etc.) (есть)... (4)

I have a favor to ask of you. У меня́ к тебе́ (вам) про́сьба. (8)

I have no time. У меня́ нет вре́мени.

I (they, etc.**) have to** . . . Мне (им, etc.) прихо́дится... [7]; мне (им, *etc.*) на́до (3); мне (им, *etc.*) ну́жно

I have two sisters. У меня́ две сестры́. (4)

he он (1)

health здоро́вье (6)

hear: I (we, etc.**) can hear everything.** Всё слы́шно. [4]

heating отопле́ние [4]

heavens: Good heavens! Бо́же мой! [4]

heavy тяжёлый (6)

Hello! 1. Здра́вствуй(те)!; Приве́т! *informal* (1); **2.** (*said when answering the phone*) Алло́! (7)

help *noun* по́мощь f.; *verb* помога́ть/помо́чь (помогу́, помо́жешь, помо́гут; *past* помо́г, помогла́, помогло́, помогли́) (+ *dat.*) (5)

Help! Помоги́те! (4)

her 1. её (*gen. and acc. of* она́), ей (*dat. of* она́), *after prepositions* неё, ней; **2.** *possessive* её; **3.** *when possessor is subject* свой (своя́, своё, свой)

here здесь (1); тут (2)

Here (is) . . . Вот... (2)

Here you are! Пожа́луйста! (1)

heroine геро́йня [7]

hers *possessive* её

herself (она́) сама́ *emphatic pronoun*

Hi! Приве́т! *informal* (1)

him его́ (*gen. and acc. of* он), ему́ (*dat. of* он), *after prepostions* него́, нему́, нём

himself (он) сам *emphatic pronoun*

his 1. *possessive* его́; **2.** *when possessor is subject* свой (своя́, своё, свой)

historian исто́рик (4)

historical истори́ческий (5)

history исто́рия; (*adj.*) истори́ческий (5)

history department истори́ческий факульте́т (5)

hockey хокке́й [8]

home: at home до́ма (1)

homework (assignment) дома́шнее зада́ние (3); уро́ки (4)

Honest! Че́стное сло́во! (7)

horrible ужа́сный (4): **(it's/that's) horrible** ужа́сно (2)

That's horrible! Како́й ужас!; Э́то ужа́сно! (2)

horribly ужа́сно (2)

horror у́жас (2)

hour час (*gen. sing.* ча́са *but* 2, 3, 4 часа́; *prep. sing.* в... часу́; *pl.* часы́) (7)

house дом (*pl.* дома́)

housewarming новосе́лье [6]

how 1. как (1); **2.** отку́да: **How do you know?** Отку́да ты зна́ешь? (6)

How are things (with you)? Как (у тебя́, у вас) дела́? (1)

How are you? Как ва́ше здоро́вье? (6)

how (*continued*)
    How are you (doing)? Как (у тебя́, у вас) дела́? (1);
    Как (вы) пожива́ете? (7)
    How awful! Како́й у́жас! (2)
    How many . . . ? Ско́лько (+ *gen.*)?
    How much . . . ? Ско́лько (+ *gen.*)?
    How much do I owe? Ско́лько с меня́? (8)
    How much is it? Ско́лько с меня́? (8)
    How much money do you have? Ско́лько у вас
    де́нег? (8)
    How old is he? Ско́лько ему́ лет? (6)
husband муж (*pl.* мужья́, *gen. pl.* муже́й) (2)
    the Kruglovs, husband and wife муж и жена́
    Кругло́вы (2)
hurry спеши́ть/поспеши́ть [8]

I

I я (1)
idea иде́я (6)
if *conjunction* **1.** е́сли (4); **2.** ли: **He asked if I had
    received his letter.** Он спроси́л, получи́ла ли я
    его́ письмо́. (7)
imported и́мпортный (3)
impossible: (it's/that's) impossible невозмо́жно;
    нельзя́ (4)
in 1. в (+ *prep.—to denote locations*): **in Moscow** в
    Москве́ (3); **2.** в (+ *prep.—with time units of a
    month or more*): **in April** в апре́ле (7)
    in general вообще́ (8)
    in my opinion по-мо́ему *parenthetical* (3)
    in order to что́бы (8)
    in Russian по-ру́сски (4)
    in the afternoon днём (7)
    in the daytime днём (7)
    in the evening ве́чером (5)
    in the morning у́тром (7)
    in the summer ле́том (7)
    What year of college are you in? На како́м вы (ты)
    ку́рсе? (6)
    write in Russian писа́ть по-ру́сски
incidentally ме́жду про́чим *parenthetical* (8)
inexpensive недорого́й (5)
initials инициа́лы (*usu. pl.*) [6]
inquire спра́шивать/спроси́ть (спрошу́, спро́сишь)
    (+ *acc.* or о + *prep.*) (7)
institute институ́т (6)
instructor преподава́тель *m.* (6)
interest интересова́ть (интересу́ю, интересу́ешь;
    often 3rd pers.) *impfv.*
    I'm interested in sports. Меня́ интересу́ет спорт.
    (8)
interesting интере́сный (3)
    in an interesting manner интере́сно (3)
    (it's/that's) interesting интере́сно (3)
into в (+ *acc.—to denote a destination*) (8)
introduce: Allow me to introduce . . . Познако́мьтесь,

э́то... (2)
invite приглаша́ть/пригласи́ть (приглашу́,
    пригласи́шь) (7)
it он, она́, оно́ (1)
it seems ка́жется (4)
its 1. *possessive* его́, её; **2.** *when possessor is subject*
    свой (своя́, своё, свой)
itself сам (сама́, само́, са́ми) *emphatic pronoun*

J

jack-of-all-trades ма́стер на все ру́ки (4)
January янва́рь (*gen. sing.* января́) *m.* (8)
jazz джаз [4]
job рабо́та
joke шу́тка (5)
journal журна́л (1)
journalism журнали́стика (4)
    journalism department факульте́т журнали́стики
journalist журнали́ст/журнали́стка (*gen. pl.*
    журнали́сток) [2]
July ию́ль *m.* (8)
June ию́нь *m.* (8)

K

key ключ (*gen. sing.* ключа́) (5)
kind до́брый
    this kind of тако́й
kiss целова́ть (целу́ю, целу́ешь) *impfv.* [7]
kitchen ку́хня (2)
know *impfv.* знать (1)
    you know ведь *impfv.* (7)
know how (to do something) уме́ть (уме́ю, уме́ешь)
    impfv. (7)

L

lamp ла́мпа (3)
landlady хозя́йка (7)
landlord хозя́ин (7)
language язы́к (4)
large большо́й (2)
last 1. (*preceding the present one*) про́шлый (7); **2.**
    (*in a series*) после́дний (7)
last name фами́лия (2)
late, be опа́здывать/опозда́ть (опозда́ю, опозда́ешь)
    (7)
later пото́м (4)
learn 1. учи́ть (учу́, у́чишь)/вы́учить (вы́учу,
    вы́учишь) (7); **2.** (*learn how to do something*)
    учи́ться (учу́сь, у́чишься)/научи́ться (4)
leave уходи́ть (ухожу́, ухо́дишь)/уйти́ (уйду́,
    уйдёшь; *past* ушёл, ушла́, ушло́, ушли́) (8)
lecture ле́кция (7)
lecturer: He's a good lecturer. Он хорошо́ чита́ет
    ле́кции. [7]
left:
    on the left нале́во (3); сле́ва (7)

to the left нале́во (3)
lesson уро́к (4)
let's ... дава́й(те)... *particle*
    Let's get acquainted. Дава́йте познако́мимся. (2)
    Let's go! Пойдём! [4]
    Let's watch TV. Дава́й смотре́ть телеви́зор.
letter[1] (of the alphabet) бу́ква (1)
letter[2] письмо́ (*pl.* пи́сьма, *gen. pl.* пи́сем) (1)
library библиоте́ка (5)
    home library библиоте́ка (5)
light 1. лёгкий (3); **2.** све́тлый [3]
like 1. люби́ть (люблю́, лю́бишь) (4); **2.** нра́виться (*usu. 3rd pers.* нра́вится, нра́вятся)/ понра́виться (6)
    Did you like the movie? Вам понра́вился фильм? (6)
    I (they, etc.) like this book. Мне (им, etc.) э́та кни́га нра́вится. (6)
    like this; like that так (2)
likeable симпати́чный (3)
likely: most likely наве́рно *parenthetical* (6)
line о́чередь (*gen. pl.* очереде́й) *f.* (8)
    to get in line стать в о́чередь (8)
    to stand in line стоя́ть в о́череди (8)
    What a long line! Кака́я дли́нная о́чередь!
listen (to) слу́шать (3)/послу́шать [7]
literary литерату́рный [7]
literature литерату́ра (7)
little 1. (*small*) ма́ленький (2); **2.** (*a small amount*) ма́ло (+ *gen.*) (3)
    a little немно́го (+ *gen.*) (6)
    a little girl де́вочка (2)
live жить (живу́, живёшь; *past* жил, жила́, жи́ло, жи́ли) *impfv.* (2)
lock зам(о́)к (*gen. sing.* замка́) [5]
long *adj.* дли́нный (8); *adv.* до́лго (8)
    for a long time до́лго (8)
look (at) смотре́ть (смотрю́, смо́тришь)/посмотре́ть
    Look! Смотри́(те)! (3)
looks: looks like ... похо́ж на (+ *acc.*) (6)
Los Angeles Лос-А́нджелес [8]
lost: get lost заблуди́ться (заблужу́сь, заблу́дишься) *pfv.* [8]
lots: lots of love кре́пко целу́ю (*usually at the end of a letter to a close relative, sweetheart, or friend*) [7]
loudly гро́мко [4]
love люби́ть (люблю́, лю́бишь) *impfv.* (4)
    lots of love кре́пко целу́ю (*usually at the end of a letter to a close relative, sweetheart, or friend*) [7]

M

magazine журна́л (1)
mail carrier почтальо́н [6]
mail по́чта (6)

main гла́вный (6)
    the main thing гла́вное *noun, declines like adj.* [6]
major in ... учи́ться на факульте́те... (5)
    What are you majoring in? На како́м факульте́те вы у́читесь? (5)
make де́лать/сде́лать (7)
male мужско́й [8]
man 1. мужчи́на (6); **2.** челове́к (*pl.* лю́ди, *gen pl.* люде́й *but* пять, шесть, etc. челове́к) (5)
    young man молодо́й челове́к (5)
many 1. мно́го (+ *gen.*) (3); **2.** (many people) мно́гие (лю́ди) (7)
map ка́рта (5)
March март (8)
married (*of a woman*) за́мужем: **She's married.** Она́ за́мужем. (8); (*of a man or a couple*) жена́т(ы): **He's married.** Он жена́т. **They're married.** Они́ жена́ты. (8)
marry (*of a woman*) выходи́ть (выхожу́, выхо́дишь)/вы́йти (вы́йду, вы́йдешь; *past* вы́шла) за́муж (за + *acc.*) (8): **She married Victor.** Она́ вы́шла за́муж за Ви́ктора. (8); (*of a man*) жени́ться (женю́сь, же́нишься) (на + *prep.*) *impfv. and pfv.* **He married Lena.** Он жени́лся на Ле́не. (8)
marvelous: (it's/that's) marvelous замеча́тельно (6)
marvelously замеча́тельно (6)
matter де́ло (*pl.* дела́, *gen. pl.* дел) (8)
    That doesn't matter. Э́то нева́жно. (7)
    What's the matter? В чём де́ло? (5)
May май (8)
may: (*on the phone*) **May I speak to ...?** Мо́жно попроси́ть...? [7] **one may** мо́жно (4) **one may not** нельзя́ (4)
maybe мо́жет быть *parenthetical* (4)
me меня́ (*gen.* and *acc.* of я); мне (*dat.* and *prep.* of я)
meal: afternoon meal обе́д (7)
mean: by all means обяза́тельно (7)
    What do you mean! Что́ ты (вы)! (8)
    What do you mean ...? Ка́к э́то (+ *the word or phrase to which the speaker is reacting*)? (8)
medical медици́нский [6]
meet встреча́ть/встре́тить (встре́чу, встре́тишь) (8)
    (It's/It was) very nice to meet you. О́чень прия́тно познако́миться. (1)
memorize вы́учить (вы́учу, вы́учишь) *pfv.* (7)
men's мужско́й [8]
mention: Don't mention it! (*in response to* Спаси́бо!) Не́ за что! (5)
milk молоко́ (3)
mine *possessive* мой (моя́, моё, мой) (1)
minute мину́та (7)
mistake оши́бка (6)
mom ма́ма (1); *affectionate* ма́мочка [7]
Monday понеде́льник (7)

money де́ньги (*gen.* де́нег, *dat.* деньга́м) *pl.* (8)
month ме́сяц (7)
mood настрое́ние (5)
moreover кро́ме того́ *parenthetical* (8)
morning у́тро (*gen. sing.* утра́ *but* до утра́) (5)
  in the morning у́тром (7)
Moscow Москва́ (2); *adj.* моско́вский [6]
  Moscow style по-моско́вски [5]
most likely наве́рно *parenthetical* (6)
mother мать (*gen., dat.,* and *prep. sing.* ма́тери, *pl.* ма́тери, *gen. pl.* матере́й) *f.* (1)
  mother dear ма́мочка [7]
Mr. and Mrs. Kruglov муж и жена́ Кругло́вы (2)
much мно́го (+ *gen.*) (3)
mud грязь (*prep. sing.* в грязи́) *f.* [5]
muddy: (it's) muddy гря́зно [7]
Muscovite москви́ч (*gen. sing.* москвича́)/москви́чка (*gen. pl.* москви́чек) [8]
music му́зыка (3)
musician музыка́нт [2]
must на́до (+ *dat.*) (3); ну́жно; до́лжен (должна́, должно́, должны́) (5)
my 1. *possessive* мой (моя́, моё, мой) (1); **2.** *when possessor is subject* свой (своя́, своё, свой)
myself (я) сам (сама́) *emphatic pronoun*

N

name 1. (first name) и́мя (*gen., dat.,* and *prep. sing.* и́мени, *pl.* имена́, *gen. pl.* имён) *neut.* (2); **2.** (last name) фами́лия (2); **3.** назва́ние (5)
  call someone by first name (and patronymic) называ́ть по и́мени (и о́тчеству) (8)
  My name is . . . Меня́ зову́т... (1)
  What's your name? Как тебя́ (вас) зову́т? (1)
near: (it's/that's) near бли́зко (5)
nearby ря́дом (3)
need to ну́жно
  everything one needs всё, что ну́жно [7]
  I need to study. Мне ну́жно занима́ться. (7)
needed ну́жен (нужна́, ну́жно, нужны́) (7)
neighbor сосе́д (*pl.* сосе́ди, *gen. pl.* сосе́дей)/сосе́дка (*gen. pl.* сосе́док) (2)
neighborhood микрорайо́н (3)
nervous: to be nervous волнова́ться (6)
never никогда́ (4)
new но́вый (2)
news но́вость (*gen. pl.* новосте́й) *f.* [6]
newspaper газе́та (1)
next door ря́дом (3)
nice 1. симпати́чный (3); **2.** хоро́ший (2)
  (It's/It was) very nice to meet you. О́чень прия́тно познако́миться. (1)
night ночь (*gen. pl.* ноче́й) *f.* [8]
  at night но́чью (7)
nightmare кошма́р (4)
nine де́вять (2)

nineteen девятна́дцать (6)
ninety девяно́сто (6)
ninth девя́тый (6)
no 1. (*used at the beginning of a negative response*) нет (1); **2.** нет (+ *gen.* + у + *gen.*): **I (you,** etc.**) have no . . .** У меня́ (тебя́, etc.) нет...
  I have no time. У меня́ нет вре́мени.
  no . . . (at all) никако́й (4)
  no longer уже́ не (3)
  No problem! (*in response to* Спаси́бо!) Не́ за что!
nobody никто́ (никого́, никому́, etc.)
  There's nobody there. Никого́ нет. (4)
no one никто́ (никого́, никому́, etc.) (4)
normal: (it's/that's) pretty normal норма́льно [4]
not 1. не (1); **2.** нет: **not yet** ещё нет; **Are you going or not?** Вы идёте и́ли нет?; **3.** (+ *gen.* + у + *gen.*) нет: **I (you,** etc.**) don't have . . .** У меня́ (тебя́, etc.) нет...
  it is not (considered) appropriate не при́нято [7]
  not any никако́й (4)
  not at all совсе́м не...
  (it's/that's) not bad непло́хо (7)
  not . . . either то́же (*with a negated verb*) (2)
  not far from недалеко́ от (+ *gen.*) (6)
  not large небольшо́й (3)
  not the right . . . не тот... (5)
  not yet ещё нет (2)
  We don't do that (here). У нас э́то не при́нято. [7]
  You're not going to believe it (this), but . . . Э́то невероя́тно, но... [7]
notebook записна́я кни́жка [6]
nothing ничего́ (4)
  nothing else бо́льше ничего́ [8]
notice замеча́ть/заме́тить (заме́чу, заме́тишь) (8)
November ноя́брь (*gen. sing.* ноября́) *m.* (8)
now тепе́рь (3); сейча́с (4)
nowhere нигде́ (5)
number но́мер (*pl.* номера́) (2)
nurse медсестра́; медици́нская сестра́ [7]
nurse-training school медици́нское учи́лище [7]

O

object возража́ть *impfv.* (6)
objection: have an objection возража́ть (6)
  I have no objections. Я не возража́ю. (6)
occasion раз (7)
o'clock час (*gen. sing.* ча́са *but* 2, 3, 4 часа́; *prep. sing.* в...часу́; *pl.* часы́) (7): **at seven o'clock** в семь часо́в (7)
October октя́брь (*gen. sing.* октября́) *m.* (8)
of 1. (*to denote relation, possession, etc. conveyed by the gen. case*) **the center of Moscow** центр Москвы́; **2.** о (об, обо) (+ *prep.*); **3.** (made of) из: **tuna salad** сала́т из тунца́ (7)
of course коне́чно *parenthetical* (3)
offend обижа́ть/оби́деть (оби́жу, оби́дишь) [7]

offer предлага́ть [6]

often ча́сто (7)

okay 1. ла́дно [7]; **2. okay: (it's/that's) okay** удо́бно; **Is that okay?** Э́то удо́бно? (7)

Is it okay that the letter is long? Ничего́, что письмо́ дли́нное? [8]

(*in response to* Как дела́?) **Okay.** Ничего́.

(*in response to apology*) **That's okay!** Ничего́! (1)

old ста́рый (2)

How old is he? Ско́лько ему́ лет? (6)

on 1. на (+ *prep.—to indicate location*): **on the shelf** на по́лке (4); **2.** в (+ *acc.—with days of the week*): **on Friday** в пя́тницу (7); **3.** по (+ *dat.*): **on television** по телеви́зору

books on history кни́ги по исто́рии

on business по де́лу [7]

on the left сле́ва (7)

on the right спра́ва (7)

watch news on TV смотре́ть но́вости по телеви́зору [7]

once:

at once сейча́с (4)

once again ещё раз (7)

one оди́н (одна́, одно́, одни́) (2)

I have only one watch. У меня́ то́лько одни́ часы́.

one another: (to, about, etc.**) one another** друг дру́га (друг дру́гу, друг о дру́ге, etc.) (6)

one's свой (6)

one's own со́бственный [6]

oneself сам (сама́, само́, са́ми) *emphatic pronoun* (8)

only то́лько (4)

open открыва́ть/откры́ть (откро́ю, откро́ешь) (5)

opinion: in my opinion по-мо́ему *parenthetical* (3)

or и́ли (2)

either . . . or . . . и́ли… и́ли… (7)

order: in order to что́бы (8)

organize организова́ть (организу́ю, организу́ешь) *impfv. and pfv.* (8)

other друго́й (5)

our 1. *possessive* наш (на́ша, на́ше, на́ши) (1); **2.** *when possessor is subject* свой (своя́, своё, свой)

ours *possessive* наш (на́ша, на́ше, на́ши) (1)

ourselves (мы) са́ми *emphatic pronoun*

over there вон (2)

own со́бственный [6]

P

package (*containing printed matter*) бандеро́ль *f.* (6)

page страни́ца [8]

paper: term paper курсова́я *noun, declines like adj.;* курсова́я рабо́та (3)

parents роди́тели *pl.* (2)

park паркова́ть (парку́ю, парку́ешь) *impfv.* [5]

passerby прохо́жий *noun, declines like adj.* [8]

patronymic о́тчество (2)

call someone by first name and patronymic называ́ть по и́мени и о́тчеству (8)

pay (for) плати́ть (плачу́, пла́тишь)/заплати́ть (за + *acc.*) (8)

pay phone телефо́н-автома́т (8)

pen ру́чка (*gen. pl.* ру́чек) (1)

pencil каранда́ш (*gen. sing.* карандаша́) (1)

pension пе́нсия (6)

people лю́ди *pl.* (*sing.* челове́к, *gen. pl.* люде́й *but* пять, шесть, etc., челове́к) (6)

perhaps мо́жет быть *parenthetical* (4)

person челове́к (*pl.* лю́ди, *gen. pl.* люде́й *but* пять, шесть, etc. челове́к) (5)

pharmacy апте́ка [3]

phone звони́ть (звоню́, звони́шь)/позвони́ть (+ *dat.*) (7)

photograph фотогра́фия [6]

physician врач (*gen. sing.* врача́) (6)

pianist пиани́ст/пиани́стка (*gen. pl.* пиани́сток) [2]

piano роя́ль *m.* (2)

pity: It's/That's a pity! Жаль! (6)

pizza пи́цца [7]

place ме́сто (5)

play игра́ть *impfv.* (3)

play hockey (basketball, etc.**)** игра́ть в хокке́й (баскетбо́л, etc.) (3)

play the piano (the guitar, etc.**)** игра́ть на роя́ле (гита́ре, etc.) (4)

pleasant прия́тный [6]

please[1] пожа́луйста (1)

please[2] нра́виться (*usu. 3rd person* нра́вится, нра́вятся)/понра́виться (+ *dat.*) (6)

pleased рад (ра́да, ра́до, ра́ды) (2)

Pleased to meet you! О́чень прия́тно (познако́миться)! (1)

pleasure удово́льствие: **with pleasure** с удово́льствием (8)

Polish по́льский [3]

poor бе́дный [8]

post office по́чта [3]

potato salad карто́фельный сала́т [7]

practice пра́ктика (4)

prepare гото́вить (гото́влю, гото́вишь) *impfv.* (7)

present пода́р(о)к (6)

pretty: pretty well непло́хо (7)

probably наве́рно *parenthetical* (6)

problem пробле́ма (4)

No problem! (*in response to* Спаси́бо!) Не́ за что! (5)

What's the problem? В чём де́ло? (5)

profession профе́ссия (3)

professor профе́ссор (1)

put: put on (clothes, shoes, etc.) надева́ть *impfv.* [7]

Put up a sign. Пове́сьте объявле́ние. [6]

Q

quarrel ссо́риться (ссо́рюсь, ссо́ришься) *impfv.* [8]

question вопро́с (3)

question (*continued*)
  ask a question задавáть (задаю́, задаёшь)/задáть
  (задáм, задáшь, задáст, зададúм, зададúте,
  зададýт; *past* зáдал, задалá, зáдали) вопрóс (+
  dat.) (8)
quickly бы́стро (6)
quietly тúхо [4]
quite: quite well неплóхо (7)

R

radio рáдио (5)
rain дождь (*gen. sing.* дождя́) *m.*
  It's raining. Идёт дождь. (7)
rarely рéдко (8)
read читáть (3)/прочитáть (7)
ready готóв (готóва, готóво, готóвы) (8)
real: a real . . . такóй (*with noun*)
really 1. действúтельно (5); **2. Really?** Прáвда? (7)
recall вспоминáть/вспóмнить (вспóмню,
  вспóмнишь) [7]
receive получáть/получúть (получý, полýчишь) (5)
recently недáвно (6)
recognize узнавáть (узнаю́, узнаёшь)/узнáть
  (узнáю, узнáешь) (8)
relate расскáзывать/рассказáть (расскажý,
  расскáжешь) (7)
remain оставáться (остаю́сь, остаёшься)/остáться
  (остáнусь, остáнешься) (7)
remember пóмнить (пóмню, пóмнишь) *impfv.* (5)
rent снимáть/снять (снимý, снúмешь; *past* снял,
  снялá, сня́ли) (5)
rent out (an apartment) сдавáть (сдаю́,
  сдаёшь)/сдать (сдам, сдашь, сдаст, сдадúм,
  сдадúте, сдадýт; *past* сдал, сдалá, сдáли) [6]
reproduction репродýкция [5]
request *noun* прóсьба; *verb* просúть (прошý,
  прóсишь)/попросúть (+ *acc.* or у + *gen.*) (8)
resemble: She resembles her mother. Онá похóжа на
  мать. (+ *acc.*) (6)
restaurant ресторáн [8]
restroom туалéт (2)
return (give back) отдавáть (отдаю́, отдаёшь) *impfv.* (5)
ride éхать (éду, éдешь) *unidir.*/поéхать [8]
right (correct) прáвильный (6)
  have the right имéть прáво (8)
  I'll be right there! Я сейчáс! (4)
  not the right . . . не тот... (5)
  on the right напрáво (3); спрáва (7)
  Right. Прáвильно. (6); Вéрно. (7)
  right away сейчáс (4)
  right nearby ря́дом (3)
  right now сейчáс (4)
  That's right. Прáвильно. (6); Вéрно. (7)
  to the right напрáво (3)
room 1. кóмната (2); **2.** мéсто (5)
rubber *adj.* резúновый [5]

ruble рубль (*gen. sing.* рубля́) *m.* (5)
run бежáть (бегý, бежúшь, бегýт) *unidir.* [8]
Russia Россúя (1)
Russian 1. рýсский (5); **2.** *noun* рýсский/рýсская (*pl.*
  рýсские); **3. (in) Russian** по- рýсски (4); на
  рýсском языкé (6)
  speak Russian говорúть по-рýсски
  write in Russian писáть по-рýсски
Russian-American рýсско-америкáнский [8]

S

Saint (St.) Petersburg Санкт-Петербýрг (1)
salad салáт (7)
  potato salad картóфельный салáт [7]
  tuna salad салáт из тунцá (7)
sales clerk продав(é)ц (*gen. sing.* продавцá)/
  продавщúца [8]
Saturday суббóта (7)
sausage колбасá (3)
say говорúть (говорю́, говорúшь) (4)/сказáть (скажý,
  скáжешь) (6)
school:
  nurse-training school медицúнское учúлище [7]
  vocational school учúлище [7]
  Where do you go to school? Где вы ýчитесь? (4)
schoolboy шкóльник (6)
schoolgirl шкóльница (6)
second вторóй (6)
secret секрéт [8]
see вúдеть (вúжу, вúдишь)/увúдеть (6)
  I see. Поня́тно. (7)
  See! Вот вúдишь (вúдите)! (4)
  You see! Вот вúдишь (вúдите)! (4)
seem: it seems кáжется *parenthetical* (4)
sell продавáть (продаю́, продаёшь)/продáть
  (продáм, продáшь, продáст, продадúм,
  продадúте, продадýт; *past* прóдал, продалá,
  прóдало, прóдали) (+ *dat.* + *acc.*) (5)
September сентя́брь (*gen. sing.* сентября́) *m.* (8)
set out 1. пойтú (пойдý, пойдёшь) *pfv.* (8); **2.** (by
  vehicle) поéхать *pfv.* [8]
settled: It's settled! Договорúлись! (7)
seven семь (2)
seventeen семнáдцать (6)
seventh седьмóй (6)
seventy сéмьдесят (6)
shame: it's a shame сты́дно
sharp: at seven o'clock sharp рóвно в семь часóв [7]
she онá (1)
shelf пóлка (4)
shoes тýфли (*sing.* тýфля, *gen. pl.* тýфель) [5]
shopper покупáтель [8]
should дóлжен (должнá, должнó, должны́) (5)
show покáзывать/показáть (покажý, покáжешь)
  (+ *dat.* + *acc.*) (8)
  I showed him the way. Я показáл емý дорóгу. (8)

shower душ (4)
sign объявле́ние [6]
    Put up a sign! Пове́сьте объявле́ние! [6]
similar to похо́ж на (+ *acc.*) (6)
simple просто́й (3): **(it's/that's) simple** про́сто [3]
simply про́сто
sing петь (пою́, поёшь) *impfv.* [7]
sister сестра́ (*pl.* сёстры, *gen. pl.* сестёр, *dat. pl.* сёстрам) (1)
six шесть (2)
sixteen шестна́дцать (6)
sixth шесто́й (6)
sixty шестьдеся́т (6)
size разме́р (5)
sleep спать (сплю, спишь) *impfv.* (4)
slowly ме́дленно (8)
small ма́ленький (2)
smile улыба́ться/улыбну́ться (улыбну́сь, улыбнёшься) [7]
so 1. так (2); **2.** тако́й (*with adjective*); **3.** зна́чит *parenthetical* (6); **4.** ита́к [7]; **5.** поэ́тому (5)
    so much так (*with verbs*) (2)
soccer футбо́л [8]
softly ти́хо [4]
solidarity солида́рность *f.* [8]
someone else's чужо́й [6]
something что́-нибудь [8]
sometimes иногда́ (5)
son сын (*pl.* сыновья́, *gen. pl.* сынове́й) (1)
sound звук (1)
space ме́сто (5)
spare ли́шний (6)
speak говори́ть (говорю́, говори́шь) *impfv.* (4)
    (*on the phone*) **May I speak to . . . ?** Мо́жно попроси́ть... ? [7]
    speak English говори́ть по-англи́йски
    speak Russian говори́ть по-ру́сски
specialist специали́ст (3)
stamp ма́рка (6)
stand 1. стоя́ть (стою́, стои́шь) *impfv.* (6); **2.** стать (ста́ну, ста́нешь) *pfv.* (8)
    stand in line стоя́ть в о́череди (8)
start нача́ло
stay остава́ться (остаю́сь, остаёшься)/оста́ться (оста́нусь, оста́нешься) (7)
still ещё
stop *verb* **1.** (*stop someone or something*) остана́вливать/останови́ть (остановлю́, остано́вишь) [8]; **2.** (*come to a stop*) остана́вливаться/останови́ться (остановлю́сь, остано́вишься) [8]; *noun* (*of a bus, train, etc.*) остано́вка: **bus stop** авто́бусная остано́вка (3)
store магази́н (3)
story (floor) эта́ж (*gen. sing.* этажа́) (2)
strange стра́нный (3)
strangers незнако́мые лю́ди [8]

street у́лица (2)
strict стро́гий [6]
student студе́нт/студе́нтка (*gen. pl.* студе́нток) (1)
    graduate student аспира́нт/аспира́нтка (*gen. pl.* аспира́нток) (2)
    She's a second-year student. Она́ на второ́м ку́рсе. (6)
study 1. (*of a subject*) учи́ть (учу́, у́чишь) (7); **2.** (*in depth*) изуча́ть [8]; **3.** (*be a student*) учи́ться (учу́сь, у́чишься): **Where do you go to school?** Где вы у́читесь? (4); **4.** (*do one's homework*) занима́ться (7)
style: Moscow style по-моско́вски [5]
subject те́ма (3)
such тако́й
suggest предлага́ть [7]
summer: in the summer ле́том (7)
Sunday воскресе́нье (7)
supposed: be supposed to до́лжен (должна́, должно́, должны́) (5)
sure уве́рен (уве́рена, уве́рено, уве́рены) (8)
surely же *particle* (*used for emphasis*) (6)
system систе́ма [7]

T

table стол (*gen. sing.* стола́) (3)
take брать (беру́, берёшь)/взять (возьму́, возьмёшь; *past* взял, взяла́, взя́ло, взя́ли) (6)
    take a walk гуля́ть/погуля́ть (4)
take off снима́ть/снять (сниму́, сни́мешь): **Take off your coat.** Сними́те пальто́.
talk говори́ть (говорю́, говори́шь) *impfv.* (4)
    What are you talking about? Что́ ты (вы)!; Ну что́ ты (вы)! (8)
tape player магнитофо́н (5)
tape recorder магнитофо́н (5)
tasty вку́сный [8]
teach преподава́ть (преподаю́, преподаёшь) *impfv.* [6]
teacher учи́тель (*pl.* учителя́)/учи́тельница; преподава́тель (6)
telephone телефо́н (6)
    pay telephone телефо́н-автома́т (8)
television (set) телеви́зор (3)
tell 1. расска́зывать/рассказа́ть (расскажу́, расска́жешь) (7); **2.** говори́ть (говорю́, говори́шь) (4)/сказа́ть (скажу́, ска́жешь) (6)
    Could you tell me . . . ? Вы не ска́жете... ?
    I told him how to get there. Я показа́л ему́ доро́гу.
ten де́сять (2)
tenth деся́тый (6)
term paper курсова́я *noun, declines like adj.*; курсова́я рабо́та (3)
terrible ужа́сный (4); **(it's/that's) terrible** ужа́сно (2)
thank you спаси́бо (1)
    Thank you very much! Большо́е спаси́бо (Спаси́бо большо́е)! (5)

thanks спаси́бо (1)

that 1. тот (та, то, те); э́тот (э́та, э́то, э́ти) (5); **2.** (that is) э́то: **That is my brother.** Э́то мой брат (1); **3.** *conjunction* что; **4.** кото́рый (5)

 like that 1. так (2); **2.** тако́й

 that is *parenthetical* то есть (*often abbreviated* т.е.) (8)

 that's why поэ́тому (5)

their 1. *possessive* их; **2.** *when possessor is subject* свой, (своя́, своё, свой)

theirs *possessive* их (1)

them их (*gen. and acc. of* они́), им (*dat. of* они́), *after prepositions* них, ним

theme те́ма (3)

themselves (они́) са́ми *emphatic pronoun*

then 1. тогда́ (7); **2.** зна́чит *parenthetical* (6); **3.** так (2)

there 1. там (1); **2.** (*indicates direction*) туда́ (8); **3.** вон (2)

 There's nobody there. Там никого́ нет. (4)

there is (are) есть (*3rd person sing., present of* быть)

 There's nobody there. там никого́ нет. (4)

therefore поэ́тому (5)

these are э́то (1)

thesis диссерта́ция [5]

they они́ (1)

things:

 How are things (with you)? Как (у тебя́, у вас) дела́? (1)

think ду́мать/поду́мать (5)

third тре́тий (6)

thirteen трина́дцать (6)

thirty три́дцать (6)

this 1. э́тот (э́та, э́то, э́ти) (5); **2.** (this is) э́то (1)

 like this так (2)

 this kind of тако́й

 (in) this way так (2)

those are э́то (1)

three три (2)

Thursday (*gen. sing.* четверга́) четве́рг (7)

thus так (2)

ticket биле́т (8)

time 1. вре́мя (*gen., dat., and prep. sing.* вре́мени) *neut.* (6); **2.** раз (*gen. pl.* раз) (7): **five times** пять раз

 At what time? В кото́ром часу́? (7)

 It's time for me to go to the library. Мне пора́ в библиоте́ку. (7)

to 1. (*to denote a destination*) в, на (+ *acc.*): **We're going to Moscow.** Мы е́дем в Москву́. (8); **She is going to the post office.** Она́ идёт на по́чту. **2.** (*to somebody's home, office, etc.*) к (+ *dat.—to indicate a person*): **I'm going to the doctor.** Я иду́ к врачу́. (8)

 to the left нале́во (3)

 to the right напра́во (3)

today сего́дня (6)

together вме́сте (7)

tomcat кот (*gen. sing.* кота́) [2]

tomorrow за́втра (7)

too 1. (excessively) сли́шком [4]: **too expensive** сли́шком до́рого [4]; **2.** (also) то́же (2)

 (that's) too bad жаль (6)

tool инструме́нт [4]

topic те́ма (3)

town го́род (*pl.* города́) (5)

trolley bus тролле́йбус (8)

true 1. пра́вда *parenthetical* (7); **2.** так

 That's true! Э́то пра́вда; Ве́рно! (7)

truth пра́вда (7)

try попро́бовать (попро́бую, попро́буешь) *pfv.* [5]

Tuesday вто́рник (7)

 on Tuesday во вто́рник (7)

tuna тун(е́)ц

 tuna salad сала́т из тунца́ (7)

TV (set) телеви́зор (3)

twelfth двена́дцатый (6)

twelve двена́дцать (2)

twenty два́дцать (6)

two два (*f.* две) (2)

U

Unbelievable! Не мо́жет быть! (7)

 (it's/that's) unbelievable невероя́тно

understand понима́ть/поня́ть (пойму́, поймёшь; *past* по́нял, поняла́, по́няли) (3)

 I understand. Поня́тно. (7)

unfamiliar незнако́мый

unfortunately к сожале́нию *parenthetical* (6)

university университе́т (7)

unknown незнако́мый

unpleasant несимпати́чный (4)

unusual: (it's/that's) not unusual норма́льно [4]

us нас (*gen., acc., and prep. of* мы); нам (*dat. of* мы)

use: to use «ты» («вы») with someone говори́ть «ты» («вы») (+ *dat.*)

usually обы́чно (4)

V

various ра́зный (5)

very о́чень (1)

vocational school учи́лище [7]

W

wait (for) ждать (жду, ждёшь; *past* ждал, ждала́, жда́ло, жда́ли) *impfv.* (4)

walk 1. идти́ (иду́, идёшь; *past* шёл, шла, шло, шли) (пешко́м) *unidir.* (8); **2.** гуля́ть/погуля́ть (4)

go for a walk гуля́ть/погуля́ть (4)
take a walk гуля́ть/погуля́ть (4)
walk around town гуля́ть по го́роду
walking encyclopedia ходя́чая энциклопе́дия [5]
wall стена́ (4)
want хоте́ть (хочу́, хо́чешь, хо́чет, хоти́м, хоти́те, хотя́т) *impfv.* (5)
watch смотре́ть (смотрю́, смо́тришь)/посмотре́ть (4)
watch the news on TV смотре́ть но́вости по телеви́зору
water вода́ (*acc. sing.* во́ду) (4)
way доро́га (8)
by the way ме́жду про́чим *parenthetical* (8)
I showed him the way. Я показа́л ему́ доро́гу.
(in) this way так (2)
we мы (1)
Wednesday среда́ (*acc. sing.* сре́ду) (7)
week неде́ля (7)
welcome: You're welcome! Пожа́луйста!
well хорошо́ (1)
pretty well; quite well непло́хо (7)
Well done! Молоде́ц! (4)
what 1. *interrogative* что (1); **2.** (what sort of) како́й
at what time? в кото́ром часу́? (7)
What are you talking about? Что́ ты (вы)!; Ну что́ ты (вы)! (8)
What do you mean? Что́ ты (вы)!; Ну что́ ты (вы)! (4) (8)
What do you mean . . . ? Ка́к э́то (+ *the word or phrase to which the speaker is reacting*) (8)
What (does one need . . .) for? Заче́м... ? (4)
What is (are) . . . like? Како́й... ?
What sort of . . . is that (are those)? Что э́то за... ? [7]
What's your name? Как тебя́ (вас) зову́т? (1)
when 1. когда́ (5); **2.** в кото́ром часу́ (7)
where 1. где (1); **2.** (*to indicate direction*) куда́ (4): **Where are you going?** Куда́ ты? (4)
Where are you from? Отку́да вы?
whether *conjunction* ли: **He asked whether I had received his letter.** Он спроси́л, получи́ла ли я его́ письмо. (7)
which 1. како́й; **2.** кото́рый (5)
who 1. кто (1); **2.** кото́рый (5)
Who is he? Кто он тако́й?
whole: the whole весь (вся, всё, все) (4)
whose чей (чья, чьё, чьи) (2)
why 1. почему́ (3); заче́м (4); **2.** *particle* (*used for emphasis*) ведь (7)
Why do you ask? А что? [8]
wife жена́ (*pl.* жёны, *gen. pl.* жён) (2)
the Kruglovs, husband and wife муж и жена́ Кругло́вы (2)
window окно́ (*pl.* о́кна, *gen. pl.* о́кон) (2)
wine вино́ [7]
with с (+ *instr.*) [8]
How are things with you? Как (у вас) дела́? (1)
with pleasure с удово́льствием (8)
woman же́нщина (4)
young woman де́вушка (5)
wonderful замеча́тельный (3); прекра́сный (6)
(It's/That's) wonderful! Замеча́тельно! (6); Прекра́сно! (4)
wonderfully замеча́тельно (6); прекра́сно (4)
word сло́во (1)
work *noun* рабо́та; *verb* рабо́тать *impfv.* (3)
worry волнова́ться (волну́юсь, волну́ешься) *impfv.*
Don't worry! Не волну́йся (волну́йтесь)! (6)
write писа́ть (пишу́, пи́шешь)/написа́ть (3)
wrong: the wrong . . . не тот... (5)

Y

year 1. год (*prep. sing.* в году́, *pl.* го́ды, *gen. pl.* лет) (6); **2.** (of college) курс: **She's a second-year student; She's in her second year.** Она́ на второ́м ку́рсе. (6)
yes да (1)
yesterday вчера́ (6)
yet ещё (2)
not yet ещё нет (2)
you ты, тебя́ (*gen.* and *acc.* of ты), тебе́ (*dat.* and *prep.* of ты) *informal*; вы, вас (*gen., acc.,* and *prep.* of вы), вам (*dat.* of вы) *formal or pl.*
Could you tell me . . . ? Вы не ска́жете... ? (8)
What are you talking about! Что́ ты (вы)!; Ну что́ ты (вы)! (8)
What do you mean! Что́ ты (вы)!; Ну что́ ты (вы)! (8)
You're welcome! Пожа́луйста!
young молодо́й (3)
young man молодо́й челове́к (5)
young woman де́вушка (5)
younger мла́дший (2)
your 1. *possessive* твой (твоя́, твоё, твои́) *informal*; ваш (ва́ша, ва́ше, ва́ши) *formal or pl.* (1); **2.** *when possessor is subject* свой (своя́, своё, свои́)
What's your name? Как тебя́ (вас) зову́т?
yours *possessive* твой (твоя́, твоё, твои́) *informal*; ваш (ва́ша, ва́ше, ва́ши) *formal or pl.* (1)
yourself (ты) сам (сама́) *informal*; вы са́ми *formal or pl., emphatic pronoun*

Z

zero ноль *or* нуль (*gen. sing.* ноля́ *or* нуля́) *m.* (2)

Index

The *n* notation indicates a footnote; the page number precedes the *n* and the note number follows.